古典文獻研究輯刊

二 編

潘美月・杜潔祥 主編

第 18 冊

宗密《禪源諸詮集都序》研究

蕭 文 真 著

國家圖書館出版品預行編目資料

宗密《禪源諸詮集都序》研究／蕭文真著 — 初版 — 台北縣永
和市：花木蘭文化出版社，2006〔民 95〕

目 4+264 面；19×26 公分（古典文獻研究輯刊 二編；第 18 冊）

ISBN：986-7128-38-9（精裝）
1.（唐）釋宗密－傳記 2. 禪宗

226.6   95003695

ISBN 986712838-9

9 789867 128386

古典文獻研究輯刊
二 編 第十八冊   ISBN：986-7128-38-9

宗密《禪源諸詮集都序》研究

作　　者	蕭文眞
主　　編	潘美月　杜潔祥
企劃出版	北京大學文化資源研究中心
出　　版	花木蘭文化出版社
發 行 所	花木蘭文化出版社
發 行 人	高小娟
聯絡地址	台北縣永和市中正路五九五號七樓之三
	電話：02-2923-1455／傳眞：02-2923-1452
電子信箱	sut81518@ms59.hinet.net
初　　版	2006 年 3 月
定　　價	二編 20 冊（精裝）新台幣 31,000 元

宗密《禪源諸詮集都序》研究

蕭文真　著

作者簡介

蕭文真，臺灣省高雄縣人。現任中學國文教師。臺灣師大國文系畢業，後皈依南傳聖勝法師，開啟學佛因緣。就讀高雄師大國研所又從依空法師作佛學專題研究。研究範圍以隋唐後的華嚴宗與禪宗思想為主。《宗密禪源諸詮集都序研究》為其碩士論文。

提　　要

　　本文以《禪源諸詮集都序》為核心，分七章對此書進行研究。第一章〈緒論〉：敘述研究動機與目的、文獻版本探討、研究進路與方法。第二章〈宗密生平事蹟及法嗣傳承〉：研究其人、其著作及他對荷澤宗與華嚴宗的思想領受與法嗣傳承。第三章〈《禪源諸詮集都序》的禪教合一思想〉：以《禪源諸詮集都序》一書為主體，探究其禪教合一思想。第一節從時代背景及宗密之前的禪教和會思想進行研究，探討其與宗密的相關程度；檢查宗密判教與前人的異同及所受影響，指出宗密判教的特色及與禪教合一思想的關聯性。第二節證明《圓覺經》的圓覺妙心、《大乘起信論》的一心開二門理論、《華嚴經》的法界觀與圓融思想為禪教合一的理論根據。第三節從《禪源諸詮集都序》本書論述禪教合一思想的內涵。包含會通的十大理由，三宗三教會通的具體內容及方法分析，以及會通的前提－置禪於教上。第四章〈《禪源諸詮集都序》的實踐哲學〉：第一節敘述頓漸內涵的分類。第二節探討神會到宗密頓漸思想的轉變，及宗密頓悟漸修的主張；論述宗密頓悟漸修的理論根據在《大乘起信論》的一心開二門理論；再以迷悟＋重對治為宗密的漸修作具體說明。第三節證明頓悟漸修完全符合宗密和會思想的主張。分別由頓悟漸修的內部及頓悟漸修與其他悟修方式的關係二個觀點來談。第五章〈《禪源諸詮集都序》禪教合一思想的流變與發展〉：由法眼文益、永明延壽、明四大師及高麗普照知訥的思想看禪教合一思想在佛教的流變與發展；及探究宗密思想對宋明理學的影響。第六章〈《禪源諸詮集都序》的歷史地位與影響〉：由歷代學者對《禪源諸詮集都序》的評論論其歷史地位。再以理論與實踐的融合、調解佛教內外的矛盾與流弊、和會一代時教進而總結佛教、開後代融合性佛教的先聲以及集佛教判教之大成五點，定禪教合一思想之價值。最後由禪教合一思想在佛教內部引起的變化，推究其為導致華嚴宗與荷澤禪沒落的主因。第七章〈結論〉：論述研究成果，尚待研究的空間及《禪源諸詮集都序》中禪教合一思想的限制。

第一章　緒　論 1
　第一節　研究動機與目的 1
　第二節　文獻版本探討 2
　　一、前人研究成果探討 2
　　二、版本問題研究 5
　第三節　研究進路與方法 8
第二章　宗密生平事蹟及法嗣傳承 11
　第一節　生　平 11
　　一、富豪子弟，棄儒從佛 12
　　二、感悟《圓覺》，歸向《華嚴》 13
　　三、終南索幽，覽籍著述 16
　　四、受賜紫衣，交游廣闊 16
　　五、政爭染身，菩薩本色 17
　　六、涅槃寂靜，緇儀垂榮 18
　第二節　著　作 19
　　一、注疏部 20
　　二、宗義部 22
　　三、其　他 22
　第三節　法嗣傳承 22
　　一、荷澤宗的傳承與領受 22
　　二、華嚴宗的傳承與學習 42
第三章　《禪源諸詮集都序》的禪教合一思想 45
　第一節　思想源流 45
　　一、時代背景 45
　　二、禪教合一思想源頭研究 47
　　三、各宗判教思想 48
　第二節　理論根據 59
　　一、《圓覺經》 60
　　二、《大乘起信論》 67
　　三、華嚴思想 70
　第三節　思想內涵 73
　　一、禪教同源 73
　　二、禪教會通的十大理由 75
　　三、禪教會通的具體內容 80
　　四、會通的方法分析 94

第四章 《禪源諸詮集都序》的實踐哲學 ⋯⋯⋯⋯ 97
　第一節　頓漸內涵的分類 ⋯⋯⋯⋯⋯⋯⋯⋯⋯⋯⋯ 97
　　一、就教而言 ⋯⋯⋯⋯⋯⋯⋯⋯⋯⋯⋯⋯⋯⋯⋯ 98
　　二、就人而言 ⋯⋯⋯⋯⋯⋯⋯⋯⋯⋯⋯⋯⋯⋯⋯ 100
　第二節　宗密的頓悟漸修主張 ⋯⋯⋯⋯⋯⋯⋯⋯⋯ 108
　　一、宗密頓悟漸修思想與神會的頓悟、漸修 ⋯⋯⋯ 108
　　二、宗密的頓悟漸修主張 ⋯⋯⋯⋯⋯⋯⋯⋯⋯⋯⋯ 113
　　三、宗密頓悟漸修的理論根據 ⋯⋯⋯⋯⋯⋯⋯⋯⋯ 115
　第三節　融合的實踐哲學 ⋯⋯⋯⋯⋯⋯⋯⋯⋯⋯⋯ 123
　　一、對內：從頓悟漸修的內部看 ⋯⋯⋯⋯⋯⋯⋯⋯ 123
　　二、對外：從頓悟漸修與其他悟修方式的關係看 ⋯ 124

第五章 《禪源諸詮集都序》禪教合一思想的流變與
　　　　發展 ⋯⋯⋯⋯⋯⋯⋯⋯⋯⋯⋯⋯⋯⋯⋯⋯⋯ 125
　第一節　法眼文益的禪教合一 ⋯⋯⋯⋯⋯⋯⋯⋯⋯ 125
　　一、法眼文益的生平 ⋯⋯⋯⋯⋯⋯⋯⋯⋯⋯⋯⋯⋯ 125
　　二、文益禪教合一思想的緣起背景 ⋯⋯⋯⋯⋯⋯⋯ 127
　　三、文益禪教合一思想的內涵 ⋯⋯⋯⋯⋯⋯⋯⋯⋯ 128
　第二節　永明延壽的一心思想 ⋯⋯⋯⋯⋯⋯⋯⋯⋯ 135
　　一、延壽的生平與著作 ⋯⋯⋯⋯⋯⋯⋯⋯⋯⋯⋯⋯ 135
　　二、宗密對延壽思想的影響 ⋯⋯⋯⋯⋯⋯⋯⋯⋯⋯ 136
　第三節　明朝四大師的禪教律淨合一 ⋯⋯⋯⋯⋯⋯ 157
　　一、蓮池袾宏的禪淨合一 ⋯⋯⋯⋯⋯⋯⋯⋯⋯⋯⋯ 159
　　二、紫柏真可禪教性相的會通 ⋯⋯⋯⋯⋯⋯⋯⋯⋯ 162
　　三、憨山德清的禪淨性相合一 ⋯⋯⋯⋯⋯⋯⋯⋯⋯ 177
　　四、蕅益智旭的禪教律淨合一 ⋯⋯⋯⋯⋯⋯⋯⋯⋯ 192
　第四節　宋明理學的發展 ⋯⋯⋯⋯⋯⋯⋯⋯⋯⋯⋯ 213
　　一、真心的影響 ⋯⋯⋯⋯⋯⋯⋯⋯⋯⋯⋯⋯⋯⋯⋯ 215
　　二、寂知的影響 ⋯⋯⋯⋯⋯⋯⋯⋯⋯⋯⋯⋯⋯⋯⋯ 217
　　三、如來藏的影響 ⋯⋯⋯⋯⋯⋯⋯⋯⋯⋯⋯⋯⋯⋯ 219
　　四、頓悟漸修的影響 ⋯⋯⋯⋯⋯⋯⋯⋯⋯⋯⋯⋯⋯ 221
　第五節　高麗普照國師的會教歸禪 ⋯⋯⋯⋯⋯⋯⋯ 222
　　一、真　心 ⋯⋯⋯⋯⋯⋯⋯⋯⋯⋯⋯⋯⋯⋯⋯⋯⋯ 223
　　二、頓悟漸修 ⋯⋯⋯⋯⋯⋯⋯⋯⋯⋯⋯⋯⋯⋯⋯⋯ 230
　　三、禪教合一 ⋯⋯⋯⋯⋯⋯⋯⋯⋯⋯⋯⋯⋯⋯⋯⋯ 231

第六章　《禪源諸詮集都序》的歷史地位與影響　235
　第一節　《禪源諸詮集都序》的歷史地位　235
　第二節　禪教合一思想的價值　237
　　一、理論與實踐的融合　237
　　二、調解佛教內外的矛盾與流弊　238
　　三、和會一代時教進而總結佛教　239
　　四、集佛教判教之大成　240
　　五、開啓了後代融合性佛教之先聲　240
　第三節　導致華嚴宗與荷澤禪的沒落　241
　　一、佛教環境的變遷　242
　　二、宗密禪教合一思想的影響　244
第七章　結　論　249
　第一節　研究結果概述　249
　　一、儒佛禪教、兼修通達　249
　　二、禪教合一目標下的禪宗史觀　249
　　三、版本眾多、旨趣無異　250
　　四、思想源頭、啓自澄觀　250
　　五、禪宗判教、首開先例　250
　　六、判教內涵即是佛教體系的大融合　250
　　七、以華嚴思想爲理源　250
　　八、頓漸悟修、融合爲宗　250
　　九、影響深遠、布達多方　251
　　十、宗密思想的五個成就　251
　第二節　本題研究有待開發的部份　252
　第三節　《禪源諸詮集都序》中思想的限制　252
　　一、判教上的問題　252
　　二、禪宗史觀上的問題　253
　　三、寂　知　253
　　四、其　他　253

參考書目　255

第一章 緒 論

第一節 研究動機與目的

宗密博學多聞、深入經藏，一生著作等身。他的著作量多質精，學術思想廣闊深奧，所涉及的議題種類多樣，是一公認在思想學術上有高度成就的佛學大師。他接續了璀璨晶亮的隋唐佛教，在會昌法難之前為中國佛教作一總結。唐代的佛學至他躍上了高峰，在佛學發展史上成績斐然。

他學術的主軸禪教合一、三教合一思想對後世佛教影響深鉅，受到現今佛教學者的矚目。比較有系統對他的思想作介紹與研究的是鎌田茂雄與冉雲華，近幾年還有多篇以宗密思想作為研究對象的學位論文，例如：董群《融合的佛教──圭峰宗密的佛學思想研究》，胡順萍《宗密教禪一致思想之形成與影響》，黃連忠《宗密禪教一致與和會儒道思想之研究》，趙明淑《宗密思想初探》，洪志明《宗密及其原人論研究》，裴勇《宗密判宗說研究》等。

這些研究都離不開禪教合一及三教合一思想。宗密這二思想主體都有專門著作，前者是《禪源諸詮集都序》，後者是《原人論》。洪志明曾針對《原人論》對宗密的三教合一進行研究，然而至今卻尚未有對《禪源諸詮集都序》一書作專門研究。筆者以為宗密的思想主軸在於禪教合一思想，而《禪源諸詮集都序》是闡述禪教合一思想的專門著作，所以欲了解宗密的思想，由《禪源諸詮集都序》著手是最直捷、適切的途徑。透過對原典的考察、剖析，最能貼近宗密禪教合一思想的底蘊。欲探究宗密判教系統的形成、禪教合一思想的根源與理論基礎，乃至宗密思想對後世佛學的影響，由《禪源諸詮集都序》出發，才能正確找出思想演化的脈絡。

筆者希望透過本書的研究，能更直接地呈現、釐清宗密禪教合一思想的原貌。

版本問題的探討，盼能為此書的流傳作一澄清與記錄，以利後人深入研究。對後世佛教的影響議題上，則希望能突破以往只對宗密思想的價值與地位作概略性說明的方式。筆者以為要探討宗密禪教合一思想的影響，應更全面地剖析受影響者的思想、甚至學思歷程，再比對宗密思想原形，更具體、明確地找出宗密思想與後世佛教學者乃至儒學發展、韓國佛教開演等關聯。研究後世學人對禪教合一思想的傳承與發展，最能顯示宗密思想在整體佛教中演化的歷程。這就是筆者花大量篇幅探討宗密禪教合一思想流變與發展的主因。

禪教合一思想在宗密提出的當時並未引起多大注意，降至今，他的學術能引起眾人迴響及研究，是令人欣喜的事情。筆者願此文的提出，能對宗密思想作一爬梳研究，求對宗密思想有更深的了解。

第二節　文獻版本探討

一、前人研究成果探討

宗密的著作及可考查的文獻資料豐富又龐雜，他的學術思想深奧、包含的層面又很廣泛，論證採用的方法既專業又有深度，故目前對他的研究尚未能有完整又確切的結論。但學者們對他的真心思想、禪教合一、三教合一思想的研究已有一定成果，尤其近幾年融合式佛教的思維受到更多矚目，研究成果更加豐碩。

當今研究宗密教學的權威首推鎌田茂雄。他有《宗密教學的思想史研究》、《禪源諸詮集都序》、《中國華嚴思想史的研究》等與宗密相關的著作，研究範圍包含宗密的傳記、著述與思想，當然也包括禪教合一思想的研究。鎌田對宗密的傳記與著作有完整的掌握，曾對《禪源諸詮集都序》的版本問題進行探討，對禪教合一思想的形成與禪教的分判亦有論述。若以文獻學的角度看，鎌田的研究成果輝煌；至於思想上則略顯不足，例如宗密核心思想的內蘊、理論根據的探究、判教的依據和方法論、乃至與後代學者思想的關聯並無深究，版本的探究也限於現有版本的討論，未述及演變。故黃連忠稱之：

> 在文獻學的成就上是值得肯定的，可是在思想義理的研究上，的確顯得十分不足。〔註1〕

整體而言，鎌田茂雄的研究為後學提供了一個深厚平實的基礎，在他詳實的考察下，為宗密教學塑造一個雛形，令後來者能在此基礎上深究，是了不起的成就。

〔註1〕黃連忠，《宗密禪教一致與和會儒道思想之研究》（淡大中研究碩論，1994.05），頁5。

冉雲華對宗密的研究也有極高的成就。其《宗密》一書，對宗密其人及其思想作了一概略性介紹。第四章絕對眞心，及第五章頓漸論等實踐哲學的探討，涉及宗密思想較深的部份，第六章學術地位及影響，已注意到宗密思想對後世影響力鉅。可惜冉此書結構較鬆散，思想論究也偏淺，對宗密主體思想禪教合一未加開展及深究，未曾討論宗密思想的理論及禪教判釋等問題，以宗密爲研究主題而言，實顯不足，然而其淺白易懂的論述，嚴謹專業的研究精神，能引導後學認識宗密教學，是很好的入門之作。

另外，他幾篇相關論文都深具價值，〈宗密傳法世系的再檢討〉辯駁了胡適對宗密禪宗法系傳承的誤解，令宗密回歸荷澤禪系的正統。《禪源諸詮集都序》最早印本的發現和證實〉對《禪源諸詮集都序》版本問題的研究頗有助益。〈論中國佛教核心思想的建立〉一文，指出眞心思想由宗密建立，宋明學者承續，成爲今日佛教思想的核心。筆者掌握此線索，細究宗密眞心思想與後代學者的關聯，由思想內蘊研究永明延壽乃至明朝四大師、韓僧知訥等受宗密思想的影響，收穫不少，且擴展了前人的研究範圍。宗密在眞心理論支持下所開展的禪教合一思想，對後世產生了廣泛的影響，這影響不止於佛教的融合外貌，及禪教合一的精神，更包含哲學根據─眞心理論本身，這是宗密思想價值所在。

何國詮作《中國禪學思想研究──宗密禪教一致理論與判攝問題之探討》，以天台的角度批評宗密的判教，立場並不客觀。兼之未對宗密思想作全面性理解，故對宗密禪教一致的詮釋不夠深入，全書結構凌散不周延，故筆者沒有採用他的觀點及見解。

洪志明碩論《宗密及其原人論研究》的特色是考證詳實，相關資料搜集齊全，筆者在作宗密的生平與著述上多有參考。然而思想義理上，本書並無多大發明，文字敘述顯得雜蕪，是不足之處。不過此書嘗試在宗密三教合一思想作較完整的詮釋，對宗密的研究已是一大突破。

《宗密思想初探》是趙明淑在一九九四年提出的碩論。就其目錄看，正如書名《宗密思想初探》，欲對宗密思想作一概略性介紹，但大綱的安排略欠允當，例如第三章宗密思想的理論淵源，共有三節，分別探討儒家學說、道家學說、華嚴學說與宗密思想的淵源關係。宗密思想源於華嚴學說明確可見，然而其與儒家、道家學說並無淵源關係。他的三教合一安頓了儒、道思想，並爲進行儒道釋的融合，探究儒道學說與佛教的關係，但將儒道學說列爲宗密思想的理論淵源並不恰當。第五章宗密思想的主要特徵亦有三節：主張頓悟漸修、倡導禪教一致、融合禪教三宗。筆者以爲後二節實爲一，不須分開而論。值得一提的是本書探討宗密對高麗普照國師的

影響，是前所未有的創見，雖未能對宗密與普照知訥的思想作全面性比較，但提出此議題，給筆者一個很好的出發點。整體言，此書趨於偏淺，結構也不夠緊實，未能掌握一個線索，對宗密思想作有系統的論述，內容也有些微錯誤。至於他的博士論文《象山與宗密「存有根源」思想之比較研究－以「心即理」與「一心法界」爲例》就精釆許多，不過此書和筆者本文關聯不大，故不論。

黃連忠《宗密禪教一致與和會儒道思想之研究》與趙明淑《宗密思想初探》同年完成。篇章結構嚴謹周延，對宗密思想有較深入的探究，包含《禪源諸詮集都序》及《原人論》二書的研究，對宗密的研究較具整體性。從禪宗史觀出發談宗密判教，能掌握宗密判教的精髓；另外他著重宗密思辯的方法論，首度對宗密學說的方法論作詮釋，頗能掌握要領。此文是碩論中成就較高的。

黃連忠的著作著重方法論的發明，但判教上以方法論爲主要討論觀點，教判的內蘊及意涵反而不顯；此外黃文探究禪教一致思想的理論根源，也屬新創，顯示學者對禪教合一思想有更深一層的研究。但宗密和會思想的理論根源除《大乘起信論》外，還有他思想的源頭如《圓覺經》的圓覺眞心及華嚴的圓融思想及法界觀，黃文忽略後二者，只從判教上「配對相符、方成圓見」談圓教論的特色，令此部份的研究顯得薄弱。又黃文強調辯證的方法運用，故他闡述義理時細膩周到，但顯得迂迴，行文也繁複、不夠簡潔，是小小的遺憾。

《宗密教禪一致思想之形成與影響》是胡順萍的博士論文。針對禪教一致思想而論，胡文除了從思想的源頭與修行實踐行門加以探究之外，禪教合一的十大理由、判教思想、理論根據、影響等皆已概括。其對宗密判教的探討溯源至法藏、智顗的判教思想，是一有價值的發明，但卻未指出宗密判教有別於往的特色。「禪教一致之理論與根據」一章，由《圓覺》、《華嚴》、《起信論》著手，能掌握宗密思想的旨趣。論影響，則擺脫了概括式論說，而能深入延壽和智旭思想，由思想內涵上與宗密思想作比對，是一大突破。然此二者外，受宗密禪教合一思想影響者尚多，筆者亟思全面呈現宗密對後世影響，故擴大範圍，且更深掘思想義理作論述，而此乃借助胡文的研究成果，作向上一著的探討。

收在佛光山文教基金會出版的《中國佛教學術論典》第一八冊《宗密判宗說研究》是裴勇一九九五年發表的碩論。此文只針宗密禪宗判教而論，範圍包含較小，但談宗密判教的特色卻言之成理，值得參考。

學位論文對宗密教學的研究，到董群的博士論文《融合的佛教－圭峰宗密的佛學思想研究》趨於完整。此書亦針對禪教合一、三教合一等宗密主要思想爲研究主體，以融合論爲立場，包括思想哲學與頓漸修行皆持此角度。筆者以爲以融合爲立

場詮釋宗密思想是很好的發明，由此看宋明佛教的發展，脈絡更清楚。

　　董文涵蓋周廣、論點深入，唯對宗密著作的敍述稍弱，宗密對後世佛學的影響，說明較廣，但不深入。又「華嚴禪」此概念的運用，筆者以爲尚有商榷餘地。另董文以爲宗密禪教合一是以教融禪，以教爲主體，筆者不贊同。筆者認爲應置禪於教上，方符合宗密學說精神。

二、版本問題研究

　　《禪源諸詮集都序》也簡稱《禪源諸詮》或《都序》。本是宗密所編《禪源諸詮集》的總序。這篇序言完整地闡述了宗密禪教合一思想，後來獨立出來，另成一書流傳至今。〔註2〕

　　《禪源諸詮集》又稱《禪那理行諸詮集》、《圭峰蘭若禪藏》、《禪藏》、《禪源詮》、《集禪源諸論開要》。全書一百三十卷〔註3〕。依據《禪源諸詮集都序》所載：《禪源諸詮集》的內容有三大部分，第一部份寫達摩一宗從迦葉到菩提達摩到惠能及其以下弟子，脈脈相承，皆有略傳。除傳記外，也記錄他們的禪理禪行，著重在北宗、南宗、荷澤宗、洪州宗、牛頭宗等各派的評述。第二部分收錄諸家雜述，含求那跋陀羅、慧稠（僧稠）、臥輪、志公（寶志）、傅大士（傅翕）、王梵志、廬山慧遠等的著作。第三部份以佛教經論印證前面所述的禪法。從宗密《禪源諸詮集都序》的敍述來看，此書涵蓋了早期及中期禪宗各家的禪理、禪行與發展情形，是極爲珍貴的禪宗史料。可惜已於宋眞宗景德年間（約西元1004～1007年）亡佚。

　　《禪源諸詮集都序》的版本很多，自唐以降，歷代皆有版本流傳，除中國之外，日、韓等地也有刻本發現。所幸各版本只有枝節性的不同，內容並無大分歧，對全書的了解與研究無重大影響。

　　敦煌本《禪源諸詮集都序》寫於五代後周廣順二年（西元952年），是目前所見最早的手鈔本。這是潘重規在敦煌遺卷中發現的。原題《大乘禪門要略》，但由殘存的一百多行的文字來看，即是《禪源諸詮集都序》第四卷的部分內容。由此可斷定

〔註2〕唐代裴休著有〈禪源諸詮集都序敍〉，他是宗密的及門弟子，可見宗密在世或圓寂不久，《禪源諸詮集都序》便已單獨流行了。

〔註3〕關於《禪源諸詮集》的卷數，《祖堂集》〈草堂和尚傳〉謂：「制數本大乘經論疏鈔、《禪詮》百卷、禮懺等」。《景德傳燈錄》〈密宗傳〉小注曰：「或云一百卷」。《新唐書》卷五十九載：「宗密」《禪源諸詮集》一〇一卷。裴休《圭峰禪師碑銘》說：「又集諸宗禪言爲《禪藏》，總而敍之，並酬答書偈議論等，凡九十餘卷」。又宗密《禪源諸詮集都序》自云：「何必更讀藏經及集諸禪偈，數過百卷？」百卷指的即是《禪藏》的卷數。筆者在此處根據的是敦煌殘卷宗密著作目錄中所載的「《集禪源諸論開要》一百三十卷」。

它原是《禪源諸詮集都序》的殘本，植於《大乘禪門要略》。〔註4〕

　　冉雲華在倫敦大英博物館發現的日刻延文本《禪源諸詮集都序》，完成於日本南北朝延文三年，相當於中國元朝至正十八年（西元 1358 年），是現存最古老的印本。〔註5〕另外，韓國也有明代弘治六年（西元 1493 年）、萬曆四年（西元 1576 年）及崇禎七年（西元 1634 年）等刻本。弘治本與萬曆本是宋代傳下的版本，書後附有宋代雕印的《禪源諸詮集都序》〈後記〉，〈後記〉載明此書原本乃唐朝裴休親筆書寫的。宋代以後，中國歷代皆有刻本，遼代曾有定本頒行天下，元代也有雪堂仁禪師的刻本。雪堂仁禪師的刻本後來成爲明代《嘉興藏》本的根據。明代除《嘉興藏》本外，還有明《大藏經》本以及鼓山道霈依《南藏》本、楞嚴寺本、雲棲寺本等三刻本校戡而得的新本。道霈這新本的源頭，依他所稱是唐大中十一年（西元 857 年）裴休親筆所寫，交付金州武當山延昌寺老宿。到了後梁，老宿傳給唯勁禪師，唯勁攜往湖南。爾後傳給契玄，契玄帶到福建，後在江蘇南部流布。契玄所傳的《禪源諸詮集都序》至少有三個版本，亦即道霈新本所據的三本。後來日本元祿十一年刻本即根據道霈新本而來。清代依明《大藏經》本爲底本，而有金陵刻經處本刊行。現在所見的日本《大正藏》中《禪源諸詮集都序》版本是依明《大藏經》本及日元祿本而來。中華書局石峻等編的《中國佛教思想資料選編》中的《禪源諸詮集都序》則依金陵刻經處本爲底本。

　　目前世界上有《禪源諸詮集都序》的日譯本及英譯本各二。宇井伯壽的日譯本於昭和十三年（西元 1972 年）列爲《岩波文庫》而出版。鎌田茂雄的日譯本則在昭和十四年（西元 1973 年）列爲《禪之語錄 9》由筑摩書房出版。冉雲華的英譯本作於西元 1974 年，至於美國學人 J. L. Broughton 博士的 Kuei-feng Tsung-mi‥The Convergence of Ch'an and the Teachings，則是他於西元 1974 年在哥倫比亞大學所提的博士論文。宇井伯壽的日譯本依明《大藏經》爲底本。鎌田茂雄的日譯本根據韓刻的萬曆本。冉雲華的英譯本則根據日刻延文本。

　　至於《禪源諸詮集都序》的卷數有兩種分法。一種分爲上下兩卷，另一種再將上下卷各分爲二，成爲四卷。兩個分法的關係，冉雲華推測爲：

　　　　大約原文兩卷在「文士較正」遼國一○六二年的清寧「天下定本」時，

〔註4〕這個手鈔本由潘重規編輯，影印出版，見於潘重規編，《國立中央圖書館藏敦煌卷子》（台北：石門，1976），第六冊，頁 1237～1241。

〔註5〕冉雲華，〈《禪源諸詮集都序》最早印本的發現和證實〉，《東方雜誌》，（1976），頁 38～39。

可能才被分爲四卷的。〔註6〕

「文士較正」的是元代雪堂仁禪師的刻版，這見於賈汝舟〈重刻禪源詮序〉：

　　……乃命雪堂鏤板流行。愚以參問諸方，未暇及此。向於雲中普恩、
　　興國二寺各獲一本，後在京萬壽方丈，復得遼朝崇天皇太后清寧八年印造
　　頒行天下定本。與文士較正擬欲刻梓以傳永久。〔註7〕

如冉所推測，《禪源諸詮集都序》在元代被分爲四卷，那麼宋之前應爲二卷，筆者找到以下三筆資料，證實宋代及其前《禪源諸詮集都序》確爲二卷，一是作於五代的《敦煌卷子》中的《禪源諸詮集都序》爲兩卷。二《宋志》亦載明《禪源諸詮集都序》爲兩卷。三天台知禮《四明尊者教行錄》中有：

　　而況有唐圭峰禪師，帝王問道，相國親承，和會諸宗，集成禪藏。製
　　《禪源詮都序》兩卷，及茲後集，爲世所貴。〔註8〕

知禮爲宋代人士，故知在宋代《禪源諸詮集都序》爲二卷。筆者將之與鎌田茂雄的考證相對照，

　　大致而論，這部書現存的印本中，可分「兩卷」和「四卷」本的兩個
　　系統：《嘉興藏》、《續藏經》、《縮刷藏》、《大正大藏經》、《中華大藏經》、
　　和宇井伯壽一九三九年的日譯本，都是屬於「四卷」本這個系統的。日本
　　刻的延文三年本；韓國刻的萬曆四年本，和韓刻崇禎七年本；以及日本江
　　戶時代田原仁龍等刊本，都是兩卷本的系統。〔註9〕

發現鎌田列爲四卷的版本依據的皆是宋後的本子。二卷的版本中，日刻延文本刻成於元朝至正十八年，早於雪堂仁禪師集結文士校正遼代清寧本，故仍保持二卷。韓刻的萬曆本、崇禎本依據的是宋代流下的本子，故也是兩卷無誤。所以筆者確認兩卷、四卷本的差別，在於宋元時版本的審訂上所做的變化。

本書依據《大正藏》，故將《禪源諸詮集都序》分爲四卷。冉雲華的英譯本，採用日刻延文本，鎌田的日譯本採韓刻萬曆本，皆二卷。宇井的日譯本依明《大藏經》，是四卷本。

雖有四卷、二卷之分，然而除四卷本多了惟大、鄧文原、賈汝舟三人的重刻序文外，內容並無多大差異。

〔註6〕冉雲華，〈《禪源諸詮集都序》最早印本的發現和證實〉，《東方雜誌》，（1976），頁39。
〔註7〕《禪源諸詮集都序》，《大正藏》，第四八冊，頁398。
〔註8〕《大正藏》，第四六冊，頁895。
〔註9〕鎌田茂雄，《禪之語錄9：禪源諸詮集都序》（東京：筑摩書房，1973），頁370～373。

第三節　研究進路與方法

　　本書盡量由原典著手，從原始資料上作探究。判教與版本問題研究著重比較與分析，禪教合一思想的流變與發展議題，考察後世禪教合一思想的發展情形，探究其與宗密的關聯，運用綜合比較、分析法則。

　　本研究採取的進路先是緒論，概述本題相關問題；接著介紹宗密的生平事蹟及法嗣傳承；第三章論《禪源諸詮集都序》的主體思想－禪教合一，接著探究其實踐哲學；第五章為本書主要的發明，談《禪源諸詮集都序》中禪教合一思想的流變與發展；緊接著下一章論述《禪源諸詮集都序》的歷史地位與反響；最後作一結論。本題以《禪源諸詮集都序》一書為研究核心，研究的進路全扣住此一主題作完整、全面地研究。

　　以下對本題研究進路作一較具體的概述：

　　第一章〈緒論〉：敘述研究動機與目的、文獻版本相關議題的研究，及研究進路與方法概述。

　　第二章〈宗密生平事蹟及法嗣傳承〉：對其人、其著作及他對荷澤宗與華嚴宗的法嗣傳承及思想領受作一介紹。其中荷澤宗的傳承因較具爭議，故加以論述。又記述其禪宗史觀、確立荷澤宗的正統地位，以為下文禪教的和會做準備。

　　第三章〈《禪源諸詮集都序》的禪教合一思想〉：本章以《禪源諸詮集都序》一書為主體，進行宗密禪教合一的探究，是本書重心。第一節思想源流從時代背景，及宗密之前的禪教和會思想進行研究，探討其與宗密思想的相關。接著又敘述各宗的判教思想，檢查宗密判教與前人判教的異同，及所受影響，指出宗密判教的特色及與禪教合一思想的關聯性。第二節指出《圓覺經》的圓覺妙心，《大乘起信論》的一心開二門理論及《華嚴經》的法界觀、圓融思想為禪教合一思想的理論根據。第三節從《禪源諸詮集都序》的思想論述禪教合一思想的內涵。又從會通的十大理由，禪三宗、教三種會通的具體內容及方法分析，以及會通的前提－置禪於教之上來作整體的論述。

　　第四章〈《禪源諸詮集都序》的實踐哲學〉：分為三部分，第一節先敘述頓漸內涵的分類。第二節討論宗密頓悟漸修的主張，先從神會的頓悟漸修與宗密的運用談起，看二人頓漸思想的轉變，再討論宗密的主張，接著論述宗密頓悟漸修的理論根據在《大乘起信論》的一心開二門理論，最後說明迷悟十重對治為漸修的具體方法，為宗密強調的悟後漸修行門作一具體說明。第三節融合的實踐哲學，宗密主張的頓悟漸修若從融合角度看，完全符合宗密和會的主張。此節筆者由頓悟漸修的內部，

及頓悟漸修與其他悟修方式的關係，二個觀點來談宗密和會思想下的悟修主張。

第五章〈《禪源諸詮集都序》禪教合一思想的流變與發展〉：由法眼文益、永明延壽、明朝四大師乃至高麗普照知訥的思想，看禪教合一思想在佛教的流變與發展，以及宗密思想對宋明理學的影響。

第六章〈《禪源諸詮集都序》的歷史地位與影響〉；本章先由歷代學者對《禪源諸詮集都序》的評論來看其歷史地位。再以理論與實踐的融合、調解佛界內外的矛盾與流弊、和會一代時教進而總結佛教、開啟後代融合性佛教的先聲以及集佛教判教之大成五點，定禪教合一思想之價值。最後由禪教合一思想在佛教內部引起的變化談起，推究其為導致華嚴宗與荷澤禪沒落的主因。

第七章〈結論〉：論述本文研究成果，尚待研究的空間及《禪源諸詮集都序》中所呈現出的禪教合一思想的限制。

第二章　宗密生平事蹟及法嗣傳承

第一節　生　平

　　宗密（西元 780～841 年），久居陝西終南山圭峰（終南山之一峰，今陝西省鄠縣紫閣峰東）草堂寺，世稱「圭峰禪師」，又稱為草堂和尚。中晚唐的佛門高僧，也是中國佛教史上重要的思想家。生平的傳記資料：

一、〈圭峰禪師碑銘並序〉，西元 853 年，唐・裴休撰。〔註1〕

二、《祖堂集》卷六，西元 952 年，南唐・靜、筠合編。〔註2〕

三、《宋高僧傳》卷六，西元 988 年，宋・贊寧撰。〔註3〕

四、《景德傳燈錄》卷十三，西元 1004 年，宋・道原撰。〔註4〕

五、《傳法正宗記》卷七，西元 1061 年，宋・契嵩撰。〔註5〕

六、《隆興佛教編年通論》卷二十五，西元 1164 年，宋・祖琇撰。〔註6〕

七、《釋門正統》卷八，西元 1237 年，宋・宗鑑撰。〔註7〕

八、《佛祖統記》卷二十九，西元 1269 年，宋・志磐撰。〔註8〕

九、《佛祖歷代通載》卷十六，西元 1341 年，元・念常編。〔註9〕

〔註1〕王昶編，《金石萃編》（台聯國風，1964.07），第一一四冊。

〔註2〕新文豐出版社刊行。

〔註3〕《大正藏》，第五十冊。

〔註4〕《大正藏》，第五一冊。

〔註5〕《大正藏》，第五一冊。

〔註6〕《續藏經》，第一三〇冊。

〔註7〕《續藏經》，第一三〇冊。

〔註8〕《大正藏》，第四九冊。

〔註9〕《大正藏》，第四九冊。

十《釋氏稽古略》卷三，西元 1354 年，元・覺岸編。〔註 10〕

十一、《法界宗五祖略記》，西元 1680 年，清・續法編。〔註 11〕〔註 12〕

以上資料中，〈圭峰禪師碑銘並序〉寫於唐大中七年（西元 853 年），距宗密圓寂（西元 841 年）十二年，撰者裴休是宗密摯友兼護法，對宗密應知之甚詳，故資料的正確性較高。另外，宋代贊寧所撰的《宋高僧傳》，以〈碑銘〉爲藍本，敘述較爲詳實。筆者引此二者與宗密自撰的〈圭峰遙稟清涼國師書〉〔註 13〕、《圓覺經大疏》〔註 14〕、《圓覺經大疏鈔》〔註 15〕、《圓覺經略疏鈔》〔註 16〕四種資料爲主，其他爲輔，概述其生平。

一、富豪子弟，棄儒從佛

宗密，果州西充縣（今四川省成都東）人，俗姓何。生於唐德宗建中元年（西元 780 年），卒於唐武宗會昌元年（西元 841 年）。有關他的家世背景，〈圭峰禪師碑銘並序〉云：

> 圭峰禪師號宗密，姓何氏、果州西充縣人。……大師本豪家，少通儒書，欲干世以活生靈。〔註 17〕

宗密生長在極富裕的家庭，幼年學習儒家經書，青年時期開始接觸佛家經論，二十三歲進入遂州（今四川遂州）義學院攻讀儒學，二年後從道圓禪師出家。《圓覺經大疏鈔》卷一下：

> 即七歲乃至十六歲爲儒學，十八九、二十一二之間，素服莊居，聽習經論，二十三又卻全功專於儒學，乃至二十五歲，過禪門，方出家矣。〔註 18〕

又

> 宗密家貫果州，因遂州有義學院，大闡儒宗，遂投詣進業，經二年後，和尚從西州游化至此州，遂得相遇，問法契心，如針芥相投也。〔註 19〕

〔註 10〕《大正藏》，第四九冊。

〔註 11〕《續藏經》，第一三四冊。

〔註 12〕黃連忠，《宗密禪教一致與和會儒道之研究》，（淡大中文所碩論，1994.05），頁 25。

〔註 13〕《大正藏》，第三九冊。

〔註 14〕《續藏經》，第十四冊。

〔註 15〕《續藏經》，第十四冊、第一五冊。

〔註 16〕《續藏經》，第一五冊。

〔註 17〕王昶編，《金石萃編》（台聯國風，1964.07），第一一四冊，頁 2134。

〔註 18〕《續藏經》，第十四冊，頁 222。

〔註 19〕同上。

從引文可看出青少年宗密的確曾爲「干世以活生靈」，而專心研究儒家經典。但他習儒生涯曾一度中斷，「十八九、二十一二之間，素服莊居，聽習經論」，表示青少年時期的宗密，已開始接觸佛家經論，直至遇道圓終於棄儒入佛。宗密決定棄儒入佛的原因，主要是他認爲儒家之道不能解決人生的根本問題，於是轉而向佛教尋求解答。他曾說：

> 宗密本巴江一賤士，志好道而不好藝，縱游藝而必欲根乎道。自髫年洎弱冠，雖則《詩》《書》是業，每覺無歸。……既知世業事藝，本不相關，方始落髮披緇，服勤敬事。〔註20〕

二十五歲那年，他在遂州遇到荷澤神會系下的道圓禪師，與禪師「言下相契」，感受到「一心皎如，萬德斯備」的明徹，決定追隨道圓出家。這個出家因緣，〈遙稟清涼國師書〉有載：

> 後遇遂州大雲云寺圓和尚法門，即荷澤之裔也。言下相契，師資道合。一心皎如，萬德斯備。既知世業、事藝本不相關，方始落髮披緇，服勤敬事。〔註21〕

二、感悟《圓覺》，歸向《華嚴》

宗密成爲沙彌後的習佛之道，和落髮前「素服莊居，聽習經論」學習佛典的方式大不相同。此時的宗密得道圓教導，佛學知識大增。道圓授予杜順《華嚴法界觀門》，宗密自此得窺華嚴教門殿堂，他自稱：

> 佛法寶藏，從此頓彰。〔註22〕

後因赴齋請，到府吏任灌家，無意間得《圓覺經》，潛心研讀，解得義趣，喜不自抑，宗密自敘爲：

> 讀之兩、三紙已來，不覺身、心喜躍，無可比喻。自此耽翫，乃至如今，不知前世曾習，不知有何因緣。但覺耽樂徹於心髓，訪尋章疏及諸講說匠伯，數年不倦。〔註23〕

這個令宗密「徹於心髓」的非常體悟，具體的描述是：

> 禪遇南宗，教逢斯典，一言之下，心地開通。一軸之中，義天朗耀，

〔註20〕〈遙稟清涼國師書〉，《大正藏》，第三九冊，頁 576。
〔註21〕同上。
〔註22〕同上。
〔註23〕《圓覺經大疏鈔》，《續藏經》，第十四冊，頁 223。

頃似道非常道，諸行無常，今知心是佛心，定當作佛。〔註24〕

宗密將讀《圓覺經》的心得稟告道圓禪師，得道圓大力贊揚：

汝當大弘圓頓之教！此經諸佛授汝耳。汝行矣，無滯一隅。〔註25〕

此後，宗密便決心宏揚此經。事實上《圓覺經》影響宗密思想至深，他的禪教合一思想即以此經爲理論根據；相對地，而且經過宗密的發揚，《圓覺經》成爲唐宋之後，佛教界不容忽視的經典。

宗密受了具足戒，成爲正式比丘後，即奉命到益州（今四川成都市），進謁聖壽寺唯忠禪師。唯忠爲道圓之師，又稱南印和尚，對宗密的博學深思大爲嘉許，認爲他適合傳教，推薦他到國都去：

傳教人也！當盛於餘帝都。〔註26〕

得到指引的宗密離開四川，元和五年（西元 810 年）來到襄陽，在恢覺寺遇到重病的靈峰和尚。靈峰是華嚴四祖澄觀的門下，此時病已危急，將自己珍藏的清涼澄觀的著作贈與宗密，這些書對宗密佛學的造詣及哲學思想有決定性的影響，宗密曾有一段深刻的描述：

相見三日，纔通其情。願以同聲之分，經及疏鈔，悉蒙授與。議論未周，奄然遷逝。斯則鳳緣法會，忍死待來。若見若聞，無不歡訝。宗密渴逢甘露，貧遇摩尼，騰躍之心，手捧而舞。遂於此山，反觀絕跡。忘餐輟寢，夙夜披尋。以疏通經，以鈔釋疏。尋文而性離。照理而情忘。偶之於心，會之於教，窮本究末，宗途皎如。一生餘疑，蕩如瑕翳。曾所習義，於此大通。外境內心，豁然無隔。誠所謂太陽升而六合朗耀，巨海湛而萬象昭彰。妙德妙智而頓開，普賢普行而齊現。〔註27〕

上文的《經》及《疏鈔》，依冉雲華及董群之見，應是《華嚴經》八十卷本、以及澄觀的《華嚴經疏》六十卷、《華嚴經隨疏演義鈔》九十卷。這三部著作令宗密昔日讀經困惑之處，豁然開通。此後，宗密遙尊澄觀爲師，潛心研讀他的著作，並在襄陽開始講述《華嚴經》。

元合六年（西元 811 年），宗密到東都洛陽，拜謁神照和尚。神照對宗密的佛學造詣很贊賞，嘆曰：

〔註24〕《圓覺經大疏鈔》，《續藏經》，第十四冊，頁 109。

〔註25〕裴休，〈圓覺經大疏序〉，《大正藏》，第三九冊，頁 523。

〔註26〕〈遙稟清涼國師書〉，《大正藏》，第三九冊，頁 577。

〔註27〕同上。

菩薩人也，誰能識之！〔註28〕

得到神照的認可，宗密禮拜荷澤神會祖師塔後，駐於永穆寺，再講《華嚴經》。不料此番講經竟引起「泰恭斷臂」事件，間接促成了和清涼澄觀相見的機會。斷臂事件的緣起，應上溯至宗密在襄陽的第一次講述《華嚴經》。善於講經說理的宗密，初次闡述華嚴教理即精關深入，感動信眾至深，以致於宗密離開襄陽後，信眾沿途尋訪，一路跟隨至洛陽，再次請求宗密續講《華嚴經》，其中一信眾名泰恭，因聞《華嚴》之玄妙難思，自慶所逢斯法，故自斷一臂以表誓願修學之決心。然而此事卻引起官府的追查，帶給宗密些許麻煩，迫使宗密修書向國師澄觀求救，希望澄觀能納己於門下。在這封著名的〈遙稟清涼國師書〉中，宗密說明修書緣由，也闡述自己的修學歷程，研讀澄觀著作的體會，和決心歸向華嚴的決心。值得注意的是，信中首次提及和會禪教的理念：

> 宗密未遇《疏》前，每覽古今著述，在理或當，所恨不知和會，禪宗、天台多約止觀，……開頓漸禪要，可以此爲楷模；傳權實教門，可以此爲軌範。〔註29〕

澄觀在〈清涼國師誨答〉回應泰恭之事：

> 泰恭斷臂，重法情至，加其懇禱。然半偈忘軀，一句投火，教有文矣。意存身外，有重法之寶爾。宜誡之！後學勿使倣之。當斷其情慮，勿斷其形骸。當斷其妄心，無斬其肢分，則淺識異學安其所不驚視，苟俗無髮膚之誡，則玄化不廣而自博矣。〔註30〕

也認爲宗密對自己所著的《華嚴經疏》、《華嚴經隨疏演義鈔》的理解，切其旨趣，深得己心：

> 不面而傳，得旨繫表，意猶吾心，未之有也。非憑聖力，必藉宿因，輪王眞子，可以爲喻。攢得一面，即所懸解，復何加焉。〔註31〕

直稱宗密爲「法子」，從此，得到澄觀允可的宗密，眞正入於華嚴教門。元和七年（西元812年）初，宗密赴長安，師事澄觀，澄觀對宗密極爲器重，云：

> 毘盧花藏能隨我遊者，其汝乎！〔註32〕

〔註28〕王昶編，〈圭峰禪師碑銘並序〉，《金石萃編》（台聯國風，1964.07），第一一四冊，頁2134。

〔註29〕〈遙稟清涼國師書〉，《大正藏》，第三九冊，頁577。

〔註30〕同上。

〔註31〕同上。

〔註32〕王昶編，〈圭峰禪師碑銘並序〉，《金石萃編》（台聯國風，1964.07），第一一四冊，頁2134。

三、終南索幽，覽籍著述

宗密隨侍澄觀的前二年，晝夜不離，諮問不絕。有澄觀的指導，宗密的思想更成熟、學問更精進，加上長安寺院藏經豐富，及寺院的安靜生活可以全力著作，這種種有利的條件對宗密的學術研究助益甚大。元和十一年（西元 816 年）春，宗密轉徙終南山智炬寺，開始有系統的讀書，也正式著作。《圓覺經大疏鈔》：

> 問道求法，即行披覽典教。理然是坐，亦意在以行坐爲對也。宗密比所遇釋門中典籍，未有不探討披覽。且於終南智炬寺，誓不下山，遍轉藏經三年，願畢方下山，或京城，或城外，雲居草堂、豐德等寺，皆是尋討聖教，餘隨處隨時，不可具記。自年十七、八，乃至今垂半百，未曾斷絕，故云探臺籍也。〔註33〕

從元和十一年至長慶五年（西元 812 年～825 年），先後完成《圓覺經纂要》、《圓覺經科文》，以及有關《金剛》、《唯識》、《起信論》、《圓覺》等經疏。有關宗密的著作請參見本章第二節。

四、受賜紫衣，交游廣闊

太和二年（西元 828 年）唐文宗誕辰的慶成節，宗密被徵召入朝，「問法要，賜紫方袍，爲大德〔註34〕」，得朝野一致敬仰。此殊榮使得更多高官、名士與他交往，在宗密的交游中，裴休是重要朋友之一。裴休視宗密如師、如友、如兄長，〈圭峰禪師碑銘並序〉云：

> 休與大師，於法爲昆仲，於義爲交友，於恩爲善知識，於教爲內外護。
> 故得詳而敘之，他人則不詳。〔註35〕

現存文獻中，裴休曾爲宗密許多著作寫序，如〈禪源諸詮集都序敘〉、〈華嚴原人論序〉、〈圓覺經略疏序〉、〈註華嚴法界觀門序〉、〈圓覺經大疏本序〉等。也由於裴休的請法，促成宗密完成禪宗重要文獻《禪門師資承襲圖》，裴休〈圭峰禪師碑銘並序〉則記錄了宗密的禪宗法嗣。除了裴休，宗密亦與眾多詩人名士交往，最有名的是白居易和劉禹錫。白居易本好佛學，他對宗密推崇倍至，曾作〈贈草堂宗密上人〉一詩，讚美宗密多聞善講、廣度大眾，是真正的菩薩行者：

> 吾師道與佛相應，念念無爲法法能。
> 口藏宣傳十二部，心臺照耀百千燈。

〔註33〕《續藏經》，第十四冊，頁 224。
〔註34〕王昶編，〈圭峰禪師碑銘並序〉，《金石萃編》（台聯國風，1964.07），第一一四冊，頁 2134。
〔註35〕同上。

盡離文字非中道，長住虛空是小乘。

少有人知菩薩行，世間只是重高僧。〔註36〕

劉禹錫讚美宗密宿慧多聞，得荷澤宗心印。有詩〈送宗密上人歸南山草堂寺因謁河南伊白侍郎〉：

宿習修來得慧根，多聞第一卻忘言。

自從七祖傳心印，不要三乘入便門。

東泛滄江尋古跡，西歸紫閣出塵喧。

河南白尹大檀越，好把眞經相對翻。〔註37〕

此外，宗密圓寂後，賈島有〈哭宗密禪師詩〉以示哀悼：

鳥道雪嶺巔，師亡誰去禪。

幾塵增減後，樹色改生前。

層塔當松吹，殘蹤傍野泉。

唯嗟聽經虎，時到壞庵邊。〔註38〕

史料中雖無宗密與賈島二人交往的記載，但由詩中的哀思之情，可看出二人交情恐非泛泛。這首詩是目前僅存的一首悼宗密詩。

五、政爭染身，菩薩本色

宗密得「賜紫方袍，爲大德」後，歸山草堂寺，息慮著作將近十年。《禪源諸詮集》及《禪源諸詮集都序》就在此時期完成。太和九年（西元835年），發生「甘露之變」，宗密因藏匿李訓而受牽連。李訓曾任國子《周易》博士，及兵部郎中、禮部侍郎等職，與宗密一向友好，發動「甘露之變」清除宦官未成，逃入終南山投靠宗密，宗密想將他剃度，被門下制止，李訓只得逃向鳳翔，後被追殺。宦官仇士良以藏奸之罪，逮捕宗密，欲置他於死地，宗密坦然曰：

貧僧識訓年深，亦知反叛。然本師教法，遇苦即救。不愛身命，死固甘心。〔註39〕

宗密面對死亡時正氣凜然的態度，甚得中尉魚弘志欽佩，於是奏請釋放。後人對宗密這種不畏生死的氣節，給予很高的評價。宋·祖琇《隆興佛教編年通論》卷二十五：

〔註36〕《全唐詩》，第四五四冊。

〔註37〕《全唐詩》，第三五九冊。

〔註38〕《全唐詩》，第五七三冊。

〔註39〕《舊唐書》，第一六九冊，頁3518。

> 唐史書此，蓋美其有大節也。密具徹法眼，達佛知見，以廣大無礙辯
> 才，闡釋宗教，功力具備，一但遇死生不測之際，能自信道若此……行解
> 相應，圭峰是矣。〔註40〕

自「甘露之變」後，不論史料或僧傳，對宗密的記載都很缺乏。宗密《盂蘭盆經疏》自序，說自己曾返鄉祭墳，而此書即應家鄉父老之請而作：

> 宗密依之修崇，已歷多載。兼講其誥，用示未聞。今因歸鄉，依日開
> 設。道俗耆艾，悲喜遵行。異口同意，請製新疏。心在松柏，豈慢鄉閭，
> 式允來請，發揮要道。〔註41〕

冉雲華推測，宗密返鄉應在「甘露之變」後〔註42〕，向世山依據四川地方志考察宗密晚年活動，舉出宗密曾在四川停留一段時間，並享有極高聲譽〔註43〕。故《盂蘭盆經疏》應在此寫成。《盂蘭盆經疏》的完成，對佛教孝道觀的建立有深遠意義，促進了佛教與中國孝道的調和，加深佛教的中國化。佛教流布中國，中國士人最難接受的是剃度出家，將之視為不孝父母，宗密把孝道納入佛教範圍，並把它提升到宇宙觀的層次：

> 始乎混沌，塞乎天地，通人神，貫貴賤，儒釋皆宗之。〔註44〕

不僅接續了儒家《孝經》：

> 夫孝，天之經也，地之義也，民之行也。〔註45〕

也成為後代佛學者反駁排佛者的有力引證。故此書不僅受華嚴宗重視，其他各宗咸加尊崇，在佛教史上影響深遠。

六、涅槃寂靜，緇儀垂榮

宗密圓寂於會昌元年（西元841年），享年六十二歲，裴休〈碑銘〉有詳實紀錄：

> 會昌元年正月六日，坐滅於興福塔院，儼然如生，容貌益悅，七日
> 而後遷於函，其自證之力可知矣。其月二十二日道俗等奉全身于圭峰，
> 二月十三日荼毘，初得舍利數十粒，明白潤大。後門人泣而求諸煨中，
> 必得而歸，今悉斂而藏於石室，其無緣之慈可知矣。俗歲六十二，僧臘

〔註40〕《續藏經》，第一三〇冊，頁337。
〔註41〕《大正藏》，第三九冊，頁505。
〔註42〕冉雲華，《宗密》（台北：東大，1988.05），頁39～40。
〔註43〕向世山，〈中國佛教教義時代的殿軍—圭峰宗密述評〉，《中華文化論壇》，第四期（1996年），頁94。
〔註44〕《盂蘭盆經疏》，《大正藏》，第三九冊，頁505。
〔註45〕《四部叢刊初編縮本》，頁3。

三十四。〔註46〕

宣宗追諡爲「定慧禪師」，塔號「青蓮」。「定慧」二字概括宗密的學思特點，宗密也以「習定均慧」總結自己。〔註47〕

宗密所傳弟子甚多，據《宋高僧傳》卷六所載，著名的有圭峰溫、慈恩寺泰恭、興善寺泰錫、萬乘寺宋、瑞聖寺覺、化度寺仁瑜等等，出家弟子得度者凡數千人。

第二節　著作

宗密博覽群經，潛心著述，一生著作豐富，涵蓋範圍極廣，是少見的質量兼備的作家。可惜中唐以後時局動亂，又逢武宗廢佛，作品多有亡佚。所以宗密究竟有多少種著作，歷來多有爭議，未有定論。

正史中，《新唐書》收錄宗密著作五種：〔註48〕

一、《禪源諸詮集》一百一卷

二、《起信論鈔》三卷

三、《原人論》一卷

四、《圓覺經大疏鈔》一卷

五、《圓覺經小疏鈔》一卷

《宋志》則有六種：〔註49〕

一、《圓覺經疏》六卷

二、《圓覺經道場修證儀》十八卷

三、《起信論鈔》三卷

四、《華嚴法界觀門》一卷

五、《禪源諸詮》二卷

六、《原人論》一卷

〈碑銘〉記載：

> 著《圓覺》、《花嚴》、《涅槃》、《金剛》、《起信》、《唯識》、《盂蘭》、《法界觀》及《行願經》等疏抄，及法義類例，禮懺脩證圖傳纂略。又集諸宗

〔註46〕王昶編，《金石萃編》（台聯國風，1964.07），第一一四冊，頁2134。
〔註47〕《禪源諸詮集都序》，《大正藏》，第四八冊，頁399。
〔註48〕《新唐書》，第五九冊。
〔註49〕《宋志》，第二冊。

禪言爲《禪藏》，總而敘之，並酬答、書、偈、議論等凡九十餘卷。〔註50〕

《宋高僧傳》則在〈碑銘〉所列書目外另加補記：

又《四分律疏》五卷、《鈔玄談》二卷，凡二百許卷，圖六面。〔註51〕

國家圖書館所藏的《敦煌卷子》第一三三號，是宗密《禪源諸詮集都序》手抄殘本，也是世界現存宗密最早作品。這份殘本卷末附有〈圭峰大師所纂集著經律論疏鈔集注解文義及圖等件〉，這是宗密著作的目錄，寫成於五代後周太祖廣順二年（西元 952 年），距宗密圓寂一百一十年，是較完整可信的資料。所列的宗密著作（含圖件）共四十種。鎌田茂雄依據《新編諸宗教藏總錄》（《義天錄》）下，認爲宗密的著作有三十七種〔註52〕。冉雲華認爲應有四十一種〔註53〕，黃連忠則依前三者，整理出六十三種書目〔註54〕。

筆者將《舊唐書》、《宋志》、《碑銘》、《宋高僧傳》、《敦煌卷子》所載的書目和鎌田、冉的研究相比對後確定黃整理無誤，而且堪稱周延，所以引之，將它分類如下：

一、注疏部

（一）華嚴經典類

1、《華嚴經論貫》五卷，佚。

2、《華嚴梵行願疏》一卷，佚。

3、《華嚴梵行願疏鈔》一卷，佚。

4、《華嚴梵行願疏科文》一卷，佚。

5、《普賢行願品疏鈔》二卷，現存《續藏經》第七冊。

6、《普賢行願品疏科文》一卷，佚。

7、《華嚴行願品隨疏義記》六卷，佚。

8、《華嚴行願品隨疏義記科》一卷，佚。

9、《注華嚴法界觀門》一卷，現存《大藏經》第四五冊。

10、《注華嚴法界觀科文》一卷，現存《續藏經》第一〇三冊。

11、《注華嚴心要法門》一卷，現存《續藏經》第一〇三冊。

〔註50〕王昶編，《金石萃編》（台聯國風，1964.07），第一一四冊，頁 2134。

〔註51〕《大正藏》，第五十冊，頁 742。

〔註52〕鎌田茂雄，《宗密教學的思想史研究》（東京大學，1975），頁 73～101。

〔註53〕冉雲華，《宗密》（台北：東大，1988.05），頁 42～56。

〔註54〕黃連忠，《宗密禪教一致與和會儒道之研究》（淡大中研所碩論，1994.05），頁 59～65。

（二）圓覺經典類

1、《圓覺經大疏》三卷，現存《續藏經》第一四冊。

2、《圓覺經大疏鈔》十三卷，現存《續藏經》第一四冊、第一五冊。

3、《圓覺經大疏科文》一卷，現存《續藏經》第八七冊。

4、《圓覺經略疏》四卷，現存《大正藏》第三九冊。

5、《圓覺經略疏鈔》六卷，現存《續藏經》第一五冊。

6、《圓覺經略疏科文》一卷，現存《續藏經》第一五冊。

7、《圓覺經大道場修證儀》十八卷，現存《續藏經》第一二八冊。

8、《圓覺經禮懺本》四卷，佚。

9、《圓覺經纂要》二卷，佚。

10、《圓覺道場六時禮》一卷，佚。

11、《圓覺經辨疑誤》一卷，佚。

12、《圓覺了義經圖》一面，佚。

13、《圓覺庶禮文》十八卷，佚。

（三）般若經典類

1、《金剛經十八注圖》一面，佚。

2、《金剛經纂要疏》一卷，現存《大正藏》第三三冊。

3、《金剛經纂要疏鈔》二卷，佚。

4、《金剛經纂要疏科文》一卷，佚。

5、《金剛般若經疏》一卷，佚。

6、《金剛般若經疏鈔》一卷，佚。

7、《涅槃經綱要》三卷，佚。

8、《涅槃經疏》佚。

9、《注發菩提心戒》一卷，佚。

（四）唯識經典類

1、《唯識論疏》二卷，佚。

2、《唯識頌疏鈔》九卷，佚。

3、《唯識頌疏科文》一卷，佚。

（五）起信論類

1、《起信論疏》二卷，佚。

2、《起信論疏鈔》二卷，佚。

3、《起信論疏科文》一卷，佚。

4、《起信圖》一面，佚。

（六）四分律類

1、《四分律藏疏》五卷，佚。

2、《四分律鈔玄談》二卷，佚。

3、《四分律藏疏科文》一卷，佚。

（七）盂蘭盆經典類

1、《佛說盂蘭盆經疏》二卷，現存《大正藏》第三九冊。

二、宗義部

（一）禪宗類

1、《禪源諸詮集都序》四卷，現存《大正藏》第四八冊、《續藏經》第一○三冊。

2、《集禪源諸論開要》一三○卷，佚。

3、《禪門師資承襲圖》一卷，現存《續藏經》第一一○冊。

4、《華嚴原人論》一卷，《大正藏》第四五冊。

5、《明坐禪修證儀式》，佚。

三、其　他

1、《雜述瞻答法義集》十二卷，佚。

2、《道俗酬答文集》十卷，佚。

3、《一心修正始末圖》一面，佚。

4、《答真妄頌》一卷，佚。

5、《修門人書》一卷，佚。

6、《答溫尚書書》現存《全唐文》卷九二○。

7、《示學徒文》現存《全唐文》卷九二○。

第三節　法嗣傳承

一、荷澤宗的傳承與領受

（一）對荷澤法嗣的傳承

1、上承荷澤法脈

　　《禪門師資承襲圖》是宗密自己制定的禪宗法嗣傳承譜系圖，宗密以它來說明

禪門的師資傳承。圖中明確地指出禪宗的法脈傳承次第是：達摩第一、慧可第二、僧燦第三、道信第四、弘忍第五、惠能第六、神會第七，神會以下傳磁州智如、智如傳益州南印、南印再傳東京神照、益州如一、遂州道圓、以及建元玄雅等四弟子。裴休〈圭峰禪師碑銘並序〉記錄宗密的禪宗法脈為：

> 自迦葉至達摩，凡二十八世。達摩傳可，可傳璨，璨傳信，信傳忍為五組。又傳為融為牛頭宗。忍傳能為六組，又傳秀為北宗，能傳會為荷澤宗，荷澤於宗為七祖；又傳讓，讓傳馬，馬於其法為江西宗。荷澤傳磁州如，如傳荊南張，張傳遂州圓，由傳東京照。圓傳大師，大師於荷澤為五世，於達摩為十一世，於迦葉為三十八世。其法宗之，系也如此。〔註55〕

對照這兩筆資料，發現由神會→磁州智如→益州南印→遂州道圓的世系一致，並無出入。再由宗密〈遙稟清涼國師書〉：

> 後遇遂州大雲寺圓和尚法門，即荷澤之裔也。言下相契，師資道合，方始落髮披緇，服勤敬事。〔註56〕

及《圓覺經大疏鈔》：

> ……禪遇南宗者，和尚所傳，是嶺南曹溪能和尚宗旨也。〔註57〕

所論及的傳世法系知，宗密二十五歲隨遂州道圓入禪門。道圓既是南印座下，如此，宗密為荷澤神會法裔，承繼荷澤法脈無誤。

2、傳世法系的爭議

宗密的傳法世系遭到胡適的懷疑與批評。胡適的懷疑緣起於四川淨眾寺亦有一僧名為神會，與荷澤神會同名，但此神會是淨眾寺無相（無相上承弘忍弟子一系）門下，兩者實為不同之兩人。但胡適認為宗密世系中的神會應是四川淨眾寺的神會，道圓一支是出於成都淨眾寺無相門下的神會，不是出於東京荷澤寺的神會。

胡適引《宋高僧傳》卷十一附於〈唐洛京伏牛山自在傳〉後的南印略傳為證：

> （南印）得曹溪深旨，無以為證，見淨眾寺會師，所謂落機之錦，濯以增研，銜燭之龍，行而破暗。〔註58〕

指益州南印是淨眾寺神會的弟子，而非磁州智如的弟子。〔註59〕再根據《宋高僧傳》卷九〈黃龍山唯忠傳〉，指宗密將本是淨眾寺神會弟子的南印，誤認為荷澤神會弟子

〔註55〕王昶編，《金石萃編》（台聯國風，1964.07），第一一四冊，頁2134。

〔註56〕《大正藏》，第三九冊，頁576。

〔註57〕《續藏經》，第十四冊，頁222。

〔註58〕《大正藏》，第五十冊，頁772。

〔註59〕胡適，〈跋裴休的唐故圭峰定慧禪師所傳法碑－試考宗密和尚自述的傳法世系〉，《胡適禪學案》（台北：正中，1975），頁414～415。

黃龍山唯忠。而宗密將淨眾寺神會誤認作東京荷澤寺神會，乃「存心攀龍附鳳」，「搶著要作曹溪後代」。而裴休崇敬宗密，所以為其辯護。他認為宗密的世系應是：

弘忍→資州智詵→資州處寂→益州淨眾寺無相→益州淨眾寺神會→
益州元和聖壽寺南印→遂州道圓→宗密。〔註60〕

關於胡適的批評，印順在《中國禪宗史》提出說明：

一般來說，南印可說繼承淨眾神會的法統，然宗密沒有說起淨眾神
會。南印的弟子，東京奉國寺神照的墓塔，建在荷澤神會舊塔的旁邊。這
可見南印唯忠以來，早就專承曹溪門下荷澤的法統，而終止了智詵以來淨
眾寺的關係。〔註61〕

印順指出，認荷澤為宗祖並不是從宗密開始的，早在洛陽神照就已如此了。從神照墓塔立於荷澤神會塔邊，就說明了宗密和荷澤的法系關聯。

對宗門傳承的問題，印順認為其複雜性，非胡適所能理解：

當時還沒有嚴格的繼承制度，師資間的法統繼承或不免傳說不一。〔註62〕

他更點出，因智詵一系不斷地傾向曹溪，所以有宗密上承智詵一系的誤解。為此，印順列出一張簡表，清楚表明智詵一系發展的情形和宗密的師資傳承：

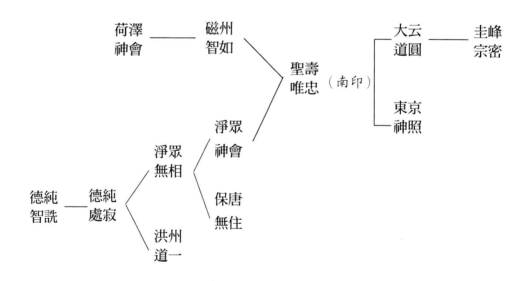

〔註60〕胡適，〈跋裴休的唐故圭峰定慧禪師所傳法碑—試考宗密和尚自述的傳法世系〉，《胡適禪學案》（台北：正中，1975），頁395～406。

〔註61〕印順，《中國禪宗史》（上海書店，1992.03），頁424。

〔註62〕印順，《中國禪宗史》（上海書店，1992.03），頁417。

由印順的辯駁中，我們可以發現，胡適純以考證來處理宗密法系的傳承問題，忽略了宗密與荷澤神會思想的相關性，及宗門傳承的複雜性，是極為不妥的。

冉雲華也為胡適的觀點，著〈宗密傳法世系的再檢討〉一文，來確定宗密對荷澤法脈傳承的可靠性。他的理由大略如下：

一、「以後世的資料去否定早期的資料，在史學上是危險的措施」，亦即以《宋高僧傳》（西元十世紀末編成）之記載去否定西元八、九世紀裴休所作的〈唐故圭峰定慧禪師傳法碑〉，有其疑慮。

二、宗密著作中指出神會俗姓高，和《宋高僧傳》所記淨眾神會俗姓石不同，可知二者所言並非同一人。

三、宗密到達長安時，荷澤一系並無當道高僧，故「無龍鳳可攀」。

四、與宗密來往密切的人物，如神照、白居易、劉禹錫，乃至於宗密的老師澄觀都是熟知禪史之人，宗密對其難以欺瞞。

五、宗密為清涼國師澄觀之高徒，實無另再「攀龍附鳳」之必要。

六、胡適的考證並非完全正確，所據的資料也有問題，例如荷澤神會的卒年，胡適考定在西元 762 年，《宋高僧傳》記為西元 668～760 年，《景德傳燈錄》則記為西元 686～760 年，宗密記的是西元 684～758 年。而根據西元 1983 年出土的「大唐東都荷澤寺故第七祖國師大德于龍門寶應寺龍崗腹建身塔銘并序」，證明前三者都不正確，只有宗密記載無誤，故胡適的考證有商榷必要。

冉此文詳細比對胡適的考證以及史義資料後，得出的結論和印順相同，以南印和尚同時承荷澤神會及淨眾神會的智詵一脈，故宗密故意誤植荷澤神會門下之說不應成立。〔註63〕

此外，釋幻生〈宗密荷澤法統辯〉一文，針對宗密的荷澤法脈傳承作了深入分析，確定其正確性。〔註64〕

總之，宗密《禪門師資承襲圖》中的法嗣傳承正確無誤。

（二）對荷澤禪法的領受

1、對荷澤宗思想的領受

宗密投入道圓門下出家為僧，道圓是荷澤一系。宗密以為荷澤禪的思想和行法是禪學的最上乘，他在《圓覺經大疏》、《圓覺經大疏鈔》判禪門諸宗為七，《禪門師資承襲圖》判分為四，皆以荷澤禪最高。《禪源諸詮集都序》也將荷澤判為直顯心性

〔註63〕冉雲華，〈宗密傳法世系的再檢討〉，《中華佛學學報》，第一期（台北，中華佛學研究所，1987.03），頁43～57。
〔註64〕釋幻生，《滄海文集》（台北：正聞，1991.03），上冊，頁255～277。

宗，並以之爲標準安頓各派，替禪宗理出一個龐大系統。

他對荷澤宗思想的記述主要見於《禪門師資承襲圖》與《禪源諸詮集都序》兩書。《圓覺經大疏鈔》、《圓覺經略疏鈔》亦有相關記述。從這些記述中，清楚可見宗密對荷澤思想的領受主要是「知」、「無念」、「頓悟」等概念。

（1）知

宗密認爲荷澤思想之核心在「知」，宗密的許多著作皆曾言及〔註65〕，《禪門師資承襲圖》有較詳細的說明：

> 謂諸法如夢，諸聖同説。故妄念本寂，塵境本空。空寂之心，靈知不昧。即此空寂寂知，是前達磨所傳空寂心也。任迷任悟，心本自知，不藉緣生，不因境起。迷時煩惱亦知，知非煩惱，悟時神變亦知，知非神變。然知之一字，眾妙之源。〔註66〕

「知之一字，眾妙之源」的「知」，詳細地說是「空寂寂知」，也就是「空寂之心，靈知不昧」的意思，參照《圓覺經大疏鈔》卷二下「荷澤云，無住體上，自有本智能知等」〔註67〕與《禪門師資承襲圖》「唯寂是實性不變動義，不同空無也，知是當體表顯義，不同分別也」〔註68〕，可了解此「知」是無住體上之本智，而「寂」是不變動之體，「知」是當體之表顯作用。由此觀之，荷澤之「知」就宗密而言，有體用兩層意涵，「知」相對於「寂」（或即空寂心）是用（當體表顯），而空寂之心相對於「知」是體（當體表顯之知所當之「體」）。〔註69〕此空寂寂知上承達摩，是「前達摩所傳空寂心也」〔註70〕，並非荷澤神會所創見。解脫之道在於「若得善友開示，頓悟空寂之知」〔註71〕，亦即借著善知識的點化，就可能頓悟此空寂之知而獲得解脫，換言之，此空寂之知是由迷轉悟的關鍵。

（2）無　念

《禪源諸詮集都序》：

> 覺諸相空，心自無念，念起即覺，覺之即無。修行妙門，唯在此也。

〔註65〕「知之一字，眾妙之門」見《禪源諸詮集都序》，《大正藏》，第四八冊，頁403。「荷澤云，知之一字眾妙之門，皆説根矣。」見《圓覺經大疏鈔》，《續藏經》，第十四冊，頁130。「智即能證，知即心體，通於能所。便引七祖云知之一自眾妙之門。」見《行願品疏鈔》，《續藏經》，第七冊，頁423。

〔註66〕《續藏經》，第一一〇冊，頁436。

〔註67〕《續藏經》，第十四冊，頁257。

〔註68〕《續藏經》，第一一〇冊，頁437。

〔註69〕許民憲，《神會思想研究》（政大哲研所碩論，2002.05），頁97。

〔註70〕《禪門師資承襲圖》，《續藏經》，第一一〇冊，頁437。

〔註71〕同上。

故雖備修萬行，雖以無念爲宗。但得無念知見，則愛惡自然淡薄，悲智
自然增明，罪業自然斷除，功行自然增進。既了諸相非相，自然修而無
爲，煩惱盡時，生死即絕，生滅滅已，寂照現前，應用無窮，名之爲佛。
〔註72〕

就修行層面言，宗密承荷澤，仍以無念爲主，此無念「念起即覺，覺之即無」，也就
是說雖有念起，但卻不著於念。

（3）頓　漸

宗密之前，對於頓悟的內涵，以神會的詮釋最完整、深入：

事須理智兼釋，謂之頓悟。並不由階漸，自然是頓悟義。自心從本以
來空寂者，是頓悟，即心無所得者爲頓悟，即心是道爲頓悟，即心無所住
爲頓悟，存法悟心，心無所得，是頓悟，知一切法是一切法爲頓悟，聞說
空不著空，即不取不空，是頓悟，聞說我不著「我」，即不取無我，是頓
悟，不捨生死而入涅槃　，是頓悟。〔註73〕

宗密對頓悟的解釋，基本與神會相同，不同的是，神會的頓悟說乃爲對抗北宗
的漸修而提出。宗密卻是爲融合各宗而提出頓悟漸修理論。頓悟和漸修兩者，宗密
著重在漸修，也就是悟後的修持上。

2、以荷澤宗為正統，會統諸派

（1）禪宗諸派分析

《集禪源諸論開要》記載，從達摩到中唐，禪宗流派約有百家之多。宗密區分
爲十：

今集所述，殆且百家，宗義別者，由將十室。謂江西、荷澤、北秀、
南詵、牛頭、石頭、保唐、宣什及稠那、天台等。〔註74〕

其中「江西」是馬祖及其系下的洪州宗，「荷澤」是神會及其系下的荷澤宗，「北秀」
是神秀、普寂一系的北宗，「南詵」指劍南智詵系下的淨眾宗，「牛頭」是牛頭法融
及其系下的牛頭宗，「石頭」是石頭希遷及其系下的石頭宗，「保唐」是劍南無住的
保唐宗，「宣什」是指宣什等人的南山念佛宗，「稠那」爲慧稠和求那跋陀羅二者的
合稱，「天台」則指天台宗。這裡所謂的禪門十室，並非全屬於禪宗，最後的「稠那」
和「天台」即非禪宗。宗密《禪源諸詮集都序》，再將此十家歸納成三宗，作綜合論
述。南詵、北秀、保唐、宣什屬於息妄修心宗；石頭、牛頭屬於泯絕無寄宗；荷澤、

〔註72〕《大正藏》，第四八冊，頁402～403。
〔註73〕《禪思想史研究》（東京都：岩波書店，1968），第三冊，頁261～262。
〔註74〕《禪源諸詮集都序》，《大正藏》，第四八冊，頁400。

洪州則同屬直顯心性宗。又《圓覺經大疏鈔》卷三將禪宗分成七派：北宗、淨眾、保唐、洪州、牛頭、宣什、荷澤等。《禪門師資承襲圖》，則將禪門分為北宗、牛頭、洪州、荷澤四宗。

　　三書分類雖然不同，但以荷澤宗為本，歸納彙整其他宗派是一致的，又從內容上看，三書所描述的「中期禪法」是一貫的，並無矛盾之處。以下逐一說明宗密所分的十宗：

① 北宗禪

　　北宗禪法旨在「拂塵看淨，方便通經」，主張依據《大乘起信論》、《法華經》、《維摩詰經》、《思益經》、《華嚴經》等五經，發揮「總彰佛體」、「開智慧門」、「顯不思議解脫」、「明諸法正性」、「了無異自然無礙解脫」五種行法。強調觀心看淨，時時息妄，以達解脫之境。《禪門師資承襲圖》描述北宗禪法：

> 北宗意者：眾生本有覺性，如鏡有明性。煩惱覆之不見，如鏡有塵闇。
> 若依師言教，息滅妄念，妄念念盡，則心性覺悟，無所不知，如磨拂昏塵，
> 塵盡則鏡體明淨，無所不照。故彼宗主神秀大師，呈五祖偈云：身是菩提
> 樹，心如明鏡台；時時勤拂拭，莫遣有塵埃。〔註75〕

指北宗禪法以「鏡有明性」比喻心性的清淨本覺，以鏡上的塵埃比喻煩惱妄念污染了清淨本心，故需要「時時勤拂拭」來保持心的覺性。妄念與覺的關係是「覺意者，謂心體離念」〔註76〕，也就是要消除妄念，才能達到本覺。所以北宗用「遠離慣鬧，住閑靜處，調身調息，跏趺宴默，舌拄上齒號，心注一境」〔註77〕的漸修法門，以漸去煩惱妄想，求復「塵盡則鏡體明淨，無所不照」的清淨本性。

　　南宗和北宗都認為眾生皆有佛性，二者「眾生本有覺性」的看法一致。兩宗思想最主要的差異在「妄念實有」或「妄念本空」上。南宗持「妄念本空，心性本淨」的看法，認為「妄念」只是心性和因緣接觸後所產生的現象，本身沒有自性，所以「妄念本空」，批評北宗「息滅妄念」是惑於心性緣起的現象，不了解「心性空」的道理，以息妄來斷煩惱的漸修法門是「反流背習」的法門，遠不如觸事而真，直下契入的南宗頓悟禪法。宗密批評，北宗禪法「一切皆妄」〔註78〕，是未徹悟「妄念本空，心性本淨」的道理。

> 此但是染緣之相起，反流背習之門而不覺。妄念本空，心性本淨，悟

〔註75〕《續藏經》，第一一〇冊，頁435。
〔註76〕《圓覺經大疏鈔》，《續藏經》，第十四冊，頁277。
〔註77〕《禪源諸詮集都序》，《大正藏》，第四八冊，頁402。
〔註78〕《禪源諸詮集都序》，《大正藏》，第四八冊，頁400。

即未徹，修豈稱眞？〔註79〕

並以摩尼寶珠爲喻，指出北宗禪法的錯誤所在：

> 如一摩尼珠，唯圓淨明，都無一切差別色相，以體明故，對外物時能現一切差別相。色相自有差別，明珠不曾變易，然珠所現色雖百千般，今且取與明珠相違者之黑色，以況靈明知見與黑暗無明，雖即相違，而是一體。謂如珠現黑色時，徹體全黑，卻不見明，如痴孩子或村野人見之，直是黑珠，有人語云，此是明珠，灼然不信，卻瞋前人，謂爲欺誑，任說種種道理，終不聽覽。縱有肯信是明珠者，緣自睹其黑，方得明相出現，始名新見明珠。〔註80〕

宗密站在南宗立場，以摩尼寶珠比喻眞心。寶珠「唯圓淨明」，比喻心的空寂之知。寶珠本身沒有色彩，因透明澄澈，所以能反射各種色彩，把它放在亮處，寶珠就明亮澄澈，放在暗處，就呈黑色光澤。現將寶珠放於暗處，北宗人因相信「眾生本有覺性」，故知寶珠本透明澄澈，但其認爲「妄念實有」，就像以爲珠上的黑色是附著在寶珠上，必須刮除才能回復珠的晶瑩澄澈。北宗去除妄念的漸修法門，就像是刮除珠上黑色色澤一般，如果北宗能了解「妄念本空，心性本淨」的道理，就知此乃多此一舉。

② 淨眾宗

淨眾宗禪法主要是「三句用心爲戒定慧」〔註81〕。「三句」指「無憶」、「無念」、「莫忘」。「無憶」要人「勿追憶已過之境」或「不憶外境」。「無念」要人「勿預慮未來榮枯等事」，也「不念內心」。「莫忘」要人「常與此智相應，不昏不錯」〔註82〕。此宗禪法主要引導人們不追憶過往，也不念未來，隨時保持與智慧相應的心。要注意，此宗「無念」不同於南宗「妄念本空」，而是求與「念起」相對的「念不起」，門人從師受法後就致力於息念坐禪，時時不忘除妄，憶念不起，同於神秀「時時勤拂拭」的漸修，應屬北宗的範圍。

宗密對淨眾宗的批評和北宗同，認爲此宗「滯於染淨緣相，失天眞本淨性德」〔註83〕。

③ 保唐宗

〔註79〕《禪門師資承襲圖》，《續藏經》，第一一○冊，頁435。
〔註80〕《禪門師資承襲圖》，《續藏經》，第一一○冊，頁436。
〔註81〕《圓覺經大疏鈔》，《續藏經》，第十四冊，頁278。
〔註82〕以上數則引自同上。
〔註83〕《禪門師資承襲圖》，《續藏經》，第一一○冊，頁435。

保唐宗主張「教行不拘而滅識」〔註84〕，不奉行固定的教、行，出家後不必受戒，也不必禮懺唸經，完全摒除佛門儀式，不落事相。將淨眾無相的「無憶」、「無念」、「莫妄」中的「莫妄」改成「無妄」，認為「起心即妄」、「不起即眞」〔註85〕，以求達到不起心的「滅識」，換句話說，保唐宗禪法以「滅識」為主體，「教行不拘」為修行的方便法門，目的在達到內無分別心，外境「一切任他」的內外合一境界。

此宗講「起心即妄」，承認妄念的存在，亦屬於北宗禪法的範圍，但其修行講求「莫妄」，即一念不起，心無分別，則接近惠能的「無修之修」。所以宗密說保唐宗與北宗「所解似同，所修全異」〔註86〕。

宗密批評此宗強調無修之修，但「闕于方便事行」，修行上缺少方便法門。又「教行不拘」，否定了教門存在的重要性，違反禪宗「藉教悟宗」的傳統，故有「毀教之失」〔註87〕。以及它太過強調「滅識」，也是一種執著之病。

④ 宣什宗

宣什宗又稱南山念佛宗，此宗「藉傳香而存佛」〔註88〕。師徒間以傳香為信，前後三番，再由禪師講授「法門道理」及「修行意趣」，然後長聲一字唸佛，直至無聲，觀想佛常在己心。宗密描述為：

> 言存佛者，正授法時，先說法門道理修行意趣。然後今一字念佛，初引聲由念，後漸漸沒聲，微聲乃至無聲。送佛至意，意念猶粗。又送至心，念念存想有佛恒在心中，乃至無想，盡得道。〔註89〕

宗密將宣什宗歸在北宗禪法之列，認為它的缺點和北秀、淨眾一樣「滯於染相，失天眞本淨性德」。

⑤ 洪州宗

洪州禪法主旨在於「觸類是道而任心」〔註90〕，意即隨緣所遇皆可成道，隨心自然即為修行。因為佛性就在日常生活中，起心動念、彈指動目都是佛性的作用。日常生活中一切行為皆是「佛事」，「道即是心，不可將心還修於心」。如將其禪法分為「理」、「行」兩部份，「觸類是道」是禪理，「任心」則是行門。

〔註84〕《圓覺經大疏鈔》：謂釋門事相，一切不行。剃髮了便掛七條，不受禁戒。至於禮懺轉讀，畫佛寫經，一切毀之，皆為妄想。所住之院，不置佛事，故云教行不拘也。《續藏經》，第十四冊，頁278。

〔註85〕《續藏經》，第十四冊，頁278。

〔註86〕《禪門師資承襲圖》，《續藏經》，第一一○冊，頁435。

〔註87〕《圓覺經大疏鈔》，《續藏經》，第十四冊，頁279。

〔註88〕同上。

〔註89〕同上。

〔註90〕《禪門師資承襲圖》，《續藏經》，第一一○冊，頁435。

宗密《禪門師資承襲圖》對「觸類是道而任心」解釋爲：

> 起心動念，彈指、謦欬、揚眉，因所作所爲，皆是佛性全體之用，更
> 無第二主宰。如麵作多般飲食，一一皆麵。佛性亦然，全體貪瞋痴造善惡
> 受苦樂，故一一皆性。意以推求，而四大骨肉，舌、齒、眼、耳、手、足，
> 并不能自語言、見聞、動作，如一念今終，全身都未變壞，即便口不能語，
> 眼不能見，耳不能聞，腳不能行，手不能作，故知語言作者，必是佛性。
> 四大骨肉，一一細推，都不解貪瞋，故貪瞋煩惱並是佛性。佛性非一切差
> 別種種，而能作一切差別種種，故云「觸類是道」也。言「任心」者，彼
> 息並養神之行門也。謂不起心造惡修善，亦不修道。道即是心，不可將心
> 還修於心，惡亦是心，不可以心斷心。不斷不造，任運自在，名爲解脫人，
> 亦名過量人，無法無拘，無佛可作。何以故？心性之外無一法可得，故云
> 但任心即爲修也。〔註91〕

佛性雖不是起心動念，彈指揚眉等行爲，但起心動念、彈指揚眉，乃至行住坐臥都
是佛性的體現。就像麵粉能做出種種飲食，而其本質都是麵一般。宗密稱爲「佛性
非一切差別種種，而能作一切差別種種」。人的一切作爲都是佛性的作用，佛性體現
在日常生活中，連貪瞋煩惱都是佛性，故說「觸類是道」。

　　洪州宗以眞心佛性爲本體，是一切現象的根源。認爲雖然本體不是現象，但現
象因本體而來，所以二者並無區別。現象是本體的呈現；而本體「不可見，不可證」，
如要體悟眞心佛性此一本體，須從現象入手。因爲日常生活中，行住坐臥、貪瞋喜
樂，一切行爲都不離佛性本體，所有作爲都是「佛事」。故宗密稱洪州宗「一切是眞」。
如以摩尼寶珠爲喻，洪州的觀點是：黑色就是寶珠。因爲摩尼寶珠靈明澄澈的本體
不可見，如欲指出寶珠，則黑色色澤所在，就是寶珠。

> 即此黑暗，便是明珠，明珠之體，永不可見，欲得識者，即黑便是明
> 珠，乃至即青黃種種皆是。〔註92〕

　　既然一切現象都是佛性的體現、都是道，那麼就沒有「妄」的存在了。心中本
無妄念，就不必刻意爲善除惡，也不必爲去妄求眞而修行，因爲「道即是心，不可
將心還修於心」。所以不起心不修道，讓心自然而爲，「不斷不造，任運自在」就是
解脫。「任心爲修」就是修行之道。

　　洪州禪法因承認眞心佛性爲本體，所以宗密將它和荷澤禪法並列爲最高的直顯

〔註91〕同上。
〔註92〕《禪門師資承襲圖》，《續藏經》，第一一○冊，頁436。

心性宗。但其「一切皆眞」和北宗的「一切皆妄」，宗密稱二者「敵體相返」〔註93〕，互相對立，都走極端，不如荷澤禪的中道。

⑥ 牛頭宗

牛頭宗宗旨在「本無事而忘情」。說「心境本空」，本無順逆苦樂、生死涅槃等事。以「喪己忘情」爲修。《禪門師資承襲圖》敘其大要：

> 牛頭宗意者，體諸法如夢，本來無事，心境本寂，非今始空。迷之爲有，即見榮枯貴賤等事，事迹既有，相違相順，故生愛惡等情，情生則諸苦所繫，夢作夢受，何損何益？有此能了之智，亦如夢心，乃至設有一法過於涅槃，亦如夢如幻。既達本來無事，理宜喪己忘情，情忘即絕苦因，方度一切苦厄，此以忘情爲修也。〔註94〕

本宗否定諸法有自性，說「凡聖等法，皆如夢幻」，認爲一切世間法、出世間法皆無自性，本體皆空，所以說「本來無事」。如果不能了解法我皆空、諸法如夢幻泡影的道理，而迷於事相，就會產生「情欲」，而被「諸苦所繫」。所以修行方法應該是「喪己忘情」，令自己「休心不起」，去除對「我」的執著，及對法相的迷惑。

牛頭「本來無事」、「心境本空」，法我兩空的思想，來自般若空宗，宗密曾說法融「久精般若空宗」〔註95〕，對般若空觀思想有很好的發揮和承繼。但宗密批評牛頭宗「一切皆無」〔註96〕的主張，連「眞心」本體的存在也否認，是只知「眞空」，不知「妙有」。他以摩尼寶珠爲喻，批評其否定佛性的存在，是不能了悟「色相皆空之處，乃是不空之珠〔註97〕」的道理。

牛頭宗認爲摩尼寶珠所呈現的色彩是空，珠本身也是空，要能悟萬法皆空，一切都無所得，才是解脫。宗密認爲這種觀點，是未眞正見到寶珠。

⑦ 石頭宗

自惠能到宗密的時代，禪門發展最活躍的是北秀、洪州、牛頭、荷澤四宗。石頭希遷的禪法雖然存在，但未受重視。故宗密雖將它列爲十宗之一，把它和牛頭宗同歸入泯絕無寄宗，但在其著作中，鮮少對石頭禪法加以介紹。

⑧ 荷澤宗

荷澤禪法的宗旨是「寂知指體，無念爲宗」〔註98〕。「寂知」是其思想核心，「無

〔註93〕《禪門師資承襲圖》，《續藏經》，第一一○冊，頁435。
〔註94〕《禪門師資承襲圖》，《續藏經》，第一一○冊，頁436。
〔註95〕《圓覺經大疏鈔》，《續藏經》，第十四冊，頁279。
〔註96〕《禪門師資承襲圖》，《續藏經》，第一一○冊，頁436。
〔註97〕《禪門師資承襲圖》，《續藏經》，第一一○冊，頁437。
〔註98〕《圓覺經大疏鈔》，《續藏經》，第十四冊，頁280。

念」是修行方法，以「無念」爲修，終究達到與空寂心體相應，就是解脫的境界。換句話說，荷澤禪「於解則見諸相非相境，於行則名無修之修」。宗密對此宗禪法的說明有二：

> 疏「有寂知指體，無念爲宗」者，即第七家也，是南宗第七祖荷澤大師所傳。謂萬法既空，心體本寂，寂即法身，即寂而知，知即眞智，亦名菩提涅槃……此是一切眾生本源清淨心也，是自然本有之法。言「無念爲宗」者，既悟此法本寂本知，理須稱本用心，不可遂起妄念，但無妄念，即是修行。故此一門，宗於無念。〔註99〕

又

> 諸法如夢，諸聖同說，故妄念本寂，塵境本空，空寂之心，靈知不昧，即此空寂寂知，是前達磨所傳空寂心也。任迷任悟，心本自知，不藉緣生，不因境起。迷時煩惱亦知，知非煩惱；悟時神變亦知，知非神變。然知之一字，眾妙之源。由迷此知，即起我相，計我、我所，愛惡自生，隨愛惡心，即爲善惡，善惡之報，受六道形，世世生生，循環不絕。若得善友開示，頓悟空寂之知，知且無念無形，爲我相、人相？覺諸空相，眞心無念，念起即覺，覺之即無，修行妙門，唯在此也。故雖備修萬行，唯以無念爲宗，但得無念之心，則愛惡自然淡薄，悲智自然增明，罪業自然斷除，功行自然精進。於解則見諸相非相，於行則名無修之修，煩惱盡時，生死即絕，生滅滅已，寂照現前，應用無窮，名之爲佛。〔註100〕

宗密視荷澤禪法直承惠能而來，「全是曹溪之法」〔註101〕，《禪源諸詮集都序》的禪門十家和《圓覺經大疏鈔》的四宗都沒有惠能一派，只有荷澤。很明顯地，宗密認爲荷澤繼承惠能禪法，所以用荷澤代表曹溪。事實上，荷澤禪法和惠能禪法有同有異，宗密取其同加以闡述，忽略其異。一方面爲荷澤取得南宗正統地位，一方面站在華嚴立場，以荷澤禪法與華嚴教義相融，成就其禪教合一思想。宗密的作法或有值得商確之處，但在荷澤禪法的本體「寂知之心」是惠能禪法本體「清淨本覺」的再強化這一脈絡上，實可看出荷澤繼承曹溪之法，再往前推移的痕跡。這是不容否認的。

一般禪法將心分析到最後的層次是眞心與清淨本覺。荷澤禪法卻又言心有「空寂之知」，此知是空寂之心的自性，是一切存在的根源，又含有認識的先天能力。此

〔註99〕《禪門師資承襲圖》，《續藏經》，第一一○冊，頁436。
〔註100〕《禪源諸詮集都序》，《大正藏》，第四八冊，頁402～403。
〔註101〕《禪門師資承襲圖》，《續藏經》，第一一○冊，頁434。

知不因迷而失，不因悟而顯，「任迷任悟」、「心本自知」，不論是迷是悟，此知恒常不變。眾生因不識此「空寂靈知」，執著於種種妄念，起心動念，以至造業受報，循環不已。若能頓悟此靈知本心，即能解脫成佛。所以說「知之一字，眾妙之門」。

荷澤宗的修行方法是「無念」。「無念」指不執著任何一法，不念有無，不念善惡，乃至不念菩提，不念涅槃。以無念為宗，心不執著於任何一處，則「愛惡自然淡薄，悲智自然增明，罪業自然斷除，功行自然精進」。以至煩惱盡除、生滅不起，得見諸相非相，與空寂寂知的心體相應，終究成佛。

「無念」又稱「無修之修」，本是曹溪之法，神會承惠能，宗密又加以發揚。不過值得注意的是，神會主張的是無修而頓悟，在見性的霎那頓悟成佛。所有的妄念在悟的須臾間消逝。而宗密的主張卻是頓悟之後再漸修，以慢慢去除頓悟前的積習。

宗密的摩尼寶珠之喻，突顯出荷澤禪法高於其他禪法：

> 唯瑩淨圓明，方是珠體，其黑色，乃至一切青黃色等，悉是虛妄，正見黑色時，黑原不黑，但是其明，青原不青，但是其明，乃至赤黃白等，一切皆然，但是其明。既即於諸色相處一一但見瑩淨圓明，即於珠不惑。但于諸不惑，則黑既無黑，黑即是明珠，諸色皆爾，即是有無自在，明黑融通，復何礙哉？〔註102〕

荷澤宗認定寶珠晶瑩澄澈的本體，黑色是寶珠明徹本體反射出的色彩。寶珠反射出的所有色彩都是虛妄，但都由寶珠的明徹本體而來，見色即見寶珠的明性，所以黑色既是虛妄，也是寶珠。一是本體，一是現象，二者為一。故「有無自在」。

現象是本體的作用。分開來看，現象是虛妄；合起來看，本體為一，故「有無自在，明黑融通」。優於北宗的去黑見珠，牛頭的黑、珠皆妄，以及洪州的以黑為珠。

⑨ 稠 那

稠那是慧稠和求那跋陀羅兩人禪法的合稱。慧稠跟從北魏佛陀禪師學習禪法，擅長小乘禪觀。求那跋陀羅則曾翻譯《楞伽經》。宗密將他們歸入息心修妄宗。他們的禪法「以彼修煉功至證得即以之示人」〔註103〕。

⑩ 天台宗

宗密將天台的修行方法列於息心修妄宗，而禪理歸在泯絕無寄宗。他並不十分重視天台禪法，《禪源諸詮集都序》僅有一簡單介紹：

> 南岳天台，令依三諦之理，修三止三觀，教義雖最圓妙，然其趣入門

〔註102〕《禪門師資承襲圖》，《續藏經》，第一一○冊，頁437。
〔註103〕《禪源諸詮集都序》，《大正藏》，第四八冊，頁412。

戶次第，亦只是前之諸禪行相。〔註104〕

雖說它教義最圓妙，但其行法也不出於四禪八定的範圍：

天台廣明甚深禪定，亦只約四禪八定而爲修習之門。〔註105〕

（2）棄洪州崇荷澤

宗密將洪州禪法與荷澤禪法並列爲禪宗最高的「直顯心性宗」，因爲洪州、荷澤皆承認眞心佛性爲本體，所以同列性宗。宗密的說法是洪州、荷澤兩家「皆會相歸性，故同一宗」，「會相歸性」是說一切現象都是眞心佛性的體現，現象的根源是佛性，將現象歸於佛性，「一切諸法，若有若空，皆唯眞性」〔註106〕。宗密先將洪州與荷澤並列最高，再以荷澤的立場批判洪州，突顯荷澤宗的優越性。宗密在禪門諸宗中對洪州宗的批判最多最深入。原因之一是洪州的馬祖道一上承懷讓，而南嶽懷讓和荷澤神會同爲惠能門下，二者皆承曹溪禪法，故洪州、荷澤禪法最類似，容易混淆，有必要加以區分。原因之二是這兩宗同爲南宗，二宗互相競爭，形勢越來越烈，荷澤宗在發展上承受了洪州宗莫大的壓力。原因之三是爲成就宗密的主要學說禪教合一，宗密必須抬高荷澤地位，方能與華嚴宗相配，完成禪教合一。宗密對洪州宗的批評，主要有以下幾點：

① 以墨爲珠，不識真性

宗密以摩尼寶珠喻洪州禪法：

復有一類人，指示云，即此黑暗，便是明珠，明珠之體永不可見，欲得識者，即黑便是明珠，乃至即青黃種種，皆是致令愚者的信此言，專記黑相，或認種種相爲明珠，或於異時見黑串子珠，米吹青珠，碧珠，乃至赤珠……皆云是摩尼，或於異時是摩尼珠，都不對色時，但有明淨之相，卻不認之，以不見有諸色可認識故，恐疑局於一明珠。〔註107〕

洪州因寶珠的透明澄澈不可得見，而認爲如要認得寶珠就只有以外在色相去看，所以黑珠就是明珠。但這說法，會使愚人誤認黑色就是寶珠，將所有黑色物體都認作寶珠，眞正的寶珠出現時，卻因明淨無色而不認得。這是把現象當本體，易令人誤以爲現象以外別無本體。宗密批評其「一切皆眞」指的就是把一切隨緣之相都當作眞如本身，會造成只看見現象而不認識眞性。

② 但有隨緣應用，缺少自性本用

〔註104〕《大正藏》，第四八冊，頁399。
〔註105〕《圓覺經大疏鈔》，《續藏經》，第十四冊，頁235。
〔註106〕《禪源諸詮集都序》，《大正藏》，第四八冊，頁402。
〔註107〕《禪門師資承襲圖》，《續藏經》，第一一〇冊，頁436。

　　宗密將眞心本體的作用分爲自性本用和隨緣應用兩種。《禪門師資承襲圖》以銅鏡爲喻：

> 　　眞心本體有二種用，一者自性本用，一者隨緣應用。猶如銅鏡，銅之
> 質是自性體，銅之明是自性用。明所現影是隨緣用，影即對緣方現，現有
> 千差，明即自性常明，明唯一味，以喻心常寂，是自性體。心常知是自性
> 用，此能語言，能分別動作等是隨緣應用。今洪州指示能語言等，但隨緣
> 用，闕自性用也。〔註108〕

銅鏡銅的質地是自性體，銅鏡之明是自性用，銅鏡能現影像是隨緣用。荷澤宗的心體常寂如銅的質地，是自性體。空寂靈知如銅鏡之明，是自性用。寂知之心能言語、分別動作如銅鏡能現一切影像，是隨緣應用。荷澤兼具「自性本用」和「隨緣應用」。洪州說一切作爲皆「佛性全體之用」，是隨緣應用，但不講心的空寂靈知，缺少自性本用。

　　荷澤禪法受《大乘起信論》影響頗深，心的空寂寂知具自性本用，與華嚴教理較近，故宗密以荷澤優於洪州，取荷澤配華嚴成就其禪教合一論。

a. 心的靈覺鑒照局於聖人所有，愚者不備

　　《禪門師資承襲圖》曾提到洪州宗的靈覺鑒照，宗密批評其僅侷限於聖人才有，是聖智。而「迷者不覺，愚者無智，心無記時，即不名鑒照」。愚人的心，不知覺悟，沒有智慧，處在不善不惡、可善可惡的無記狀態下，就沒有靈覺鑒照的能力，有其侷限性，不如荷澤禪法的靈知之心遍於凡聖眾生及一切有情，「愚智善惡，乃至禽獸，心性皆然，了了常知」。〔註109〕

b. 只有眞空，缺少妙有

> 　　以拂迹爲至極，但得遣教之意，眞空之義，爲成其體，失於顯教之意，
> 妙有之義，闕其用也。〔註110〕

洪州宗只講眞空，缺乏顯示眞心存在的妙有，只是遣教，不如荷澤直示心體的靈知，爲妙有的顯教。

c. 缺少成就菩提的理論和方法

　　宗密認爲洪州宗講心的空寂，只著重在心的不可證、不可說上，不知道心體的靈知，能顯示菩提義，知就是知菩提、知佛性，洪州所缺少的，正是成就菩提的根

〔註108〕《續藏經》，第一一〇冊，頁336。
〔註109〕《續藏經》，第一一〇冊，頁437。
〔註110〕同上。

本理論和方法〔註111〕。

③ 只有比量，缺少現量

《禪門師資承襲圖》：

> 顯教有比量顯、現量顯。洪州云：心體不可指示，但以能語言等驗之，
> 知有佛性，是比量顯也。荷澤直云：心體能知，知即是心，約知以顯心是
> 現量顯也，洪州闕此。〔註112〕

洪州認為心體不可直接指示，要透過語言、行動等生活經驗來推理印證有佛性存在，只有比量，不似荷澤直指心體能知，以知顯心，親證佛性，是現量。洪州宗因為只有比量，沒有現量，缺少對佛性的真實體悟，所以宗密批評其「任運為修」乃是「無悟」而修，和北宗的「未徹之悟」而修皆是病。

④ 只知頓悟，不懂漸修

宗密曾對洪州宗的頓悟和荷澤宗的頓悟漸修加以比較：

> 洪州常云：貪瞋慈善皆是佛性，有何別者。如人但觀濕性，始終無異，
> 不知濟舟、覆舟。功過懸殊，故彼宗於頓悟門雖近，而未的於漸修門。荷
> 澤則必先頓悟，依悟而修。故經云：若諸菩薩悟淨圓覺，以淨覺心取靜為
> 行，由澄諸念覺識煩動等，此頓悟漸修之意，備於一藏大乘，而《起信》、
> 《圓覺》、《華嚴》是其宗也。〔註113〕

洪州宗以貪瞋慈善都是佛性，一切所有作為包括煩惱都是佛性的作用。一個人只要不斷不修、任運自在便無法可拘束他，就是解脫，所以沒有修行的必要。宗密認為這種「任運為修」的法門接近頓悟之門，但缺少漸修是其缺點。

荷澤宗主張先頓悟再依悟漸修，強調漸修的重要，其頓悟漸修以《起信論》、《圓覺經》、《華嚴經》為基礎，優於洪州。

宗密對洪州宗的批評除了以上四項外，還有「洪州但言貪瞋戒定一種是佛性作用者，闕於揀辨迷悟倒正之用」〔註114〕，和缺乏悟入的方便法門二項。前者是說洪州宗以所有身心活動都是佛性的作用，一切作為都是佛事，現象界的迷悟都屬佛性本體的作用。洪州、荷澤都主張迷、悟皆源於一心。但荷澤迷十重及悟十重區分的非常清楚，以悟的十重翻破迷的十重，漸修成佛的路徑十分明晰。相較下，洪州禪法缺乏分辨迷悟、倒正的有效方法。至於後者是宗密對保唐宗、牛頭宗、洪州宗的

〔註111〕董群，《融合的佛教》（北京：宗教文化，2000.06），頁135。
〔註112〕《續藏經》，第一一〇冊，頁437。
〔註113〕《禪門師資承襲圖》，《續藏經》，第一一〇冊，頁437。
〔註114〕《禪門師資承襲圖》，《續藏經》，第一一〇冊，頁438。

共同批評。

（3）以荷澤統諸派

　　宗密先確立荷澤宗爲禪門正統，再行安頓其他宗派，並藉由禪門各宗派的安得其位，凸顯荷澤宗的正統性。他確立荷澤爲正統，是從禪史和禪法兩方面著手的。在禪史上，先訂定西天二十八祖、東土達摩到六祖惠能、七祖神會爲正傳，其他各派是旁出，來立定荷澤宗的正統地位。禪法上則依《大乘起信論》的不變、隨緣及頓悟漸修二原則來判斷各宗，突顯出荷澤禪法最高。以下依禪史和禪法兩個面向，談宗密以荷澤統諸宗的歷程：

　① 禪　史

　　宗密《圓覺經大疏鈔》曾引《付法藏經》言：

> 西域二十八祖，此方七祖，相承傳法，如一燈照百千燈，冥者皆明，
> 明終無盡。〔註115〕

指中國自達摩以下七祖，是承西域二十八祖的法而來。而中土七祖中，初祖達摩到四祖道信一脈單傳，爲達摩—慧可—僧璨—道信，之後道信傳五祖弘忍，但又傍出牛頭宗。五祖弘忍傳六祖惠能。而弘忍另有其他十名弟子，「雖證悟未徹，大師許云：『各堪爲一方之師』」，他們所傳的宗派包括北宗神秀、宣什宗、淨眾宗、保唐宗等。宗密《圓覺經略疏鈔》對達摩至惠能的禪史敘述爲：

> 達磨第二十八（……）至此方第一（初至梁朝，機緣未合。過至魏朝，
> 遇慧可，斷臂受法，並一領袈裟，以充印信，定其宗旨。語可曰：「漢地
> 得入聖位者，與《金剛》、《楞伽》相應。」又曰：「我法至六代後，命如
> 懸絲。」大師門下，又傍出道育及尼總持。）慧可第二（博學經史，高節
> 至道，鄴都化導三十餘年，遭難非命，年一百七。）僧璨第三（付法了，
> 佯狂託疾，後於峴山齊場樹下，立而終焉。）道信第四（長坐，脅不著席，
> 敕追不入。傍出牛頭一宗，乃至徑山。）弘忍第五（少小事師，後居馮墓
> 山，廣開教法，學徒千萬，時號東山法門。於中久在左右，見解明利者，
> 即荊州神秀、潞州法如、襄州通、資州智詵、越州義方、華州慧藏、蘄州
> 顯、揚州覺、嵩山老安等十人。大師記云：「各堪爲一方師。」後有嶺南
> 盧行者，年二十二，來大師門下，令爲眾舂米，八箇月。因呈偈了性，遂
> 付衣缽，令歸嶺南傳法，自此便有南北二宗也。）惠能第六（歸嶺南十七
> 年後，方始出家，印宗法師請開禪法。神龍元年，敕請不入。）〔註116〕

〔註115〕《續藏經》，第十四冊，頁275～276。
〔註116〕《續藏經》，第一五冊，頁131。

　　惠能六祖祖位的確立，宗密主要從兩方面論證，一從禪宗傳統的祖位傳承方式「內傳法印，以印自心；外傳袈裟、標定宗旨」，說弘忍對惠能「遂授密語，付以法衣」〔註117〕，定其為法定傳人，故惠能為弘忍所認定的六祖無誤。二因神會助朝廷平安史之亂有功，惠能袈裟於唐肅宗上元元年（西元 760 年）被迎入宮供養，此舉無異於朝廷欽定惠能為六祖，此後惠能六祖的地位廣為世人接受。這是藉著官方力量確認惠能六祖的地位。惠能六祖祖位確定後，南宗曹溪禪法儼成為正統，五祖弘忍其他十名弟子所傳的神秀、宣什、淨眾、保唐諸宗自然成為傍出。

　　惠能六祖祖位未得確認前，神會與北宗陷入長期的南北宗之爭，神會承惠能禪法，以南宗傳人的角色力主南宗禪法才是禪門正統，直到官方欽定惠能為六祖，這場禪門祖位之爭才落幕。南宗大獲全勝後，神會向以惠能法嗣自居，儼然是七祖最佳人選，但他沒有袈裟，不符禪宗一貫的內傳法印、外傳袈裟的傳承標準，這點宗密嘗試在《禪門師資承襲圖》為神會解圍，希望為他在沒有法衣之下的法嗣正統性，作一合理解釋：

　　　　（惠能）和尚將入涅槃，默受密語於神會。語云：「從上以來相承，准的只付一人，內傳法印，以印自心；外傳袈裟，標定宗旨。然我為此衣，幾失身命。達磨大師懸記云：至六代之後，命如懸絲，即汝是也。是以此衣宜留鎮山，汝機緣在北，即須過嶺，二十年外，當弘此法，廣度眾生。」和尚臨終，門人行滔、超俗、法海等問和尚：「法何所付？」和尚云：「所付囑者，二十年外，於北地弘揚。」又問誰人？答云：「若欲知者，大庾嶺上，以網取之。」（相傳云：嶺上者，高也，荷澤姓高，故密示耳。）〔註118〕

　　惠能以自己「為此衣，幾失身命」與達磨的預言「六代之後，命如懸絲」為由，以為法衣「宜留鎮山」，所以只在涅槃前「默受密語於神會」，為神會印心，並在答門人「法何所付？」的傳人問題時，指「二十年外，於北地弘揚」及「大庾嶺上，以網取之」，密示其傳人為神會。宗密以此釋明神會沒有袈裟，但確為惠能指定的傳人。除此，宗密另有一有力證據，確立神會的七祖地位。這有力證據是唐德宗貞元十二年（西元 796 年），朝廷在神會圓寂後三十八年，敕立他為七祖。神會七祖祖位確立和六祖惠能相似，皆引政治力量以為助。《禪門師資承襲圖》：

　　　　德宗皇帝貞元十二年，敕皇太子集諸禪師，楷定禪門宗旨，搜求傳法傍正。遂有敕下立荷澤大師為第七祖。內神龍寺見有銘記，又御製七代祖

〔註117〕《圓覺經大疏鈔》，《續藏經》，第十四冊，頁 277。
〔註118〕《續藏經》，第一一○冊，頁 434。

師讚文，見行於世。〔註119〕

神會七祖祖位確立後，荷澤宗成爲惠能南宗禪法的正統傳承。無疑地，惠能另一弟子，由南嶽懷讓到洪州馬祖道一所傳的洪州宗，就成爲旁出支脈了。

綜上，宗密先確立達摩—慧可—僧璨—道信—弘忍—惠能—神會的法脈傳承，再由弘忍爲五祖，辨析出牛頭宗爲傍出。南宗惠能爲六祖，辨析出宣什、淨眾、保唐等宗爲旁出，荷澤神會爲七祖，辨析出洪州宗爲旁出。再由牛頭、北秀、宣什、淨眾、保唐、洪州皆爲旁出，突顯荷澤宗爲禪門正統。禪門傳承的正、旁的關係，以圖示如下：

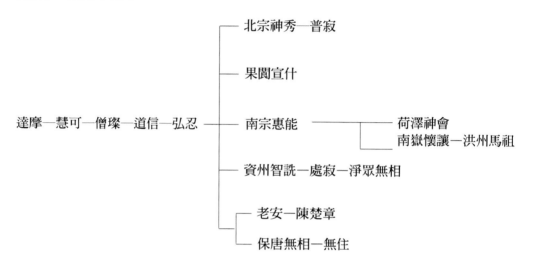

② 禪　法

宗密判攝諸宗禪法的高下有二原則：一以心的不變、隨緣二義，判攝各宗禪法的優劣；二以頓悟漸修爲準則，評論各宗的得失。

a. 以心的不變、隨緣二義判攝禪法的優劣

宗密篤信華嚴教學，以一心爲萬法根源，此真心具不變和隨緣二義，覺悟的依據便在此不變和隨緣上。如以摩尼寶珠比喻心，寶珠澄澈明淨、無差別相，就是不變之義。當寶珠透過光線反射出種種色彩，如同心體接觸外境而起種種差別相，這種種色相是心的相用，爲心的隨緣之義。宗密以寶珠靈明澄淨的不變本性和種種差別的隨緣色相來檢驗各宗禪法。北宗人見到黑珠，不知寶珠和黑色一體，屬心體和相用的關係，明淨的寶珠本就可顯現種種色相，他們執著色相實有，堅持必須磨去黑色色澤才承認它爲寶珠。洪州宗人認爲寶珠靈明澄淨的本體是永不可見的，指黑

〔註119〕同上。

色的色相就是寶珠，是只識隨緣之義，不識不變之義。牛頭宗則以寶珠本身不實，黑色色相更爲虛妄，「徹體全空」太偏執於空性，不知空中有不空之理，只知不變之義，不知隨緣的顯現。荷澤宗既知寶珠本體的靈明澄淨，又知此本體能顯現種種差別色相，明瞭色相皆是非相，兼具不變與隨緣，故爲各宗禪法之最上乘。

b. 以頓悟漸修評論各宗修行方法的得失

　　宗密的頓悟漸修主要針對修學者的根機而論。他對頓悟解釋爲：不同根機的人覺悟的歷程可能不同，但只要是從迷而悟、轉凡成聖都是頓悟。從此點看各宗的修行方法，不論是漸修頓悟、頓修漸悟、漸修漸悟、先頓後修或頓悟頓修，都沒有矛盾。不過其中荷澤主張的先頓悟、再依悟漸修，慢慢去除積息，正如「日頓出，霜露漸消」〔註120〕，又如「孩子生，即頓具四肢六根，長即漸成志承事業」〔註121〕是最好的修行法門。其他各宗則各有缺漏，洪州只講「任運爲修」是不知漸修，牛頭「本無事而忘情」，其「忘情」於漸修無虧，但「本無事」則是「達空」〔註122〕，「於頓悟門而半了」〔註123〕，缺點是不知頓悟。北宗只有漸修沒有頓悟，缺失在於「無頓悟故，修亦非眞」，因爲沒有悟，更不知根據什麼去修。

　　宗密透過以上二原則檢視各宗禪法，得出荷澤禪法爲最圓滿的禪法，以它統其他諸宗。宗密是要以荷澤的心體寂知爲本，結合其他宗的方便法門。只要能體會心以寂知爲本體，那麼不論「一切皆眞」、「一切皆妄」、「一切皆無」的執著皆隨之而破，諸宗禪法皆成爲隨手可用的方便法門。宗密說：

　　　　以寂知爲本，而隨緣修前方便之行，即前六家緣是隨病對治之妙門也。〔註124〕

　　雖然宗密從禪史和禪法兩方向證明荷澤爲禪門正統，是各宗禪法最殊勝，但他並未否定其他宗禪法存在的價值，認爲它們仍可因應不同根機之人的需要而發揮作用：

　　　　若約各爲一類之機，善巧方便，廣開門戶，各各誘引，熏生生之習種，爲世世之勝緣，則諸宗所說，亦皆是諸佛之教也。〔註125〕

　　各宗禪法雖各有缺漏，但亦各有擅長，如只執取荷澤爲最高，那也是一種侷限：

　　　　於七宗中，若統圓融爲一，則七皆是：若執各一宗，不通余宗者，則

〔註120〕《禪源諸詮集都序》，《大正藏》，第四八冊，頁408。
〔註121〕同上。
〔註122〕《禪門師資承襲圖》，《續藏經》，第一一〇冊，頁435。
〔註123〕同上。
〔註124〕《圓覺經大疏鈔》，《續藏經》，第十四冊，頁279。
〔註125〕《禪門師資承襲圖》，《續藏經》，第一一〇冊，頁438。

七皆非。如《涅槃》說有人摸象，雖各認成非，然亦皆不離象體，但總也
即是全象也。〔註126〕

須得會通各宗才是「圓融爲一」，這裏約略可見華嚴法界緣起的圓融無礙觀點。宗密
批評各宗、乃至定荷澤爲最高統諸宗，目的都是爲了會通禪家諸宗。他清楚地說：

達摩所傳，本無二法，後隨人變，故似殊途，局（原作「扃」字）之
即具非，會之即皆是。〔註127〕

二、華嚴宗的傳承與學習

（一）華嚴五祖祖位的成立

有關華嚴宗的宗祖有：三祖說、五祖說、七祖說和十祖說等各種不同說法。主
張三祖說的是宗密，《注華嚴法界觀門》中說：

（《法界觀門》）京終南山釋杜順集。姓杜，名法順。唐初時行化，神
異極多，傳中有證，驗知是文殊菩薩應現身也。是華嚴新舊二疏初之祖師。
儼尊者爲二祖，康藏（法藏）國師爲三祖。〔註128〕

由上文可見，杜順被尊爲華嚴初祖，與其著作《華嚴法界觀門》有關。因爲華嚴宗
的哲學體系可說是以《華嚴法界觀門》爲基礎而發展建立。但歷來有人懷疑此書是
法藏所作，屬於法藏《華嚴發菩提心章》的一部份，認爲法藏才是華嚴宗的初祖。
〔註129〕但是經過近代學者的探究，多傾向認同宗密以杜順爲初祖、智儼爲二祖、法
藏爲三祖的說法。〔註130〕

主張五祖說的有志磐和續法。宋代志磐《佛祖統紀》卷二十九，以賢首宗教爲
題，記載初祖杜順、二祖智儼、三祖法藏、四祖澄觀、五祖宗密。清代續法《法界
宗五祖略記》卷一也記載了華嚴宗的傳承（法界宗即華嚴宗）：

（華嚴宗）初祖杜順和尚……二祖智儼和尚……三祖賢首國師（諱
法藏）……四祖清涼國師（諱澄觀）……五祖圭峰大師（諱宗密）……
〔註131〕

七祖說有兩種，一是凝然根據淨源的說法，於五祖上再加馬鳴與龍樹，形成七

〔註126〕《圓覺經大疏鈔》，《續藏經》，第十四冊，頁280。
〔註127〕《禪源諸詮集都序》，《大正藏》，第四八冊，頁400。
〔註128〕《大正藏》，第四五冊，頁684。
〔註129〕鎌田茂雄，《宗密教學的思想史研究》（東京大學東洋文化研究所，1975.03），頁51
～52。
〔註130〕呂澂，《中國佛學思想概論》（台北：天華，1988.02），頁39。
〔註131〕《續藏經》，第一三四冊，頁271～272。

祖。〔註132〕二是普瑞記龍樹爲初祖，天親爲二祖，帝心（杜順）、雲華（智儼）、賢首（法藏）、清涼（澄觀）、圭峰（宗密）等五祖。〔註133〕

十祖說則主張華嚴宗有普賢菩薩、文殊師利菩薩、馬鳴菩薩、龍樹菩薩、世親菩薩、帝心尊者、雲花尊者、賢首菩薩、清涼大師、圭山大師等十位祖師。〔註134〕

綜上所述，不論是五祖說、七祖說或十祖說，宗密承澄觀爲華嚴法脈，是不爭的事實。不過自宗密以後，歷來學者多採五祖說。華嚴五祖說已是普遍被接受的說法。所以華嚴宗的傳承是：杜順－智儼－法藏－澄觀－宗密，宗密爲華嚴五祖確立。

（二）華嚴教典的學習

宗密對華嚴教典的學習可分爲四階段：

1、《華嚴法界觀門》

宗密二十五歲遇道圓禪師，從此成爲荷澤法裔，承續禪門南宗法脈。特別的是，道圓除引領他入禪門外，還曾授予宗密《華嚴法界觀門》一書。

《華嚴法界觀門》是華嚴宗早期的重要著作，爲華嚴初祖杜順（西元557～640年）所著。此書從三個方面討論色空和理事關係，其一是眞空觀，講色空關係，闡述「會色歸空」、「明空即色」、「空色無礙」、「泯絕無寄」等概念。其二是理事無礙觀，講理事圓融關係，在理事無礙觀中，說明眞空觀，雖空色無礙、泯絕無寄，然此爲眞如之理，非眞如妙用；今諸事於理，炳然雙融，故曰理事無礙。三是周遍含容觀，講各種現象之間的關係，事事無礙。因事事皆如理，故融通也；以事如理融，故能遍攝無礙。

宗密對此書相當重視，潛心研究數年，得到不少啓發，讓宗密對原先不能徹悟的「身心因果」、「色空之理」等概念豁然開朗，後來並爲作《注華嚴法界觀門》，使後人可以循注而見門、入觀、通經、證性朗然。這是宗密對華嚴義學學習的開始，也是宗密對華嚴初祖杜順思想的承受，（後來宗密《禪源諸詮集都序》判爲禪三宗之一的泯絕無寄宗，其「泯絕無寄」一詞，即來自於此。）可說是宗密皈依華嚴的前因。

2、《圓覺經》

宗密因讀《圓覺經》而開悟，《圓覺經》在宗密習佛的歷程中意義非凡。探究宗密的思想，不難發現《圓覺經》是影響宗密佛學思想最大的幾部經論之一。這部經的基本內容是說眾生都有圓滿周備、無所欠缺的覺性，這覺性又稱如來藏、或佛性。

〔註132〕《五教章通路記》，《大正藏》，第三七冊，頁297。
〔註133〕《華嚴懸談會玄記》，《大正藏》，第一二冊。
〔註134〕《法界宗五祖略記》，《續藏經》，第一三四冊，頁272。

它清淨無染、先天俱足。眾生只要頓悟自心覺性，加以修持，以漸去貪愛的障垢，就能達到覺悟的境界，與佛無異。

《圓覺經》具有很大的包容性，可以融合佛教各宗各教的差異，它眾生皆有佛性（如來藏）的思想，是宗密禪教合一的根源。

3、《華嚴經》、《華嚴經疏》、《華嚴大疏鈔》

宗密得此三書的因緣，在奉師命游方，至襄陽恢覺寺遇靈峰和尚。得他授予《華嚴經》及清涼澄觀《華嚴經疏》、《華嚴大疏鈔》等書。

《華嚴經》宗旨在於「法界緣起」，以一切現象都是真心緣起。由於真心的本體作用，使各種現象都處於相互融合的關係中。它的具體內容講述菩薩行證的十信、十住、十行、十回向、十地等原理，依此修行，最終將證入法界。經中又闡明諸法同一體性，一即一切、一切即一的圓融之理。

《華嚴經疏》是澄觀闡發華嚴宗基本思想的著作。全疏分為十門，其中對宗密思想影響最深的是第三義理分齊門中的圓融無礙思想，這部分澄觀又分為所依體事、攝照真空、理事無礙、周遍含容等四門加以分析。

《華嚴大疏鈔》是澄觀對《華嚴經疏》進一步闡述的著作。

宗密透過澄觀的教導，對華嚴教學最大的領受在融合的思想上。宗密體會到的圓融思想，具體說是：一、色空之理，應該以中道來理解；二、宗派之分，應以實會權，融於圓宗。三、經教與禪心的關係是：經文無不契合於禪心，禪心也無不與經教相契。體會色空無礙、權實無礙、禪教無礙的融合思想，解決了宗密最後的疑惑，

　　　　一生餘疑，蕩如瑕翳，曾所習養，於此大通，外境內心，豁然無隔。〔註135〕

也確立了宗密禪教會通的理路。後來他一生所大力提倡的融合的佛教思想正由此來。

〔註135〕〈遙稟清涼國師書〉，《大正藏》，第三九冊，頁576。

第三章 《禪源諸詮集都序》
的禪教合一思想

第一節 思想源流

一、時代背景

　　佛教東來後，吸收與融合了中國文化，加上歷來佛教學者的創造與發揮，發展成一屬於中國的佛教，面貌大不同於印度佛教。隋唐時代，國家漸趨統一，尤其初唐到盛唐，國家中央極權，政治穩定、商業發達，社會開放，各民族間採取開放、融合的態度，國與國交流頻仍，經濟頻繁，文化多元豐富，社會空前繁榮。長安成為世界文明的中心。政治、經濟、文化的有利條件，促使佛教的發展到了巔峰。高僧輩出，宗派林立，呈現出豐富多元的氣象。

　　隋唐時代，最早開宗立派的是天台宗。因其創立者智顗大師（西元 538～597年）居天台山而得名。又依《法華經》的教旨為主，故又稱法華宗。他的著作繁多，後來皆成為天台宗重要的經典。其中《法華玄義》、《摩訶止觀》等書，更為天台宗建立了一套有系統的哲學思想和宗教實踐方法。然而，當時天台宗的活動區域僅限於長江中游一帶，並無多大發展。直到中唐，荊溪湛然（西元 711～782 年）大力發揚天台教學，並廣大著述批評當時流行的慈恩、華嚴、禪宗各家教理上的缺失，使天台宗地位大升。但這也使得佛教內部形成意識型態的對立，各宗派間的爭論越演越烈。湛然之後，因會昌廢佛及唐末五代戰亂，天台趨於衰微，趙宋時代才又漸興。

　　隋代的嘉祥吉藏（西元 549～623 年）也隨即建立了三論宗。三論宗主要闡揚諸法性空的空觀思想，又稱空宗或法性宗。起源於晉代的鳩摩羅什傳譯龍樹《中論》、

《十二門論》與提婆《百論》三書而來。但直到吉藏完成了《中論》、《十二門論》、《百論》三書的注疏，才算完整建立三論宗的思想體系。

慈恩宗則建立於唐初。起源於玄奘翻譯印度經典《瑜珈師地論》，但經過窺基（西元 632～682 年）及慧沼（西元 650～714 年）的努力，才奠定其思想體系。它的思想主要是唯識學說，主張一切諸法的體性、相狀都是唯識所變，將宇宙萬有的一切現象，分析其性相和體性，加以組織化、系統化，所以又稱唯識宗或法相宗。在印度曾盛極一時，傳入中國後受到不少批評，但不可否認的，唯識思想的發展令佛教思想更趨於縝密、圓融。唯識學中有許多概念，對佛法的解釋很有利。故各宗派乃至後來的理學，都曾從其中吸收菁華來豐富自己的學說。

華嚴宗乃依《華嚴經》的宗旨而立宗。唐初杜順因著《華嚴法界觀門》闡發華嚴奧旨被尊為初祖，但一直到三祖賢首法藏集杜順、智儼思想之大成，完成華嚴教觀雙門的組織系統，並判釋如來一代教法為三時、五教、十宗，立《華嚴》為別教一乘的圓明具德宗。並著《華嚴經探玄記》、《華嚴五教章》、《修華嚴奧旨妄盡還源觀》等書。為華嚴宗建立了完整的哲學體系，華嚴宗因而廣泛流行，故華嚴宗又稱賢首宗。

中唐以後，唐朝由盛轉衰，中央黨爭嚴重，地方藩鎮擁兵自重，社會上貧富對立、矛盾重重。安史之亂（西元 755～763 年）就是這矛盾對立的結果。

安史之亂後，雖然戰亂流離失所者眾，依附寺院者多，造成佛教徒大增，但佛教宗派因戰禍的影響而衰落，卻也是不爭的事實。特別在會昌法難之後，幾乎只存禪宗獨盛。

自隋代至中晚唐，各宗派間的衝突日漸嚴重。追究其因，應是各宗派在創建之後，各自發展出獨特的宗義和修行方式，各自擁有獨立的思想體系，形成一個個教團。經過師門傳承後，更增加其封閉性。唐以後，隨著社會的繁榮，各宗派接觸越密切，衝突也越激烈。各教團間常因維護自己宗義的正確性，與傳承的正統性而互相爭辯。中晚唐，社會由盛而衰，各宗派逐漸衰落，為了爭取更多的信眾，各派更常以攻擊其他宗派來鞏固信眾的信心。縱使是中晚唐後獨盛的禪宗，內部亦是相互詆毀、衝突不斷。

事實上，安史之亂前禪宗早已分南北兩支，彼此互相攻擊不輟，宗密所說「南能北秀，水火之嫌」〔註 1〕即是。安史亂後，荷澤神會因售牒助軍餉有功，肅宗遂以政治力量定了惠能為六祖，使南宗成為禪宗的主流。神會爾後亦成為七祖。但南宗成為禪門正統後，內部仍舊紛爭不斷。《禪源諸詮集都序》以「荷澤、洪州、參商

〔註 1〕《禪源諸詮集都序》，《大正藏》，第四八冊，頁 401。

之隙」〔註2〕描述這種情形。殘存的北宗也持續支解，各立宗派。

　　面對政治的紛亂及社會的矛盾與對立，宗密和所有的知識份子相同，思考著如何建立一個新的意識型態來安頓人心，重建社會秩序。故他提出儒、釋、道三教合一的主張，希望以融合思想，形成一個新的思想體系，來消弭對立與紛爭。宗密的三教合一思想，主張釋、儒、道三教同源於一眞心，以心性論爲本體，用佛統儒、道。而欲以佛教融合儒、道的前提，須先將佛教統一起來，於是宗密提倡禪教合一論，希望藉著禪門、教門及禪門內部的融合，止息佛教內部的紛爭，促進佛教統一。另外，在儒、道都爲因應時代需要提供解決之道，而逐漸崛起之際，佛教各宗派如仍只醉心於彼此的爭鬥上，將不利佛教的發展，故禪教合一勢在必行。

二、禪教合一思想源頭研究

　　魏晉以來時局紛擾，名士多喜老莊虛無之學，故玄學大盛。又當時佛教般若性空之學，與玄學相近，士大夫常引爲清談之資。東晉之時，南北分治，北方的貴族世家南移，原來在北方流行的玄學和般若學也隨之南下。至南北朝，南朝仍重玄學，影響所及，南朝的佛教也偏重義理和玄談。北朝則較重視實踐修行的禪、淨、律三門，到了隋朝，國家統一促進南、北文化的交流，南、北的佛教也得以互相流通，互補不足。僧侶交相往還，溝通教義，使得南、北佛教相互調和而有初步會通的局面，這是禪教會通的先聲。

　　淨土宗形成之初，只被視爲一種引導根機低下者修行的方便法門。唐代開元初年，慧日大師爲提昇淨土法門的地位，提出戒淨並行、禪淨雙修、教禪一致的主張，這也是融合的佛教思想。

　　可見宗密之前早有禪、教融合的想法存在，但並未形成有系統的完整理論。畢竟佛教系統如此龐大，哲學思想複雜深奧，各宗派門戶之見又深植。故要論破各宗，再將其有系統、有組織的融合在一起並不容易，宗密可說是第一人。而宗密禪教合一思想的形成，最直接的影響，應是他的老師澄觀。

　　澄觀早年十分好學，曾隨法藏的再傳弟子法詵習《華嚴經》，也曾從天台宗湛然習《天台止觀》及《法華》、《維摩》等經疏，又謁牛頭山惠忠、徑山道欽、洛陽無名等禪師學習南宗禪法。再問學於北宗慧雲禪師。所以他學問淵博、思想內涵豐富。雖爲華嚴四祖，但除華嚴宗外，天台、禪宗的師承背景，對他的思想有極大的影響。其思想有調和天台、華嚴兩教教義之處，也曾用荷澤禪法的「靈知之心」解《大乘

起信論》的「本覺」；主張荷澤「靈知不昧」的心等同華嚴的眞心。更首度將禪宗列入判教，並將它判爲最高的頓教。由這種種可見，澄觀思想早已超出華嚴宗範圍，融合了華嚴、天台、禪宗等各宗思想。從澄觀判禪爲頓教，可知當時禪宗已具影響力，以及禪、教調和的傾向。

宗密自元和五年（西元 810 年）得澄觀《華嚴經疏》、《華嚴經疏鈔》，再於元和七年（西元 812 年）師事澄觀，直到開成四年（西元 839 年）澄觀圓寂，或親事澄觀、晝夜不離；或問道求法，披覽典教，已深得澄觀學思的奧旨。雖說宗密是禪逢荷澤、教學華嚴，但細究其思想內涵，不難發現其思想受澄觀影響最深。他曾說自己性好和會，推而溯之，他的和會思想確實是受了澄觀的啓發。故宗密禪教會通思想的源頭，近者除了他禪、教雙備的背景外，直接來自澄觀的影響，遠則肇因於隋唐以來佛教思想趨於調和的傾向。

三、各宗判教思想

佛陀一生說法無數，或因時地、說法因緣不同；或因說法對象的根機各異，所說的教法相狀各異，義理上亦有出入。後人依照他說法的形式、方法、次第等內容或意義，將他的教說分類，以求明瞭佛陀的眞實意旨，於是有判教的產生。《法華經》有大乘、小乘之別，《楞伽經》分頓、漸；《華嚴經》說三照；《涅槃經》辨五味；《解深密經》別三時。這些經典可說是判教的端緒。

南北朝判教風氣特別興盛，因經典的翻譯，並未依成立的順序傳譯。可能同時翻譯不同時期、或教理相矛盾的經典，造成學習者的誤解。所以需要將眾多的經典，依教義的深淺高下加以判釋，讓學習者有所依循。這時期的判教工作，做的是經典的比較和分類，目的在令學習者了解其價值。當時的判教有「南三北七」的說法。南方依照佛陀說法的形式，將教說分成頓教、漸教、不定教等三種。其中漸教又有三家不同說法：（一）虎丘山岌將漸教分有相教、無相教、常住教等三時教。（二）宗愛僧旻則將漸教分爲四時教，即有相教、無相教、同歸教、常住教四者。（三）定林寺的僧柔、慧次、慧觀等則認爲漸教該分爲五時教較恰當。分別是：有相教、无相教、褒貶抑揚教、同歸教、常住教。北方的判教較南方說法更多，有七家之說：（一）武都山劉虯判有五時教、人天教、有相教、無相教、同歸教、常住教。（二）鳩摩羅什則將教說判爲半字與滿字兩教。（三）光統主張判爲四宗：因緣宗、假名宗、誑相宗、常宗。（四）護身寺自軌判分五宗教，內容是因緣宗、假名宗、誑相宗、常宗、法界宗五宗。（五）耆闍寺安廩則又在光統四宗外加上兩宗，成爲六宗，次第爲：因緣宗、假名宗、誑相宗、眞宗、常宗、圓宗。（六）某位佚名禪師判立有相大乘及無相大乘兩種。（七）菩

提流支又另立一音教，主張佛陀一音演說法義，眾生隨類各得其解。

隋唐後，佛教宗派林立、各宗派多加入了判教行列，但他們判教的目的不同於前。隋唐的判教主要以本宗所奉的經典為依歸，藉判教突顯本教奉行的經典及教義的優越性、獨特性，目的在確立宗派的存在基礎，表現此宗特色，提高本宗地位，以勝過他宗。因此，各宗的判教工作基於深厚的信仰基礎，對教理做有系統、有組織的規劃，將教說整理成完整的思想體系，並將各宗修行、證果的層次和方法，做深入闡釋。故此時期的判教對佛教意義重大。

這個時期，幾乎各宗都發展出自己的判教系統：律宗化制二教；慈恩宗三教八宗；三論宗二藏、三輪之判；天台宗分判五時八教；華嚴宗三時五教十宗。各宗判教內容如下：

（一）律宗化、制二教

唐初，律宗終南山道宣（西元 567～667 年），將佛陀教說判為化教、制教兩種。

1、化教：是定慧法門，旨在教化眾生，令得定、慧。又分為三：

（1）性空教：主要內涵是「性空無我」，包含一切小乘教法，如《四阿含》等經，《僧祇》、《四分》等律，《俱舍》、《成實》等論。

（2）相空教：闡述「本相是空」的教法，所有的大乘權教，如《般若經》和般若系的論部皆涵蓋在內。

（3）唯識圓教：凡「識有境無」的教法屬之，大乘圓教如《華嚴》、《楞伽》、《法華》、《涅槃》、《攝論》等經論皆是。

2、制教：為戒學，用來規範眾生，令之離惡修福。亦分三宗：

（1）實法宗：主張諸法實有，又稱有宗，以「色法」為戒體。

（2）假名宗：主張諸法非實有，都只是「假名」，又稱空宗，以「非色非心法」為戒體。

（3）圓教宗：主張「諸法唯識」，又稱圓宗。以「心法種子」為戒體。

道宣將戒學判為制教，提昇了律藏的地位。把律宗判為最高的唯識圓教宗，則鞏固了律宗的地位。

（二）慈恩三教八宗

窺基大師（西元 632～682 年）有三教八宗之判。

1、三　教

（1）有教：《阿含》等偏於「有」的小乘經典。

（2）空教：《般若經》、《中論》、《百論》、《十二門論》等偏於「空」的教說。

（3）中道教：《華嚴經》、《解深密經》、《法華經》等具中道真實義的經教。
有教、空教爲方便不了義教，中道教則是圓滿的了義教。

2、八 宗

（1）我法俱有宗：如犢子部等。

（2）有法無我宗：如薩婆多部等。

（3）法無去來宗：如大眾部等。

（4）現通假實宗：如說假部、經部以及《成實論》等。

（5）俗妄眞實宗：如說出世部等。

（6）諸法但名宗：如一說部等。

（7）勝義皆空宗：如《般若》諸經及《中論》、《百論》等

（8）應理圓實宗：如《法華經》以及無著等所說的中道教皆屬之。

　　慈恩宗屬於最高的中道教，應理圓實宗。

（三）三論二藏三輪之判

　　三論宗以「諸法性空」爲宗旨，破斥一切「有」的執著。不以佛陀教說有權、實、眞、假或深、淺、優、劣之分，而是因應眾生的根機立二藏、三輪之判。判教者爲吉藏大師（西元549～623年）。

1、二 藏

（1）聲聞藏

（2）菩薩藏

2、三 輪

（1）根本法輪：指《華嚴經》。

（2）枝末法輪：《華嚴經》後、《法華經》前的一切大小乘經典。

（3）攝末歸本法輪：專指《法華經》。

（四）天台五時八教

　　天台宗智顗綜合南北朝「南三北七」各家的判教精髓，做五時八教的判釋。他將佛陀教說分門別類，不同根機的眾生得以不同方式修行，再以修行的次第，證道的果位來分析比較，以天台宗旨《法華經》爲圓教。

1、五時：依佛陀說法的先後順序來分

（1）華嚴時：指佛陀成道最初始講《華嚴經》，但惟大根性的菩薩才能領受。

（2）阿含時：後來十二年，佛陀爲根機較淺者宣說四諦、十二因緣及《四阿含經》。

（3）方等時：再後八年，佛陀講說《維摩》、《楞伽》、《思益》、《勝鬘》、《寶積》等

大乘經典，引領小乘之人進入大乘。

（4）般若時：「方等」後二十二年中，佛陀大說《般若》諸經，以「空」觀破斥大小乘的分別。

（5）法華涅槃時：最後八年佛陀爲根機成熟的眾生講《法華經》及《涅槃經》，闡明眾生皆能成佛之理。

2、八教分化儀四教和化法四教。前者是佛陀教化眾生的方法，後者是教化的內容

（1）頓教：對根機上者，佛陀直接開示證道法門，如《華嚴經》。

（2）漸教：對根機下者，循序漸進，引領眾生破妄去執。以《阿含經》、《方等經》、《般若經》等依次教化眾生。

（3）秘密教：是因材施教的教法，佛陀因應眾生不同的根機，施予個別教學。

（4）不定教：「佛以一音演說法，眾生隨類各得解」，雖同得佛陀教化，但各人根機不同，所悟則深淺不一。

（5）藏教：佛陀爲聲聞、圓覺菩薩等所說的小乘教。

（6）通教：通教的經典包括小乘《四阿含》，和大乘《方等》。是佛對聲聞、緣覺、菩薩三乘的大乘初教。

（7）別教：如《華嚴經》，佛陀教導菩薩觀空、假、中三諦來悟中道。

（8）圓教：是佛對根機最上者，直接宣說得究竟真實義的教法。如《法華經》、《涅槃經》。

（五）華嚴三時五教十宗

華嚴三祖法藏集初祖杜順、二祖智儼思想大成，判佛陀一代教法爲三時、五教、十宗。

1、三時：以日光照物爲喻，分佛陀教法爲三時期

（1）日出先照時：以旭日初昇，先照射山頂，比喻佛陀初證悟時，爲具圓根的大乘菩薩轉「無上根本法輪」，講授《華嚴經》。

（2）日昇轉照時：又分初轉、中轉、後轉三時期。以太陽依次照射幽谷、高原、大地平原爲喻，說佛陀爲上中下三種不同根機之人說法。初轉「小乘法輪」時期，佛陀爲根機駑鈍的凡夫外道說《阿含經》、《俱舍論》的四聖諦、十二因緣，以使他們轉凡爲聖。中轉「中乘法輪」時，佛爲根機中庸的聲聞、緣覺二乘人等講授《方廣》、《深密》等經，令他們回小向大，學菩薩道。至於佛陀爲使利根的菩薩轉權爲實，而講授《般若經》，則在後轉「大乘法輪」時期。

（3）日沒還照時：以日落之際還照高山，比喻佛陀在涅槃前，為上上根機者轉「攝
　　末歸本法輪」，講授《華嚴經》、《涅槃經》等圓滿教法。

2、五教：依教說的深淺分為五類，從實踐的成佛論立場做理法的分判

（1）小乘教：這是佛陀對小乘根機之人所說的教法，如《阿含》、《婆沙》、《俱舍》、
　　《成實》等經。只講「人空」之理，不闡「法空」之義。

（2）大乘始教：又分空始教和相始教，前者如《般若》、《中論》，後者如《深密》、
　　《瑜伽》、《唯識》。這是大乘初門，針對從小乘始入大乘，根機未純熟之人所
　　說的教法。廣談法相，少談法性，只闡明「破相遣執」之理，未盡大乘法理，
　　屬權教。

（3）大乘終教：這是佛陀對根機成熟者所說的教法，為大乘的終極之教，又稱實教、
　　熟教。含《楞伽》、《密嚴》、《勝鬘》等經，《起信》、《寶性》等論。解說「真
　　如緣起」法門及大乘實相，主張二乘根性及一切有情皆得成佛。

（4）大乘頓教：此教不依次第階位修持，是一頓修頓悟教門，主張離言絕相、一念
　　不生，即名為佛。如《維摩經》的默然不二說，《圓覺經》眾生本來成佛說。
　　此教不同於漸次修成的始教、終教，也和圓教有異。澄觀將此教等同於禪宗，
　　將禪宗立為頓教，已不合法藏的原意。澄觀此舉除有其時代性外，可見出他已
　　有禪、教會通的觀念，是宗密禪教合一思想的源頭。宗密後來為禪宗判教，判
　　禪為三宗，靈感有可能來自此處。

（5）大乘圓教：以《華嚴經》為根本，講說一真法界相即相入、緣起無盡、事事圓
　　融無礙之理。是一圓融無礙、圓修圓證的教門。因《華嚴經》又稱「圓滿修多
　　羅」而稱圓教。相較於前四種方便教，此教是一乘真實教，又分「同」、「別」
　　兩門。別教一乘是直顯門，指《華嚴經》；同教一乘為寄顯門，指《法華經》。

3、十宗：將佛說義理，依實踐修行區分為十宗

（1）我法俱有宗：佛陀教化已入佛法的人天乘，及小乘中的犢子、法上、正量、密
　　林山等部，因其執著「我法實有」，故佛陀只為講五戒十善之法，不講「我空」、
　　「法空」等法，故稱「我法俱有宗」。

（2）法有我無宗：主張三世實有，法體恆常。萬法的存在實有，但主觀的我則無。
　　小乘的說一切有部、雪山部、多聞部，化地部皆是。

（3）法無去來宗：主張過去及未來諸法，體、用俱「無」，唯現在的有為諸法與無
　　為法實有。大眾、說轉、雞胤、制多山、西山、北山、法藏、飲光部等屬之。

（4）現通假實宗：主張「過去」、「未來」諸法無實體，而「現在」的有為法在五蘊

爲實，在十二處、十八界者爲「假」。如《成實論》。

（5）俗妄眞實宗：主張世間諸法由顛倒生，故是虛妄；出世間法與道相應爲眞實。部派中說出世部屬之。

（6）諸法但名宗：主張諸法唯有假名，都無實體。因世間法與出世間法相對，有此即有彼。世間法既是妄，出世間法與之相對，更不能是眞。此宗將法分析到最後歸於空，和大乘之體法空不同。一說部屬之。

（7）一切皆空宗：主張諸法空無自性。從緣起故，悉皆眞空。《般若經》及三論宗等屬之。

（8）眞德不空宗：主張眞如具足無量性功德，迷、妄、染、淨諸法都從眞如出，而眞如之「理」，與萬有之「事」相融無礙。澄觀又稱它爲空有無礙宗。《勝鬘》、《楞伽》等經、《起信》、《寶性》、《佛性》等論皆是。

（9）相想俱絕宗：「相」指所緣的境相，「想」是能緣的心想。此教主張一念不生即佛，所緣的境相和能緣的心想一俱斷絕，直顯法性爲頓教。例如《維摩經》。

（10）圓明具德宗：萬法悉圓滿，具足一切功德，無盡緣起，一多相即，事事圓融無礙。《華嚴經》即是。

以上判教，較具影響力的有慈恩窺基的三教八宗、天台智顗的五時八教和華嚴法藏的三時五教十宗。將這三家判教加以比較、分析，不難發現，法藏十宗和窺基八宗的前六宗相同，第七宗相近。由前七宗的內涵看，雖二家說法小有差異，但大致相同，十宗的分法又較八宗更縝密。法藏五教的判攝包含了窺基的三教；至於法藏和智顗的判教則大致相符。冉雲華曾說：

> 賢首把佛教分爲小、始、終、頓、圓等五教，其中名稱雖然不同，內容與天台宗的判教大略相同。澄觀在《華嚴經疏鈔‧序》中就曾清楚說過：
> 賢首所說大同天台，只增加了頓教一條。〔註3〕

但仔細比較，會發現法藏五教中的小乘教相當於智顗的藏教。法藏大乘始教又分空始教和相始教，涵蓋了唯識思想。始教與終教相當於通教與別教。智顗僅將頓教劃入化儀四教中，當作是佛陀宣教方式之一。然法藏將頓教放入五教之中，日後澄觀解爲禪宗，成爲宗密將禪宗列入判教的根源。又兩家分別判《華嚴》、《法華》爲圓教。然二者意義不同：就《法華》而言，圓教代表開權顯實、開跡顯本。就《華嚴》而言，圓教代表事事圓融無礙，一即一切、一切即一，重重無盡之義。法藏判教在智顗之後，他將一乘分成兩門，一是「別教一乘圓教」，爲直顯門。只對根機最上者

〔註3〕冉雲華，《宗密》（台北：東大，1988.05），頁119。

說，爲《華嚴》。另一是「同教一乘圓教」，爲寄顯門。所謂「同教」即同於權教及六道眾生，亦是權以顯圓，爲《法華》。法藏用權、實之法將《法華》、《華嚴》並立於圓教。可見法藏企圖建立一個能將智顗判教涵蓋在內的判教系統。

所以判釋最深入，包含最廣泛，最完整的判教應是華嚴法藏的三時五教十宗。

（六）宗密的判教

1、禪三宗、教三種與五教判

宗密的判教可見於《禪源諸詮集都序》及《原人論》二書。《禪源諸詮集都序》的判教包含禪的判教與教的判教二部份。首先他將佛說的一大藏經依權實、頓漸、大小、深淺、了義不了義分判爲三：

（1）密意依性說相教：內容含

    ① 人天因果教

    ② 說斷惑滅苦樂教

    ③ 將識破境教

（2）密意破相顯性教

（3）顯示真心即性教

確定了經教的分判後，再以之爲依據進行禪宗的分判，判禪爲三宗：

（1）息妄修心宗

（2）泯絕無寄宗

（3）直顯心性宗

三教與三宗互相對應，彼此相融相攝，又全收攝在佛上。三宗三教以圖示如下：

```
教┌─ 密意依性說相教 ── 息妄修心宗 ┐ 禪
三├─ 密意破相顯性教 ── 泯絕無寄宗 │ 三
種└─ 顯示真心即性教 ── 直顯心性宗 ┘ 宗
```

《原人論》的判教則只限於教的判釋，將佛教自淺而深分判爲五：

（1）人天教

（2）小乘教

（3）大乘法相教

（4）大乘破相教

（5）一乘顯性教

宗密《禪源諸詮集都序》和《原人論》二書對判教作不同的安排，原因在於前

者主要闡述禪教合一思想，宗密要消弭禪宗內部及禪與教二門的紛歧，須由禪與教的分判上證明二者相合。後者的中心三教合一，是佛教與儒道關係的統合，欲收納儒道於佛教系統內，故先對佛教作一判釋。如將此二判教加以比對，會發現《原人論》的人天教相當於《禪源諸詮集都序》的人天因果教，小乘教相當於說斷惑滅苦教，大乘法相教相當於將識破境教，三者皆屬密意依性說相教的範疇。大乘破相教相當於密意破相顯性教。一乘顯性教即是顯示真心即性教。故此二判教實際相符合，只是解釋的角度不同而已。圖示如下：

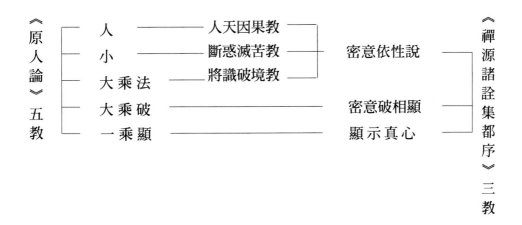

2、宗密與法藏、智顗的判教關係

　　諸宗判教論中，智顗的判教最早具有完整架構，且他以《法華經》為骨，籠絡安置全體佛教的手法堪稱精嚴。佛教判教系統發展到智顗，大致完備。之後法藏以智顗的藏、通、別、圓四教為基礎，加上頓教成其「小、始、終、頓、圓」五教判。法藏大乘頓教的判立，將禪宗列入判教，宗密又將禪宗所屬的頓教與《大乘起信論》、《法華》、《華嚴》所立的終教、圓教同判為一乘顯性教，提高了禪宗頓教與《大乘起信論》的地位，這正是禪教合一的一部份，成就了禪教合一思想具體實踐的可能性。

　　故宗密的判教與法藏、智顗的判教有演進發展的關係，將這三種判教以圖表表示，能清楚呈現演進的關係：

智顗四教判	法藏五教判	宗密五教判	宗密三教
		人天教	
		小乘教	密意依性說相教
藏 — 小乘教			
通 — 大乘始教	相始教（唯識法相）	大乘法相教	
	空始教（般若三論）	大乘破相教	密意破相顯性教
別 — 大乘終教（起信論）			
大乘頓教（禪宗）			
圓 — 一乘圓教	同教一乘（法華經）	一乘顯性教	顯示真心即性教
	別教一乘（華嚴經）		

　　智顗與法藏都立己宗所崇的經典爲究竟，稱之圓教，二者的判教目的皆在彰顯此圓教。智顗以《法華經》開權顯實，發跡顯本爲圓教。法藏則以爲《法華》著重匯三歸一，有權可廢，意在開顯；《華嚴》強調一即一切的法界緣起，是直顯，二者同列圓教。雖法藏同立《法華》、《華嚴》爲圓教，但二者仍有深淺輕重之別。法藏以爲：《法華》主攝本歸末；而《華嚴》講重重無盡、圓融無礙之法界觀。又《法華》雖兼爲一切凡聖立說，而《華嚴》只專攝菩薩根器，但因「心、佛與眾生，是三無差別」，故眾生皆有佛性，皆具菩薩根器，所以《華嚴》可遍攝群機。因此《華嚴》又優於《法華》。智顗和法藏的判教都安置了佛教各法各門，然而卻無法止息紛爭，到了宗密的時代，紛爭更擴大至禪門教門的「偏彰漸義」或「偏播頓宗」上，宗密大倡融合思想來消弭分歧，

> 　　諸佛說經，皆具法義、因果、信解修證，雖世界各異，化儀不同，其
> 所立教，無不備此。故《華嚴》每會每位，皆結十方世界，悉同此說〔註4〕。

　　引文中宗密依據《華嚴經》性起思想，說一佛說法，則十方諸佛俱說，而說者即是聞者，以相即相入說明教禪二門的差別，只是教化儀式和傳播偏重的不同而已。事實上，法義、因果、信解修證，凡佛經教根本都是一致的。明顯地，宗密將教的各種分判會歸於佛上。

　　智顗將佛的教法分判爲八，將各方教法作一安頓後，再說此八教「皆歸第一義」：

〔註 4〕《禪源諸詮集都序》，《大正藏》，第四八冊，頁 399。

以種種法門，宣示於佛道。當知種種聲教，若微若著，若權若實，皆爲佛道而作言筌。大經云：粗言及軟語，皆歸第一義。〔註5〕

智顗用攝本歸末，轉偏成圓的方式將一切方便教都匯入一乘，與宗密的雖有五教判，但各教又會歸於佛，有共通之處。

3、宗密判教的特色

（1）首創禪宗判教

判教是根據教說的淺深、佛說的先後，將佛教經典或各派教義加以剖析分別，闡明其意涵及價值。所以判教的前提是因不同的教法或教派分立而來。禪宗分判也是基於禪宗內部的分宗而起的，宗密爲消弭禪宗長期發展後產生的分宗，以及惡意競爭下產生的抨擊，首創禪宗內部的判教，企圖藉著判教，將互相爭鬥的禪門各派作一妥善安置，再以和會爲原則統合禪宗。

從南北朝到隋唐，綜計諸家判教不下二十餘種〔註6〕。前文曾論及中國佛教教判系統趨於完備，應是在智顗時期。就時代背景看，智顗正逢南北朝結束走向隋唐統一的道路，佛教內部環境多元發展，故智顗的判教也具有解決佛教內部紛歧的歷史意義。但當智顗、法藏判教之時，中國佛教宗派的建立並未完全完成，後來大盛的禪宗就沒有包含在智顗的判教範圍內。法藏雖有頓教的判攝，但主要講的是不依言辭、不設位次來頓悟教理的《維摩經》，與之相應的行門是相想俱絕宗。禪宗發展雖漸趨深刻，但要一直到中唐宗密所處時代，中國佛教宗派全然建立，禪宗內部的分派也已確立，這爲宗密的判教提供一更廣闊完備的背景，故宗密的判教範圍廣於智顗、法藏諸人，更重要的是宗密完成了禪宗內部的判釋工作，開創了佛教判教的新視窗。

（2）以「心性」爲判教準則

智顗與法藏的判教，都將本宗所依奉的經教《法華》或《華嚴》立爲最高，藉以提昇己宗超越他宗。宗密拋開這個舊思維，超越門戶之見，從佛學內在理路剖析各經的性質，例如他認爲《法華經》與《華嚴經》的義理主要皆是心性的辨析，性質同屬性宗，故將二者同判入顯示眞心即性教。並未因自己是華嚴法嗣，而依傳統立《華嚴》於《法華》之上，這使宗密突破以往判教突顯己宗的侷限，擺脫了宗派主義的狹隘，更加公正客觀。且從教理的內蘊分判更經得起學術上的檢驗。故宗密判教較之前各家的判教更可信。

再者，判教者都掌握有一個標準來安置全體佛教學說，自智顗而法藏，乃至宗

〔註5〕《妙法蓮華經文句》，《大正藏》，第三四冊，頁2。
〔註6〕裴勇，《宗密判宗說研究》《中國佛教學術論典》（佛光山文教基金會出版，2001），第十八冊，頁382。

密越發突顯以心性做爲判釋的準則。尤其宗密在判釋密意依性說相教、密意破相顯性教、顯示眞心即性教三教時，一面從性相關係上剖析三教之異，一面又強調三教乃佛爲不同根器之人的應機說教，其實並無高下優劣。而三教無高下優劣之分，所持的理由是三教皆由心性而來，此心性佛與眾生同。所以心性是佛立教的根本，各教的差異只在應眾生根機深淺的密說、顯說而已。依心性判釋三教後，再依三教分判三禪，所以禪門教門的判教都依據心性爲準則。正因爲宗密的判教依據的是一超越的理論根源，而非易限於門戶之見的某一經論，所以宗密的判教是從理論根源上去安頓全體佛教教說，內涵更深刻，系統更完善，也更全面性，故宗密的判教優於智顗、法藏以及前人的判教。

（3）儒道列入判教

　　宗密《原人論》的判教，突破了中國佛教判教只限於佛教內部教說的傳統，將儒道也涵括其中，成爲廣含佛儒道三家文化的判釋，歷來判教至宗密範圍廣爲擴大，不只及於禪宗，更廣及中國全體文化，這也是宗密判教異於其他判教之處。宗密將儒道納入判教的原因在於儒道佛的融合，所以《原人論》的判教充滿三教融合色彩，可視爲禪教合一思想的擴大。《原人論》將中國文化思想總判爲三。第一部份迷執之教，指儒、道二教。第二偏淺之教，包含人天、小乘、大乘法相、大乘破相等不了義教。第三部份直顯眞源的了義教一乘顯性教。三部份共六個判釋，後五者正是前面論及與《禪源諸詮集都序》三教判一一相合的五教，宗密將儒道二教與五教中的前四教列爲權教，第五教是實教，以收權於實、會偏令圓的方式，將儒道與佛教中的偏淺之教會歸於了義的一乘顯性教上。於三教上看是會儒道歸於佛，由理論內涵上看是以心性論和會儒道佛三教。

　　宗密將儒道列入廣義的教說中，並透過判教將它們涵括在佛教之內，最終收攝在顯性的心性論上。筆者嘗試以圖表表示它們的關係：

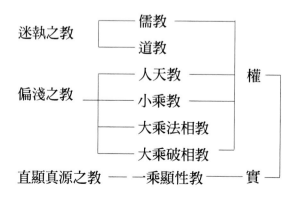

（4）依教判宗

前文有言，宗密禪三宗的分判是爲消弭禪門間的諍訟，以求統一禪門，而禪三宗的判定依據教三種的判釋。宗密以爲經教如繩墨，可以楷定禪門的邪正，所以先判教爲三種，再依三種教，立與之相應的三宗禪。所以宗密禪的判教等於教的判教，二者是統一的。又因三教的判釋是依心性論爲準則，或爲直顯、或是密說，皆在闡述佛性。禪三宗依教三種而來，故禪三宗亦是依佛性來分判的。所以宗密的禪教分判統一在心性論之下。換言之，宗密以心性論爲核心，發展其禪與教的判釋。而此判教方式全然不同於以往以佛說教的時間、形式、內容爲分判準則。宗密不採舊法而另闢途徑的原因，在於他判教的目的乃爲消除禪教的爭端，達到和會禪教的理想。

（5）判教與和會思想

宗密判教對整個佛教界產生了重大的影響，而這影響主要來自於透過判教進行的禪教和會。禪教和會是宗密判教的主要目的，裴勇曾剖析宗密判教在這個層面上的意義，說法甚爲切要：

> 宗密的判教說處處以和會爲流。但宗密的和會卻不是盲目的一味調和，而是親自進行調查研究並通過客觀分析理論和方法上雙管齊下，找到諸宗之間的眞實而內在的聯繫。宗密的「和會」思想確實爲佛教內部的教條主義和激烈的宗派論爭找到一種解決辦法，通過這種「和會」方法來去除諸宗的成見，促使各宗認清己宗的理論和方法在整個佛教中的位置以及己宗與他宗之間的內在聯繫，去除門戶之見和內耗，以謀求佛教自身的健康發展。宗密的會教會宗，禪教一致的思想對中唐以後的佛教影響甚巨，代表了此宗佛教發展的主流。〔註7〕

「從理論和方法上雙管齊下，找到諸宗之間眞實而內在的聯繫」是和會得以達成的主因，而判教的工作正是第一步。

第二節　理論根據

宗密禪教合一思想的會通基礎在眞心。此眞心思想源於《大乘起信論》的眞心、及《圓覺經》的圓覺妙心，故禪教合一思想的理論根據在於《大乘起信論》、《圓覺經》以及華嚴的圓教論。

〔註7〕裴勇，《宗密判宗說研究》《中國佛教學術論典》（佛光山文教基金會出版，2001），
　　　第十八冊，頁413。

本節研究進路，首先透過宗密的言論，說明宗密的眞心即是圓覺妙心；針對宗密禪教合一思想的基礎－眞心的內涵及特質加以分析，證明此眞心確是《圓覺經》的圓覺妙心以及《大乘起信論》的眞心，藉以證實宗密眞心的理論根據是《圓覺經》及《大乘起信論》。再針對《大乘起信論》一心開二門的理論架構，說明宗密在禪教和會上的運用，再次證明《大乘起信論》是宗密禪教合一思想的理論根據。最後再談宗密對華嚴法界觀及圓教論的吸收與運用，以證明華嚴的法界觀及圓教論亦是宗密思想的理論根據之一。

一、《圓覺經》

（一）圓覺妙心

宗密解釋《大乘起信論》的眞心時，說此眞心等於《圓覺經》的圓覺妙心：

> 初一心源，即此經圓覺妙心也。〔註8〕

他用知將眞心和圓覺妙心結合起來：

> 萬法虛僞，緣會而生。生法本無，一切唯識。識如夢幻，但是一心。
> 心寂而知，目之圓覺。〔註9〕

對圓覺的理解爲：

> 圓者，滿足周備，此外更無一法；覺者，虛明靈照，無諸分別念想。〔註10〕

圓指此心圓滿周備，具足一切法；覺指此心有先天本覺。「虛明」指心清淨光明，如虛空周遍。「靈照」相當於知，是靈靈不昧，了了常知。從覺的釋意來看，近似於心體的寂知，是眞心本覺。

宗密圓覺的概念包涵甚廣，它是「眞如」，亦是「涅槃」，也稱「波羅密」。等同於「佛性」及「一乘妙法」、「不可思議解脫」、「般若」等。

> 圓覺自性，本無僞妄變異，即是眞如；無法不知，本無煩惱，無法不寂，本無生死，即是菩提涅槃；無慳貪禁毀、嗔恚懈怠、動亂愚痴，即是波羅蜜。〔註11〕

及

> 此圓覺，於諸經中隨宗名別，《涅槃經》但約凡夫身中本有此性，悟之決定成佛，故名佛性；《法華》約稱讚唯此一法，運載眾生，至於寶所，

〔註8〕《圓覺經略疏》，《續藏經》，第三九冊，頁60。
〔註9〕《圓覺經大疏》，《續藏經》，第十四冊，頁108。
〔註10〕《圓覺經大疏》，《續藏經》，第十四冊，頁121。
〔註11〕《圓覺經大疏》，《續藏經》，第十四冊，頁132。

> 餘乘不能，餘法皆劣，故名一乘妙法；《淨名》但約住此性者，神變難量，
> 非口可議，非心可思，故名不可思議解脫；《金剛》但約此性顯發，能破
> 煩惱，故名般若。〔註12〕

可見宗密圓覺涵蓋整個佛教哲學體系，是整體的最高概念，等於眞心。

（二）宗密的真心

1、四種心

宗密將心分成四類：

> 汎言心者，總有四種。梵語各異，翻譯亦殊。一紇栗陀謂肉團心，二
> 緣慮名心，三質多謂集起心，四乾栗馱謂堅實心。〔註13〕

此分類見於《圓覺經大疏》及《禪源諸詮集都序》。

（1）肉團心

> 紇利陀耶，此云肉團心，此是身中五藏心也（具如《黃庭經・五藏論》
> 說也）。〔註14〕

此是最低層次的心，亦即物質性的心，也就是心藏。

（2）緣慮心

> 緣慮心，此是八識，俱能緣慮自分境故（色是眼識境，乃至根身種子
> 器世界，是阿賴耶識之境，各緣一分，故云自分）。此八各有心所善惡之
> 殊，諸經之中目諸心所，總名心也，謂善心惡心等。〔註15〕

緣慮心是具有思惟能力的心。指「八識」與外境接觸，對境起了分析、認識等心理
活動。因此而產生的思惟或行爲造成了業。業有善惡，於是心有善、惡之分。

（3）集起心

> 質多耶，此云集起心，唯第八識，積集種子生起現行故（《黃庭經・
> 五藏論》目之爲神，西國外道計之爲我，皆是此識）。〔註16〕

一切思想行爲都由心決定，故思想行爲之後，形成的「識」會保存在阿賴耶識中。
阿賴耶識收藏經驗「識」的種子，又以此種子「生起現行」，前者是「集」；後者是
「起」，故是「集起心」。

（4）真實心

〔註12〕《圓覺經大疏》，《續藏經》，第十四冊，頁121。
〔註13〕《圓覺經大疏》，《續藏經》，第十四冊，頁138。
〔註14〕同上。
〔註15〕同上。
〔註16〕同上。

> 乾栗陀耶，此云堅實心，亦云真實心，此是真心也。然第八識無別自
> 體，但是真心，以不覺故，與諸妄想有和合不和合義。和合義者，能含染
> 淨，目爲藏識；不和合者，體常不變，目爲真如。都是如來藏。〔註17〕

真實心有覺與不覺兩層，真如不與妄想和合是本覺；與妄想和合即不覺，覺與不覺
都是如來藏。

這四種心，前三種是世間、妄、末、相；第四種則是真、本、性。然而就本體
而言，四心原爲一體，都是一心。

> 依性起相，會相歸性，性相無礙，都是一心。〔註18〕

此說法來自《大乘起信論》。宗密引《大乘起信論》解釋心具真如，生滅兩門：

> 依一心開二門：一者，心真如門。即是一切法界大總相法門體。所謂
> 心性不生不滅。一切諸法，唯依妄念而有差別；若離心念，則無一切境界
> 之相，乃至唯是一心，故名真如。二者，心生滅門。謂依如來藏，故有生
> 滅心。所謂不生不滅，與生滅和合，非一非異，名阿梨耶識。〔註19〕

對照他四心的分釋，肉團心、緣慮心、集起心屬於「生滅門」；真實心屬於「真如門」，
二者合爲一心，就是真心。所以真心有真妄同源，眾生能透過修行，去妄返真以成
佛，這就是解脫可能所在。

2、真心的特質

（1）超越時間

真心超越時間限制，這個說法來自《圓覺經》，宗密解釋爲：

> 無去無來者，謂此心不遷向前際去，不從後際來，亦不於現在住。現
> 在住者是諸有爲法……今不同彼也。以此真心無相無能所，故不可見之於
> 現在。〔註20〕

時間有過去、現在、未來的三際變化，但真心超越這三際，不停留於任一段時間內，
卻又「冥通三際」貫通於任何時間內。

> 冥通三際者，由不屬三際，故俱通也。且如今日眼識，不能見於昨日
> 色者，以隨所見色，皆已過去也。今以真心，不隨諸法遷向過去。故於今
> 時向真心中，能現前際諸法，影像歷歷；亦能預見未來之法歷然。〔註21〕

〔註17〕同上。
〔註18〕同上。
〔註19〕《圓覺經大疏》，《續藏經》，第十四冊，頁116。
〔註20〕《圓覺經大疏鈔》，《續藏經》，第十四冊，頁279。
〔註21〕同上。

過去歷歷分明，未來也可預見，所以心超越三際，無住於現在、過去、未來。因為有住即有限，而真心超越了有限和無限，於現在、過去、未來都不可尋；但又對現在、過去、未來有所覺知，和它們了不可分，故宗密用「冥」字表示真心的奧妙。

（2）超越空間

宗密以「非中非外、洞徹十方」〔註22〕說明真心超越空間的限制。「非中非外」有二意涵：

> 非中非外者，有二意：一不在身中及中間，亦非身外。若在身中中間，
> 則在有處所；若在身外，則非我心。根、塵、識三皆不可得，何說有內外
> 中間者耶……。二謂此心非有、無二邊，故非外。二邊既遣，中道亦亡，
> 故非中。非中非邊，是絕對靈心也。此言非中，所謂非是中：非謂是非中。
> 言非外，所謂非是外：非謂是非外。〔註23〕

心是中道實相，所謂中道是非左、非右、非中間。真心不在體內、體外或非內非外，意即真心不固定在某一空間，況且六根、六塵、六識都是空，根本沒有內、外、中的差別。真心既然超然空間，也超越有、無。有、無，內、外是相對的概念，「外」既不可得，「中」亦不成立，所以是「非中非外」。然真心雖然「非中非外」，超越一切空間，但卻又圓滿周遍，一切空間都在它的作用之下，所以說它「洞徹十方」。

真心此「非中非外，洞徹十方」的概念亦來自《圓覺經》。

（3）真常不變

> 真心不變，故不生滅〔註24〕。

此講真心真實不空、恆常不變、不生不滅的特質。真心本性具足、周遍圓滿，故不需「生」表示其存在，因為無生，所以不滅，因此真心真常不變、不生不滅。

真心真常不變之特質來自《圓覺經》，等同於《大乘起信論》真如心的不空義：

> 真如者，依言說分別，有二種義。云何為二：一者如實空，以能究竟
> 顯實故。二者如實不空，以有自體，具足無漏性功德故。〔註25〕

及

> 以有自體，具足無漏性功德故。又云：已顯法體，空無妄故，即是真
> 心，常恒不變，淨法滿足。〔註26〕

〔註22〕《圓覺經大疏・本序》，《續藏經》，第十四冊，頁108。
〔註23〕《圓覺經大疏》，《續藏經》，第十四冊，頁209～210。
〔註24〕《圓覺經大疏》，《續藏經》，第十四冊，頁210。
〔註25〕《大乘起信論》，《大正藏》，第三二冊，頁576。
〔註26〕《禪源諸詮集都序》，《大正藏》，第四八冊，頁412。

（4）超越性相

　　真心超越性相二義，故宗密說真心「非性非相」、「離性離相」：

　　　　離性離相者，諸法無性，皆空即性也。謂色即空等。緣生諸法即相也，
　　　謂空即色等。今以真心，雖空無一物，而體非空故離性。雖隨緣成一切色
　　　等諸法，而體非色，故離相。〔註27〕

真心雖能隨緣生起諸法之相，但真心本體並不等於相，所以「離相」；又真常不空，
所以「離性」。

（5）不變隨緣

　　真心有不變、隨緣兩義。所以能在現象界起種種作用，卻又能保持絕對清淨。《禪
門師資承襲圖》：

　　　　真心本體，有二種用：一者自性本用，二者隨緣應用。猶如銅鏡，銅
　　　之質是自性體；銅之明自性用；明所現影，是隨緣應用。〔註28〕

「自性本用」令心保持絕對清淨，是「不變」。「隨緣應用」心得生種種法，是「隨
緣」。

　　就「不變」言：真心不因迷而消失，不因悟而顯現，是恒常存在的。宗密《圓
覺經大疏》：

　　　　處生死流，驪珠獨耀於滄海，踞涅槃岸，桂輪孤朗於碧天。〔註29〕

以驪珠在海，喻真心因迷而隱；月在碧空，喻真心因悟而顯。無論是迷是悟，驪珠
和明月不變。

　　真心不變正是《大乘起信論》的心真如門。《大乘起信論》：

　　　　心真如者，即是一法界總相法門體，所謂心性不生滅。〔註30〕

及

　　　　所謂心性常無念故，名為不變。〔註31〕

很顯然的，宗密真心不變源於此。

　　「隨緣」指心在無明作用下，隨順無明因緣造作萬法。

　　　　不守自性，隨緣生起世間一切染淨諸法。〔註32〕

所以說「心生種種法生」。如果這隨因緣生妄的心，能悟入自性清淨本體（即心的不

〔註27〕《圓覺經大疏》，《續藏經》，第十四冊，頁210。
〔註28〕《續藏經》，第一一○冊，頁336。
〔註29〕《續藏經》，第十四冊，頁108。
〔註30〕《大正藏》，第三二冊，頁576。
〔註31〕《大正藏》，第三二冊，頁577。
〔註32〕《圓覺經大疏鈔》，《續藏經》，第十四冊，頁221。

變），不再攀緣無明，則一切妄念就消失，「心滅種種法滅」。

眞心具不變和隨緣兩義，同時有自性本用和隨緣應用兩本質，自性清淨不變；隨緣所生的萬法無自性，所以只要能修持眞心，令其去妄返眞，即能解脫。因有隨緣、不變二義，故心是解脫的根本。《圓覺經大疏鈔》曰：

> 心有兩種：一者，相應心。所謂一切煩惱受相行等。二、不相應心。
>
> 所謂第一義諦，常住不變，自性清淨心。〔註33〕

相應心是心的隨緣義；不相應心是不變義。

綜上，可得宗密心的隨緣不變理論取自《大乘起信論》及《圓覺經》。

（6）寂 知

宗密思想的兩大源頭神會和澄觀都有心體寂知的說法。宗密形容神會禪法是：

> 諸法如夢，諸聖同說。故妄念本寂，塵境本空。空寂之心，靈知不昧。
>
> 即此空寂之知，是汝眞性。任迷任悟，心本自知。不藉緣生，不因境起。
>
> 知之一字，眾妙之門。〔註34〕

澄觀是：

> 寂知、知寂。不云靜知。〔註35〕

澄觀《答順宗心要法門》也有：

> 無住心體，靈知不昧。〔註36〕

及

> 任運寂知，知寂不二。〔註37〕

澄觀、神會二人對心體上知的特性已相當注意。宗密將知落實爲心，直接說「知即是心」。

> 設有人問：每聞諸經云，迷之即垢，悟之即淨，縱之即凡，修之即聖，
>
> 能生世、出世間一切諸法，此是何物？答云：是心。愚者認名，便謂已識。
>
> 智應更問：何者是心？答：知即是心。〔註38〕

知既是心之體，可以「照察義用」，「無不通矣」〔註39〕，又是「空寂之心」，「堅固

〔註33〕《圓覺經大疏鈔》，《續藏經》，第十四冊，頁221。

〔註34〕《禪源諸詮集都序》，《大正藏》，第四八冊，頁402～403。

〔註35〕《圓覺經大疏鈔》，《續藏經》，第一五冊，頁3。

〔註36〕同上。

〔註37〕同上。

〔註38〕《禪源諸詮集都序》，《大正藏》，第四八冊，頁406。

〔註39〕同上。

常定，不喧不動」，有「不變異之義」〔註 40〕。那麼，寂與知是否互相矛盾？若非矛盾，二者關係爲何？宗密認爲寂與知都是心體自性，二者互爲體用，「寂是知的自性體」、「知是寂的自性用」。

> 知寂而不變等耶。寂是知寂，知是寂知。寂是知之自性體，知是寂之自性用。〔註 41〕

一心的自性體用本就密不可分，不能單獨存在，故宗密說：

> 即體而用自知，即知而體自寂。名說雖差，體用一致。實謂用而常寂，寂而常用。知之一字，眾妙之門，恒沙佛法，因此成立。〔註 42〕

心體自性用的知和眞心的隨緣應用，二者皆心之「用」，差異爲何？宗密以摩尼寶珠之喻說明：

> 如大摩尼寶，能現一切色像；亦能隨意出生一切所要之物，名應用也。若無意願，即不出生，於所不對物，亦不能現。其珠之光明，即衣裏透徹，常自照耀。對物不對物，明無增減。此明堅實瑩淨，內外無瑕。縱影像有無，種種變異，明亦不變，常自堅淨，即喻心之寂體也。〔註 43〕

摩尼寶珠須與種種因緣相合，方能現色相，若因緣不具（無意願或不對物）即不能現。然而寶珠光明常耀，有無因緣皆不增減。心體自性用的知正如珠的光明，不須因緣即可自知自覺，隨緣應用卻要因緣具足才能作用。

筆者將宗密眞心的體用關係，結合眞如、生滅二門，作一簡單圖表，詮釋彼此的相關：

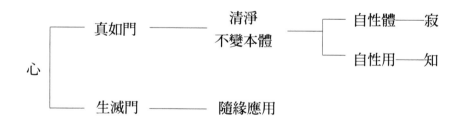

由以上得，宗密闡述心的理論來自《大乘起信論》與《圓覺經》。

〔註 40〕《圓覺經大疏鈔》，《續藏經》，第十四冊，頁 213。
〔註 41〕同上。
〔註 42〕同上。
〔註 43〕同上。

二、《大乘起信論》

宗密《禪源諸詮集都序》自敘禪教合一的理論根據，主要是《大乘起信論》一心開二門的體系。

> 且推窮教法從何來者，本從世尊一真心體流出，展轉至於當時人之耳。今時人之曰其所說義，亦只是凡聖所依，一真心體隨緣流出展轉，遍一切處遍一切眾生身心之中，但各於自心靜念如理思惟，即如是如是而顯現也。禪宗例教，誰謂不然，竊欲和會，良由此也。……唯是一心，遂名真如。故此一心，常具真如、生滅二門。……故此一心法，爾有真妄二義，二義復各二義，故常具真如、生滅二門；各二義者，真有不變、隨緣二義，妄有體空、成事二義，謂由真不變故，妄體空爲真如門，由真隨緣故，妄成事爲生滅門，以生滅即真如，故諸經說：無佛、無眾生，本來涅槃常寂滅相，又以真如即生滅故。〔註44〕

以圖示應爲：

宗密藉此架構心性論，而心性論不僅是他思想的核心，也是本書所要探討的禪教合一思想的根源。以下將分析《禪源諸詮集都序》中一心開二門的運用，以彰顯宗密心性論理論根源來自《大乘起信論》。《禪源諸詮集都序》：

> 唯是一心，遂名真如。故此一心常具真如、生滅二門，未曾暫闕。但緣隨門中，凡聖無定，謂本來未曾覺悟。故說煩惱無始。若悟修證即煩惱斷盡，故說有終。然實無別始覺亦無不覺，畢竟平等。故此一心法爾有真妄二義，二義復各二義。故常具真如、生滅二門。〔註45〕

以上一心開真如、生滅二門的理論，取自《大乘起信論》：

> 摩訶衍者，總說有二種：云何爲二？一者法，二者義。所言法者，謂眾生心；是心則攝一切世間法出出世間法。依於此心顯示摩訶衍義。何以故？是心真如相，即示摩訶衍體故；是心生滅因緣相，能示摩訶衍自體相

〔註44〕《大正藏》，第四八冊，頁 408～409。
〔註45〕《大正藏》，第四八冊，頁 409。

用故。所言義者,則有三種。云何爲三?一者體大,謂一切法眞如平等不
增故;二者相大,謂如來藏具足無量性功德故;三者用大,能生一切世間
出世間善因果故。……顯示正義者,依一心法二有種門。云何爲二?一者
心眞如門,二者心生滅門。是二種門,皆名總攝一切法。此義云何?以是
二門不相離故。〔註46〕

宗密因襲《大乘起信論》的一心開二門理論再加開展,於眞心開出「隨緣」、「不
變」二義;妄心亦有「體空」、「成事」二義。如果眞心的「不變」義配合妄的「體
空」即成眞如門;如果眞心的「隨緣」義配合妄心的「成事」就成生滅門。《禪源諸
詮集都序》:

故此一心法爾有眞妄二義,二義復各二義。故常具眞如、生滅二門。
各二義者,眞有不變,隨緣二義,妄有體空、成事二義。謂由眞不變故妄
體空爲眞如門,由眞隨緣故妄成事爲生滅門。〔註47〕

宗密於此融合三論宗通說的「不變隨緣」與《大乘起信論》的一心開二門理論。

《禪源諸詮集都序》的附表圖中,於心的眞如門下立有「眞實心」和「妄識空」。
說明「眞實心」爲:

心眞如者,即是一法界大總相法門體,所謂心性不生不滅。又云:所
謂心性常無念故名爲不變。〔註48〕

「妄識空」爲:

一切諸法唯依妄念而有差別,若離妄念,則無一切境界之相。〔註49〕

將宗密「眞實心」、「妄識空」的釋意對照《大乘起信論》

眞如者,依言說分別,有二種義。云何爲二:一者如實空,以能究竟
顯實故。二者如實不空,以有自體,具足無漏性功德故。〔註50〕

即發現「眞實心」不生不滅,是「一法界大總相」,概念近於「有自體,具足無漏性
功德」的「如實不空」;而「妄識空」講一切境相皆妄識所生,正是「如實空」中眞
如實相,本是空寂,無一切境界的「究竟顯實」。此處也得證《禪源諸詮集都序》的
心性論根源於《大乘起信論》。

接著宗密說:

〔註46〕《大正藏》,第三二冊,頁575~576。
〔註47〕《大正藏》,第四八冊,頁409。
〔註48〕《大正藏》,第四八冊,頁412。
〔註49〕同上。
〔註50〕《大正藏》,第三二冊,頁576。

是故一切法從本已來，離言說相，離名字相，離心緣相，畢竟平等，

無有變異，不可破壞，唯是一心，故名眞如。〔註51〕

眞如「離言說相」、「離名字相」、「離心緣相」，離名絕相、不可言說，故「眞如」只是假名，立假以方便而已。眞如離言，眞實心、妄識空亦皆離言。宗密在「離言」下分立「空」與「不空」，解說「不空」爲：

以有自體，具足無漏性功德故。又云：已顯法體，空無妄故，即是眞

心，常恒不變，淨法滿足。〔註52〕

「空」爲：

從本以來，一切染法不相應故，謂離一切差別之相，以無虛妄心念故，

妄念分別皆不相應也。〔註53〕

宗密解「不空」用的正是《大乘起信論》「如實不空」的「以有自體，具足無漏性功德故」；解「空」，說與「一切染法不相應」，也等於《大乘起信論》「如實空」之「究竟顯實」。

至於心生滅門，宗密歸之於阿賴耶識所攝，阿賴耶識爲眞妄和合，故此門同具迷悟凡聖，有「覺」與「不覺」二門：

迷悟凡聖在生滅門。今於此門具彰凡聖二相。即眞妄和合非一非異，

名爲阿賴耶識。〔註54〕

及

此識在凡，本來常有覺與不覺二義，覺是三乘賢聖之本，不覺六道凡

夫之本。〔註55〕

「覺」有「頓悟」、「漸修」二義，漸修能悟妄返眞，故有「悟十重」。「不覺」則迷眞逐妄，有「迷十重」。圖示爲：

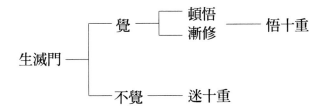

〔註51〕《禪源諸詮集都序》，《大正藏》，第四八冊，頁412。

〔註52〕同上。

〔註53〕同上。

〔註54〕《禪源諸詮集都序》，《大正藏》，第四八冊，頁409。

〔註55〕同上。

頓悟、漸修，「悟十重」、「迷十重」的對治，及對《大乘起信論》的運用，本書第四章有詳細論述，此略過。此要提出的是：「悟十重」與「迷十重」的對治內容與理論皆取自《大乘起信論》，故宗密心性論不僅理論根據在《大乘起信論》，修證的根據也在《大乘起信論》。

三、華嚴思想

宗密禪教合一思想，禪取荷澤，教用華嚴。筆者此處以華嚴主要思想法界觀以及圓教論爲主題，論述宗密《禪源諸詮集都序》對此二思想的運用及發揚，證明華嚴思想是宗密禪教合一思想的理論根據之一。

（一）法界觀

《華嚴經》的法界觀又稱一眞法界，顯現重重無盡的佛境界，融攝一切萬法。華嚴三祖法藏，曾爲華嚴法界觀作完整深入之闡述，此後法界觀成爲華嚴主要思想之一。宗密承續法藏的法界觀再發展，運用於禪教合一思想內，後來廣爲各宗所用，成爲中國佛教思想系統中的一部份。

1、法藏的法界觀

法藏主張各種事物，乃至一微一塵都足爲一法界，由此法界展開無盡法界。無盡法界又總攝爲四法界，事事物物彼此可依存涵攝在四法界中。《佛學大辭典》對華嚴四法界的解釋爲：

> 統唯一眞法界，謂總該萬有即是一心。然心融萬有便成四種法界。一事法界：界是分義，一一差別有分齊故。二理法界：有性義，無盡事法同一性故。三理事無礙法界：具性分義，性分無礙故。四事事無礙法界：一切分齊事法，一一如性融通重重無盡故。〔註56〕

（1）事法界

指現象界一切有差別、有生滅等相對義的相，故事法界講的是相的層面，而此相皆由心所變現。

（2）理法界

理法界與事法界相對，此界無差別、無生滅，超越一切相對之義，爲恆常眞如本體。

（3）理事無礙法界

「無礙」可解爲「不離」，理待事以顯；事依理而成。此法界指理事互融互攝、

〔註56〕丁福保編，《佛學大辭典》（台北：天華，1986.01），頁220。

不一不異。

（4）事事無礙法界

　　現象界雖事事物物皆有相上的差別，但一切相皆為真如之顯現，相與相間亦有互相依存的關係，是一切攝一，一攝一切。此法界講現象與現象彼此的融攝。法藏說明為：

> 諸緣相奪，體無體者，多緣無性，為一所成，是故多即一，由一有體能攝多，由多無性潛同一，故無不多之一，亦無不一之多，一無性為多所成，多有一空，即多亦爾。是故一望於多，有有體無體故，能攝他同己，廢己同他，無有障礙；多望於一，有無體有體，亦能廢己同他，攝他同己，亦無障礙。〔註57〕

因一事理可通往其他事理，一境界可通往其他境界，故說「事事無礙」。

2、宗密對華嚴法界觀的運用

（1）真心是萬法之源

　　《禪源諸詮集都序》：

> 況此真性，非唯是禪門之源，亦是萬法之源。故名法性。亦是眾生迷悟之源，故名如來藏藏識……〔註58〕

又：

> 三界虛偽，唯心所作。離心即無六塵境界、乃至一切分別：即分別自心，心不見心，無相可得。故一切諸法如鏡中像。〔註59〕

揭示心是萬法之源，三界唯心的道理。又《禪門師資承襲圖》：

> 萬法皆是一心。〔註60〕

既心生萬法，而萬法又為一心，就是華嚴一攝一切、一切即一的理事無礙法界，所以宗密心為萬法之源的思想，即是華嚴一真法界的觀念。裴休《圓覺經大疏》序文：

> 圭峰禪，頓轡於華嚴法界。〔註61〕

確是中的。

（2）法界不離一心

　　裴休在《注華嚴法界觀門》的序文闡述宗密的法界觀：

〔註57〕《華嚴經明法品內立三寶章》，《大正藏》，第四五冊，頁620。
〔註58〕《大正藏》，第四八冊，頁399。
〔註59〕《大正藏》，第四八冊，頁405。
〔註60〕《續藏經》，第一一○冊，頁335。
〔註61〕《續藏經》，第十四冊，頁108。

法界者，一切眾生身心之本體也。從本已來，靈明廓徹，廣大虛寂，雖一真之境而已。無有形貌而森羅大千，無有邊際而含容萬有，昭昭於心目之間，而相不可睹；晃晃於色塵之內，而理不可分。非徹法之慧目，離念之明智，不能見自心如此之靈通也。……故世尊，初成正覺，歎曰：奇哉！我今普見一切眾生，具有如來智慧德相，但以妄相執著而不能證得。於是稱法界性，說《華嚴經》，令一切眾生，自於身中得見如來廣大智慧，而證法界也。〔註62〕

表明宗密將法界觀與真心結合，再賦予知的概念，完全將華嚴的一真法界與禪教合一思想相融。故宗密是主張法界不離一心的。

（3）三教三宗互融互攝

宗密對華嚴四法界的運用也彰顯在三宗三教的和會上。禪三宗具體而言是北宗、牛頭、洪州及荷澤。教三種實際是法相、三論、天台、華嚴。宗密以華嚴教理配荷澤禪法，立為最高。再以華嚴法界「圓融無礙」的概念，將各宗各派的禪法教理會歸其下，說各種法門皆相即相入，互相融攝。

（二）圓教論

宗密以真心做橋樑，闡述佛性和禪的關係，將禪攝於佛性內，說禪法的修習與實踐是彰顯佛性的歷程，而佛性又是所有經教的共同基礎，由此證明禪教合一是可實行的。從這個角度切入，宗密禪教合一的理論根源就是華嚴的圓教論。以下從禪法的頓、漸及教法的判斷上看宗密對華嚴圓教論的吸收與發揮。

華嚴法藏判教為五：小乘教、始教、終教、頓教、圓教。宗密透過化儀頓和逐機頓的分立，將圓教與頓教合一。逐機頓與化儀頓的分判：

問前云：佛說頓教、漸教，禪開頓門、漸門，未審三種教中何頓何漸？

答：法義深淺已備盡於三種，但以世尊說時儀式不同，有稱理頓說，有隨機漸說故，復名頓教漸教，非三教外別有頓漸。漸者為中下根，即時未能信悟圓覺妙理者，且說前人天小乘乃至法相。（上皆第一教也）破相（第二教也）待其根器成熟，方為說於了義，即《法華》、《涅槃》等經是也（此及下逐機頓教合為第三教也，其化儀頓即總攝三般，西域此方古今諸德，所判教為三時五時者，但是漸教一類，不攝《華嚴經》等）頓者復二：一、逐機頓。二、化儀頓。逐機頓者；遇凡夫上根利智，直示真法，聞即頓悟全同佛果，如《華嚴》中，初發心時即得阿耨菩提；《圓覺經》中，觀行

成時即成佛道。然始同前二教中行門，漸除凡習漸顯聖德。如風激動大海不能現像，風若頓息則波浪漸停，影像漸顯也。（風喻迷情，海喻心性，波喻煩惱，影喻功用，《起信論》中一一配合）即《華嚴》一分及《圓覺》、《佛頂》、《密嚴》、《勝鬘》、《如來藏》之類二十餘部經是也。遇機即說不定，初後與禪門第三直顯心性宗全相同也。二、化儀頓，謂佛初成道，為宿世緣熟上根之流，一時頓說性相理事，眾生萬惑，菩薩萬行，賢聖地位諸佛萬德，因該果海，初心即得菩提，果徹因源，位滿猶稱菩薩，此唯《華嚴》一經及《十地論》，名為圓頓教，餘皆不備。〔註63〕

宗密分頓教為逐機頓和化儀頓。前者內容包括「《華嚴》一分及《圓覺》、《佛頂》、《密嚴》、《勝鬘》、《如來藏》之類二十餘部經」，等於禪門直顯心性宗，修悟上是頓悟漸修。後者含「《華嚴》一經及《十地論》」，亦即法藏判為圓教者，宗密又稱為圓頓教，總攝三宗。逐機頓和化儀頓地位平等，而化儀頓又等於圓教，所以頓、圓二教平等，故他稱頓教為一乘頓教，這「一乘」就是提升頓教地位，同於圓教的意思。引文又可見，宗密三宗三教及頓漸的分判，前二宗二教即法相與破相，是漸教，第三宗第三教是逐機頓，含《華嚴經》的一部份與《圓覺》等經；至於重重無盡、圓融無礙的《華嚴經》，則是化儀頓，總攝以上各宗各教。將三宗三教分別相配，再融攝於華嚴下，「配對相等，方成圓見」運用的理論正是華嚴的圓教論。

第三節　思想內涵

一、禪教同源

宗密從兩方面論禪教同源。一是理論根源，另一是歷史發展。

（一）理論根源

禪，印度梵語，原稱「禪那」。傳入中國後，譯為「思惟修」或「靜慮」，是定慧的通稱，以眾生的本覺真性或佛性為本源。《禪源諸詮集都序》：

> 推窮教法從何而來，本從世尊一真心體流出……其所說義，亦只是凡聖所依一真心體隨緣流出……〔註64〕

禪的本源為佛性，教亦由佛心流出，故禪、教本同源。《禪源諸詮集都序》：

> 況此真性（佛性）非唯是禪門之源，亦是萬法之源，故名法性；亦是

〔註63〕《禪源諸詮集都序》，《大正藏》，第四八冊，頁407。
〔註64〕《大正藏》，第四八冊，頁399。

　　眾生迷悟之源，故名如來藏藏識：亦是諸佛萬德之源，故名佛性；亦是菩
　　薩萬行之源，故名心地。〔註65〕

佛性既是萬法之源，也是諸佛萬德之源，自然也是教法的本源。故禪、教皆源於佛性。

（二）歷史發展

　　宗密分禪爲五類：外道禪、凡夫禪、小乘禪、大乘禪、如來清淨禪。《禪源諸詮集都序》：

　　又眞性則不垢不淨，凡聖無差：禪則有淺有深，階級殊等。謂帶異計，
　　欣上厭下而修者，是外道禪；正信因果，亦以欣厭而修者是凡夫禪；悟我
　　空偏眞之理而修者，是小乘禪；悟我法二空所顯眞理而修者，是大乘禪（上
　　四類皆有四色、四空之異也）。若頓悟自心本來清淨，元無煩惱，無漏智
　　性，本自具足，此心即佛，畢竟無異。依此而修者，是最上乘禪，亦名如
　　來清淨禪，亦名一行三昧，亦名眞如三昧。此是一切三昧根本，若能念念
　　修習，自然漸得百千三昧。達摩門下，展轉相傳者是此禪也。達摩未到，
　　古來諸家所解，皆是前四禪八定，諸高僧修之皆得功用。南岳、天台，令
　　依三諦之理，修三止三觀，教義雖最圓妙，然其趣入門戶次第，亦只是前
　　之諸禪行相。唯達摩所傳者，頓同佛體，迥異諸門。〔註66〕

宗密認爲眞性不垢不淨，在凡在聖均無差別。但禪者的修習，卻有淺深：

1、外道禪：宗密謂「帶異計欣上厭下而修者」。厭惡欲界、欣求生天，是印度一般
　　所修行的禪。

2、凡夫禪：屬於佛教徒，相信因果，但未明白佛法深入義理，仍以生天爲修行目的。
　　宗密稱「正信因果亦以欣厭而修者」。

3、小乘禪：「悟我空偏眞理而修者」，小乘禪主張「我空」，以滅「我見」爲修行目
　　的，但只說我空，不說法空，與大乘禪不同。

4、大乘禪：我、法兩空，以悟一切皆空爲目的，又稱菩薩禪。天台宗、三論宗禪法
　　屬這一類。宗密謂之「悟我法二空所顯眞理而修者」。

5、如來清淨禪：頓悟自心本來清淨、原無煩惱，具一切無漏智性，即心即佛的禪法。
　　是所有禪法中最上乘者，又叫「一行三昧」或「眞如三昧」。達摩所傳的禪法即
　　是。禪宗各派承達摩禪法，皆是如來清淨禪。

　　宗密指出達摩的如來清淨禪，不同於前四種禪法，承達摩禪法的禪宗，也未與

〔註65〕同上。
〔註66〕同上。

教門相違背：

> 初言師有本末者，謂諸宗始祖即是釋迦，經是佛語，禪是佛意，諸佛
> 心口必不相違。〔註67〕

並舉西天二十八祖中，就有不少弘揚經論者爲例，強調當時並未有「講者毀禪，禪者毀講」等禪、教相爭之事。

> 諸祖相承，根本是佛親付。菩薩造論，始末唯弘佛經。況迦葉乃至趜
> 多，弘傳皆兼三藏，提多迦以下，因僧諍，律教別行。罽賓國已來，因王
> 難，經論分化。中間馬鳴、龍樹，悉是祖師，造論釋經數千萬偈。觀風化
> 物，無定事儀。未有講者毀禪，禪者毀講〔註68〕。

只是達摩東來，發現中國佛教徒多被「名相」所惑，而「以名數爲解，事相爲修」
〔註69〕。爲去其病，達摩特別強調心法，主張「以心傳心，不立文字」〔註70〕。他
爲破除眾人執迷，呈顯佛陀宗旨才如此說，並非眞的「離文字說解脫」〔註71〕。所
以對懂得禪理之人頻頻講授《金剛經》、《楞伽經》，視此二經「是我心要」〔註72〕。

> 後人囿於己見，曲解其意，以禪教爲分離：

> 今時弟子彼此迷源，修心者以經論爲別宗，講說者以禪門爲別法。聞
> 談因果修證，便推屬經論之家。不知修證正是禪門之本事，聞說即心即佛，
> 便推屬胸襟之禪，不知心佛正是經論之本意。〔註73〕

宗密疾呼禪門本應以修證爲本份，不應將此看作是教家而排斥；教門也應理解
經論的本意即在開示即心是佛的道理，不應視爲禪門之事而捨棄，因爲從歷史發展
看來，禪教本同源。

二、禪教會通的十大理由

隋唐時代禪教之爭情況嚴重，「講者偏彰漸義、禪者偏播頓宗，禪講相逢、胡越
之隔」〔註74〕。宗密提倡禪教合一的現實原因，是爲替當時佛教界禪門、教門間互
相阻隔、水火不和的現狀，謀求調和解決之道。他試圖從理論上說明，禪、教事實

〔註67〕《禪源諸詮集都序》，《大正藏》，第四八冊，頁400。
〔註68〕同上。
〔註69〕同上。
〔註70〕同上。
〔註71〕同上。
〔註72〕同上。
〔註73〕同上。
〔註74〕《禪源諸詮集都序》，《大正藏》，第四八冊，頁399。

上是一致的，故提出十大理由證明禪、教的不可分離。

談禪教會通的十大理由之前，宜先界定宗密「禪」、「教」二概念的內涵：

第一層：禪是佛意，教是佛語。

第二層：禪是句偈，教是經典。佛陀的教化，可用言語表達者已成經論，不可用言語表出的部份，禪師則在日常生活中隨機教化，於是有句偈的形成。

第三層：禪是禪宗，包括荷澤、洪州、保唐、淨眾等。教是禪宗外諸派，例如：天台、三論、唯識、華嚴……皆是。

表面上，教門依經典而立；禪宗則標榜不依經典，強調不立文字、教外別傳，似乎不同。但由第一層禪是佛意，教是佛語看，佛口說佛心，佛心與佛口一致，禪教應相關。第二層，句偈是禪師對門徒的隨機之教，施者取自佛的意旨，仍是佛陀的教化，所以禪教應是不離的。宗密由第一層到第二層，再推及第三層禪門、教門的融合，宗密由此進路來確定禪、教的一致。

會通十大理由：

（一）師有本末、憑本印末

宗密：

> 謂諸宗始祖，即是釋迦。經是佛語，禪是佛意。諸佛心口必不相違。諸祖相承，根本是佛親付，菩薩造論，始末唯弘佛經。……今時弟子，彼此迷源。修心者，以經論為別宗，講說者，以禪門為別法，聞談因果修證，便推屬經論之家，不知修證正是禪門之本事。聞說即心即佛，便推屬胸襟之禪，不知心佛相即，正是經論之本意。今若不以權實之經論，對配深淺禪宗，焉得以教照心，以心解教？〔註75〕

「經是佛語，禪是佛意」，佛口說佛心，二者必不相違。經教是佛啟發人證悟的法，表述禪悟的句偈是幫助眾生識得心源的標月之指，二者同來自佛陀本身，不相乖違。

（二）禪有諸宗，互相違阻

禪宗發展到宗密，已不下百家。宗密依其宗義，分為十家。屬息心修妄宗的有南詵、北秀、保唐、宣什、稠那、天台。屬泯絕無寄宗的有石頭，牛頭等系。屬直顯心性宗的有洪州、荷澤。他們互相毀損，以確立己宗為高，包括荷澤宗在內，亦損抑北宗以確立曹溪之旨為高。

> 立宗傳法，互相乖阻，有以空為本，有以知為源：有云寂寞方真，有云行坐皆是：有云見今朝暮分別為作，一切皆妄，有云分別為作，一切皆

　　眞：有萬行悉存，有兼佛亦泯；有放任其志，有拘束其心；有以經律爲所
　　依，有以經律爲障道。非唯泛語，而乃確言，確弘其宗，確毀餘類。〔註76〕

而眞理只有一個，諸宗須和會方可：

　　　　今時弟子彼此迷源，修心者以經論爲別宗，講說者以禪門爲別法。聞
　　　　談因果修證，便推屬經論之家。不知修證正是禪門之本事，聞說即心即佛，
　　　　便推屬胸襟之禪，不知心佛正是經論之本意。〔註77〕

　　宗密認爲不應肯定任何一派爲至道，應會通各派，使佛法融合統一成一體。但
各宗派皆堅持己是，各有勢力範圍，整合實屬不易。宗密提出的對策是對各宗派理
論去蕪存菁，將符合佛旨的部份留下，再求以人服法，會通就容易多了。

　　　　謂以法就人即難，以人就法即易。人多隨情互執，執即相違。誠如冰
　　　　火相和，矛盾相敵，故難也。法本稱理互通，通即互順。自然凝流皆水，
　　　　環釧皆金，故易也。〔註78〕

宗密以佛法至道爲標準，進行禪門各派的會通，用的是依法不依人的法則。

（三）經如繩墨，楷定邪正

宗密曰：

　　　　繩墨非巧，工巧者必以繩墨爲憑，經論非禪，傳禪者必以經論爲準。
　　　　中下根者，但可依師，師自觀根隨分指授。上根之輩，悟須圓通。未究佛
　　　　言，何同佛見！〔註79〕

墨子亦云：

　　　　天下從事者，不可以無法儀，無法儀而其事能成者無有也，雖至士
　　　　之爲將相者，皆有法：雖至百工從事者，亦皆有法，百工爲方以矩，爲
　　　　圓以規，直以繩、正以懸、平以水、無巧工不巧工，皆以此五者爲法，
　　　　巧者能中之，不巧者雖不能中，放依以從事，猶逾己，故百工從事，皆
　　　　有法所度。〔註80〕

　　行事要有一個標準（法儀）以衡量對錯是非，經論就是判定禪的正邪的準則。
中下根者依師父引導禪悟，最上根的禪師依經求悟，道理很明顯。

（四）經有權實，須依了義

〔註76〕同上。
〔註77〕同上。
〔註78〕同上。
〔註79〕同上。
〔註80〕孫詒讓編，《墨子閒詁》（台灣：商務，1971.02），頁12。

佛陀依人、時、地等說法因緣不同而有了義與不了義經：

> 佛說經有隨自意語，有隨他意語，有稱畢竟之理，有隨當時之機，有詮性相，有頓漸大小，有了義不了義。〔註81〕

讀經先要分辨經的了義與不了義，依照了義經去掌握佛法的圓融之意。再依此理解眾經論。禪家句偈也都是依佛意求證悟的，故以了義經的佛意來應照禪家句偈，即可「句句知宗〔註82〕」。

（五）量有三種，堪契須同

> 西域諸賢聖所解法義皆以三量爲定，一比量，二現量，三佛言量。量者如度量升斗，量物知定也。比量者，以因由譬喻比度也。如遠見煙，必知有火，雖不見火，亦非虛妄。現量者，親自現見，不假推度，自然定也。佛言量者，以諸經爲定也。勘契須同者，若但憑佛語，不自比度證悟自心者，只是泛信，於己未益。若但取現量自見爲定，不勘佛語，焉知邪正？外道六師，親見所執之理，修之亦得功用，自謂爲正，豈知是邪？若但用比量者，既無聖教及自所見，約何比度，比度何法？故須三量勘同方爲決定。禪宗已多有現比二量，今更以經論印之，則三量備矣。〔註83〕

欲了解佛教法義，必須透過三量。現量是個人體悟，屬直覺之知；比量來自生活的具體經驗，是推理之知；佛言量指佛教經論，是佛陀的體悟之知。禪宗多有現量、比量，須再證以經教，才可三量具足，可見經論的重要性。

（六）疑有多般，須具通決

禪、教二家僧人不斷向宗密提出疑問，或對禪宗存在的必要提出質疑，或指出禪宗的頓悟和經教的漸修相矛盾，或直陳禪門的派別紛爭根本違背禪門宗旨，或揭露禪宗在曹溪之前與曹溪之後教授方式矛盾。禪宗門人更質疑宗密講論傳經，違背達摩傳心不立文字的宗旨，勸導坐禪更和傳統的無修相違。這些詰難，宗密《禪源諸詮集都序》中一一加以回答，指出根本解決之道應從經教著手：

> 須開三門義，評一藏經。總答前題，無不通徹。〔註84〕

又以

> 諸教具明，無出此者，如何離此別說禪門，既不依經，即是邪道。〔註85〕

〔註81〕《禪源諸詮集都序》，《大正藏》，第四八冊，頁401。
〔註82〕同上。
〔註83〕同上。
〔註84〕同上。
〔註85〕同上。

說明修禪，不可違背經論。

（七）法義不同，須善辨識

> 凡欲明解諸法性相，先須辨得法義。依法解義，義即分明。以義詮法，
> 法即顯著。今且約世物明之。如眞金隨工匠等緣，作鐶釧碗盞種種器物，
> 金性必不變爲鋼鐵。金性必不變爲鋼鐵。金即是法，不變隨緣是義。〔註86〕

又

> 以喻一藏經論義理，只是說心，心即是法，一切是義。故經云：無量
> 義者從一法生。〔註87〕

又

> 此心隨迷悟緣，成垢淨、凡聖、煩惱菩提、有漏無漏等。亦只說此心
> 垢淨等時，元來不變，常自寂滅，眞實如如等。〔註88〕

又

> 今時禪者多不識義，故但呼心爲禪；講者多不識法，故但約名說義，
> 隨名生執，難可會通。〔註89〕

　　法與義是一體的兩面，宗密指出法是心，是最根本的存在；義則是心的一切形態，包含性、相、用，法和義必須相輔相資才能各顯其意。《大乘起信論》中心是法，眞如門和生滅門都是義。性宗和相宗是同一佛法所體現的兩義，應相融不應相難，二宗相難，是只見義的不同，不解其心（法）實一。禪、教之爭也因對法、義的理解不明而有，如使禪宗和經教對照，讓法、義明，二者融通於一心，禪、教就無爭了。

　　此處宗密主要論述「教」、「禪」皆在闡明「法」與「義」的問題，二者不可偏重或偏廢，以表明經論對禪宗的重要性。

（八）心通性相，名同義別

　　經論中對心的解釋很多，有些解釋互相矛盾：

> 諸經或毀心是賊，制令斷除；或贊心是佛，勸令修習。或云善心惡心、
> 淨心垢心、貪心瞋心、慈心悲心。或云托境心生，或云心生於境，或云寂
> 滅爲心，或云緣慮爲心，乃至種種相違。〔註90〕

　　宗密將心分成四種：肉團心、緣慮心、集起心、眞心。四心同一眞心本體，就

〔註86〕同上。
〔註87〕同上。
〔註88〕同上。
〔註89〕同上。
〔註90〕同上。

義而言，前三者是相、第四是性，相性實相融。教門、禪門之心都不離這四者，故禪、教本一致。

（九）悟修頓漸，言似違反

宗密：

> 有云法無頓漸，頓漸在機者。誠哉此理，固不在言，本只論機，誰言法體？〔註91〕

頓漸二者彼此並不矛盾，因應不同根機，所採不同修證方式而已。說法近於惠能：

> 法本一家，人有南北；法即一種，具有遲疑，何名頓漸？法無頓漸，人有利鈍，故名頓漸。〔註92〕

再者，宗密有頓漸相融的傾向，頓悟資於漸修的主張即是。此於第四章再論。

（十）師授方便，須識藥病

佛陀說法，如對病下藥，端視病者所需，並無定法。應掌握此要點，不執著於一種教法，要了解「破相顯性」、「依性說相」之別，是佛陀依眾人之病，施予的不同教說；頓、漸之分也只是師資傳授上的權益之計。如偏執一種法門，就會形成

> 頓漸門下，相見如仇讎；南北宗中，相敵如楚漢。〔註93〕

的對立局面。要解決此問題，應先理解教門，再使三宗互不相違。

三、禪教會通的具體內容

宗密為達到禪教會通的目的，進行禪與教的判釋，將禪分三宗、教判三種，以「配對相符」、「方成圓見」。

> 謂一藏經論統唯三種，禪門言教亦統唯三宗，配對相符、方成圓見。
> 〔註94〕

禪三宗、教三種的具體內容是：

> 細對詳禪之三宗，教之三種。如經斗稱，足定淺深，先敘禪門，後以教證。禪三宗者：一息妄修心宗，二泯絕無寄宗，三直顯心性宗，教三種者：一密意依性說相教，二密意破相顯性教，三顯示真心即性教。右此三教如次，同前三宗相對，一一證之。然後總會為一味。〔註95〕

〔註91〕同上。
〔註92〕《六祖壇經》，《大正藏》，第四八冊，頁358。
〔註93〕《禪源諸詮集都序》，《大正藏》，第四八冊，頁401。
〔註94〕《禪源諸詮集都序》，《大正藏》，第四八冊，頁400。
〔註95〕《禪源諸詮集都序》，《大正藏》，第四八冊，頁402。

三教三宗相對，「一一證之」，再「總會爲一味」，判教的目的在禪、教的統一，非常明白。

（一）三　宗

1、息妄修心宗

宗密歸納此宗禪法爲：

> 息妄修心宗者：說眾生雖本有佛性，而無始無明覆之不見，故輪迴生死，諸佛已斷妄想，故見性了了，出離生死，神通自在。當知凡聖功用不同，外境內心各有分限。故須依師言教，背境觀心，息滅妄念，念盡即覺悟，無所不知。〔註96〕

說明眾生皆有佛性，爲無明妄想所覆，故不顯。然本具佛性與佛無異。如能息滅妄想煩惱，覺悟本心，則能成佛。宗密舉此宗禪法「勤勤拂拭」，說明此宗強調去妄的修持工夫，以回復心的本覺。此宗禪法的修行是漸修。

> 須明解趣入禪境方便，遠離憒鬧住閑靜處。調身調息，跏趺宴默，舌拄上齶，心注一境。〔註97〕

南詵、北秀、保唐、宣什，屬於此宗。

> 南詵、北秀、保唐、宣什等門下，皆此類也。〔註98〕

2、泯絕無寄宗

宗密對泯絕無寄宗的理解爲：

> 泯絕無寄宗者：說凡聖等法，皆如夢幻，都無所有。本來空寂，非今始無。即此達無之智，亦不可得。平等法界無佛、無眾生，法界亦是假名。心既不有，誰言法界無修不修，無佛不佛。設有一法勝過涅槃，我說亦如夢幻。無法可拘，無佛可作。凡有所作皆是迷妄。如此了達本來無事，心無所寄，方免顛倒，始名解脫。〔註99〕

一切皆空、如夢如幻。眾生與佛是空，體悟空的智慧亦是空。此宗講般若空觀，因一切皆空，「無法可拘、無佛可作」，若有作「皆是迷妄」。此宗禪法在於「本來無事，心無所寄」，「本來無事」是「泯絕」，「心無所寄」是「無寄」，以無事、無寄爲修。具體的行法是：

〔註96〕同上。
〔註97〕同上。
〔註98〕同上。
〔註99〕同上。

不令滯情於一法上，日久功至，塵習自亡。則於怨親苦樂一切無礙。〔註100〕
宗密以石頭宗和牛頭宗都是此宗。

石頭牛頭下至徑山，皆示此理。〔註101〕

3、直顯心性宗

直顯心性宗的禪理是：

直顯心性宗者：說一切諸法，若有若空，皆唯真性。真性無相無為，
體非一切。謂非凡非聖，非因非果，非善非惡等。然即體之用，而能造作
種種。謂能凡能聖，現色現相等。〔註102〕

直顯心性宗說一切諸法，皆是真性的體現。真性有體、用兩面。就用來看：「造作種
種」、「能凡能聖」、「現色現相」，萬法皆由此出；就體而言：「無相無為」、「體非一
切」，超越一切對待，「非凡非聖」、「非因非果」、「非善非思」。「有」與「空」，皆攝
於「真性」之下。故此宗包含息妄修心宗及泯絕無寄宗，又超越此兩宗。

直顯心性宗指示心性的方法有二：一是「觸類是道，本來皆佛」的洪州宗，禪
法特質在直指染心為真性，以相顯性，指事為理。

即今能語言動作，貪嗔慈忍，造善惡，受苦樂等，即汝佛性。即此本
來是佛，除此無別佛也。〔註103〕

洪州的修行在「不斷不修，任運自在」：

了此天真自然，故不可起心修道。道即是心，不可將心還修於心。惡
亦是心，不可將心還斷於心。不斷不修，任運自在，方名解脫。性如虛空，
不增不減，何假添補。但隨時隨處息業，養神聖胎增長，顯發自然神妙，
此即是為真悟真修真證也。〔註104〕

另一是以「空寂寂知」為真性，指心體為靈知不昧的荷澤宗。

諸法如夢，諸聖同說，故妄念本寂，塵境本空。空寂之心，靈知不昧，
即此空寂之知，是汝真性。任迷任悟，心本自知。不藉緣生，不因境起。
知之一字，眾妙之門。由無始迷之故，妄執身心為我，起貪嗔等念。若得
善友開示，頓悟空寂之知。知且無念無形，誰為我相人相。覺諸相空，心
自無念。念起即覺，覺之即無。修行妙門，唯在此也。〔註105〕

〔註100〕同上。
〔註101〕同上。
〔註102〕同上。
〔註103〕同上。
〔註104〕同上。
〔註105〕《禪源諸詮集都序》，《大正藏》，第四八冊，頁403。

荷澤宗以無念爲修：

> 故雖備修萬行，唯以無念爲宗。但得無念知見，則愛惡自然淡泊，悲
> 智自然增明，罪業自然斷除，功行自然增進。既了諸相非相，自然無修之
> 修，煩惱盡時，生死即絕。生滅滅已，寂照現前，應用無窮，名之爲佛。

〔註106〕

洪州與荷澤雖有不同，但皆「會相歸性」，故同列直顯心性宗。

宗密說三宗禪法「皆是二利行門」，各有所長，但各有所宗、各執其理，應依靠教法令其和會：

> 然上三宗中，復有遵教慢教，隨相毀相。拒外難之門戶。接外衆之善
> 巧，教弟子之儀軌，種種不同，皆是二利行門，各隨其便，亦無所失，但
> 所宗之理即不合有二，故須約佛和會也。〔註107〕

（二）三 教

1、密意依性說相教

宗密釋名：

> 佛見三界六道，悉是眞性之相，但是衆生迷性而起，無別自體，故云
> 依性。然根鈍者卒難開悟，故且隨他所見境相，說法漸度，故云說相。說
> 未彰顯，故云密意也。〔註108〕

佛見三界六道，都是眞性緣起之相，但衆生心迷，不知所有相皆是虛幻，眞性外「無別自體」。因相依性有，故是「依性」。又衆生根鈍，不解眞性，故只能依其所見之相，隨說諸相皆空之理來教化他們，所以是「說相」。這種教法未直接顯示眞性，故曰「密意」。

密意依性說相教包含三種內容：人天因果教、說斷惑滅苦樂教、以及將識破境教。

（1）人天因果教

佛爲世俗大衆說因果業報，勸人修習施捨、戒律、禪定等善行，以遠離三途之苦，得生人天。《禪源諸詮集都序》：

> 人天因果教，說善惡業報，令知因果不差，懼三途苦，求人天樂，修
> 施戒禪定等一切善行，得生人道天道乃至色界無色界。此名人天教。〔註109〕

〔註106〕同上。
〔註107〕同上。
〔註108〕同上。
〔註109〕同上。

（2）說斷惑滅苦樂教

主要教義爲「無我」。人生痛苦的形成，乃在執著一切爲有，認爲一切是常、不變，因而產生貪、嗔、痴三毒，進而造業，生老病死循環不已。此教教人修習「無我」，斷三毒，止惡業，求證悟我空，得須陀洹果乃至滅諦阿羅漢果。《禪源諸詮集都序》說明如下：

> 說三界不安，皆如火宅之苦。令斷業惑之集，修道證滅以隨機故。所說法數，一向差別。以揀邪正，以辨凡聖，以分欣厭，以明因果。說眾生五蘊都無我主，俱是形骸之色。思慮之心，從無如來，因緣力故。念念生滅，相續無窮。如水涓涓，如燈焰焰。身心假合，似一似常。凡愚不覺，執之爲我。實此我故，即起貪嗔癡等三毒。三毒繫於意識。發動身口，造一切業。業成難逃，故受五道苦樂等身，三界勝劣等處。於所受身，還執爲我。還起貪等，造業受報。身則生老病死，死而還生，界則成住壞空。空而復成，劫劫生生，輪迴不絕。無始無終，如汲井輪。都由不了此身本不是我。不是我者，此身本因色心和合爲相。今推尋分析。色有地水火風之四類。心有受想行識之四類。若皆是我，即成八我。況色中復有三百六十段骨，段段各別，皮毛筋肉，肝心肺腎，各不相是。諸心數等，亦各不同。見不是聞，喜不是怒。既有此眾多之物，不知定取何者爲我？若皆是我，我即百千，一身之中，多主紛亂。離此之外，復無別法。翻覆推我，皆不可得，便悟此身心等，俱是眾緣，似和合相，元非一體。似我人相，元非我人。爲誰貪嗔，爲誰殺盜，誰修戒施，誰生人天。遂不滯心於三界有漏善惡。但修無我觀智，以斷貪等，止息諸業，證得我空眞如，得須陀洹果。乃至滅盡患累，得阿羅漢果。灰身滅智，永離諸苦。〔註110〕

此教主要依據的經典是《阿含經》、《大毘婆沙論》、《俱舍論》等。

（3）將識破境教

宗密說明爲：

> 說上生滅等法，不關眞如。但各是眾生無始已來，法爾有八種識。於中第八藏識，是其根本，頓變根身器界種子，轉生七識，各能變現自分所緣。此八識外，都無實法。問如何變耶？答我法分別熏習力故。諸識生時，變似我法。六七二識，無明覆故。緣此執爲實我實法。如患夢者，患夢力故。心似種種外境相現，夢時執爲實有外物，寤來方知唯夢所變。我此身

〔註110〕同上。

相及於外境，亦復如是，唯識所變。迷故執有、我及諸境，即悟無我法，
唯有心識。〔註111〕

一切法唯識所變，由於迷惑，所以執著有我、有諸境，如能悟「本無我法，唯有心識」，依我法兩空的智慧來修習就能轉識成智，進而證入涅槃。宗密特別強調「漸漸伏斷煩惱、所知二障」的漸修歷程：

遂依此二空之智，修唯識觀及六度四攝等行。漸漸伏斷煩惱所知二
障。證二空所顯真如。十地圓滿。轉八識成四智菩提也。真如障盡，成法
性身大涅槃也。〔註112〕

此漸修正好用與北宗禪法相和。

《解深密經》、《瑜伽師地論》、《成唯識論》等經論屬此。此教約可包含印度的瑜伽行派，即有宗，以及中國的唯識宗。

2、密意破相顯性教

宗密釋名：

據真實了義，即妄執本空，更無可破。無漏諸法，本是真性，隨緣妙
用，永不斷絕，又不應破。但為一類眾生，執虛妄相，障真實性，難得玄
悟，故佛且不揀善惡垢淨性相，一切呵破。以真性及妙用不無，而且云無，
故云密意。又意在顯性，語乃破相，意不形於言中，故云密也。〔註113〕

眾生執虛妄之相為實有，不知本性是空，故無法悟入。為破此執著，此教講一切皆空，「不講揀善惡垢淨性相，一切呵破」，故稱「破相」。破相為顯真性的存在，故是「顯性」。此教亦非直指真性，而是以破相來顯性，也是「密意」。

宗密解說為：

說前教中所變之境，既皆虛妄。能變之識，豈獨真實。心境互依空而
似有故也。且心不孤起，託境方生。境不自生，由心故現。心空即境謝，
境滅即心空。未有無境之心。曾無無心之境。如夢見物，似能見所見之殊。
其實同一虛妄，都無所有，諸識諸境亦復如是。以皆假託眾緣無自性故。
未曾有一法，不從因緣生。是故一切法，無不是空者。凡所有相，皆是虛
妄。是故空中無色，無眼耳鼻舌身意，無十八界、十二因緣、四諦。無智
亦無得，無業無報，無修無證。生死涅槃，平等如幻。但以不住一切，無

〔註111〕同上。
〔註112〕同上。
〔註113〕《禪源諸詮集都序》，《大正藏》，第四八冊，頁404。

執無著，而爲道行。〔註114〕

此教說一切法皆從因緣生。心、境相依而生，似有而眞空。諸識諸境都假託眾緣而生，沒有自性。所有法皆空，一切相皆妄，生死涅槃、眾生與佛都是夢幻，平等無差別。所以主張不住一切，通達不執才是眞修。

《般若經》、《中論》、《百論》、《十二門論》、《廣百論》、《大智度論》皆講這個道理。涵括在此教內的應有印度的中觀行派，即空宗，以及中國的三論宗。

3、顯示眞心即性教

此教直接指示自心即是眞性。因直指眞性的存在，而不同於前二教之說相或破相，不就事相上說，也不就心相上說，故稱顯示眞心即性教。

宗密解爲：

> 此教說一切眾生，皆有空寂眞心。無始本來，性自清淨，明明不昧、了了常知，盡未來際，常住不滅，名爲佛性，亦名如來藏，亦名心地。從無始際，妄想翳之，不自證得，耽著生死。大覺愍之，出現於世，爲說生死等法，一切皆空。開示此心，全同諸佛。……如是開示靈知之心，即是眞性與佛無異。故顯示眞心即性教也。〔註115〕

此教認爲一切眾生皆有空寂眞心，從無始以來本性就自然清淨，明明不昧、了了常知，而且常住不滅。此眞心即爲佛性，又名如來藏。眾生若得開示此眞心佛性，與佛無異。

宗密在闡述此教教理時，引用《華嚴經》、《寶性論》的觀點說明，其中又以《華嚴經》佔絕大部份，

> 如《華嚴經出現品》云：佛子，無一眾生而不具有如來智慧，俱以妄想執著而不證得。若離妄想，一切智、自然智、無礙智，即得現前。譬如有大經卷，量等三千大千世界，書寫三千大千世界中事，一切皆盡。此大經卷，雖復量等大千世界，而全住在一微塵中。如一微塵，一切微塵，皆亦如是。時有一人，智慧明達，具足成就，清淨天眼。見此經卷，在微塵內，於諸眾生，無少利益。即起方便，破彼微塵，出此大經卷，令諸眾生，普得饒益。如來智慧，亦復如是，無量無礙，普能利益一切眾生，具足在於眾生身中。但諸凡愚，妄想執著，不知不覺，不得利益。爾時如來以無障礙清淨智眼，普觀法界一切眾生，而作是言，奇哉奇哉，此諸眾生，云

〔註114〕同上。

〔註115〕《禪源諸詮集都序》，《大正藏》，第四八冊，頁404～405。

何具有如來智慧，愚癡迷惑不知不見。我當教以聖道，令其永離妄想執著，自於身中得見如來廣大智慧，與佛無異。即教彼眾生，修習聖道，令離妄想，離妄想已，證得如來無量智慧，利益安樂一切眾生。問：上既云性自了了常知，何須諸佛開示？答：此言知者，不是證知。意說真性不同虛空木石，故云知也。非如緣境分別之識，非如照體了達之智。直是一真如之性，自然常知。故馬鳴菩薩云：真如者自體真實識知。《華嚴迴向品》亦云：真如照明為性。又據〈問明品〉說：知與智異。智局於聖不通於凡，知即凡聖皆有，通於理智。故覺首等九菩薩問文殊師利言：云何佛境界智？云何佛境界知？文殊答智云：諸佛智自在三世無所礙。答知云：非識所能識，亦非心境界，其性本清淨，開示諸群生。《寶藏論》亦云：知有有壞，知無無敗，真知之知，有無不計。〔註116〕

顯示真心即性教主要指華嚴宗，雖也涵括天台宗，但事實上，宗密在以三教配三宗中，教門最高，指的是華嚴而非天台。

《華嚴》、《圓覺》、《法華》、《涅槃》、《勝鬘》、《密嚴》、《佛頂》等經，《寶性》、《起信》、《十地》、《法界》等論，雖有頓漸不同，但所顯示的佛法都屬於此教。

（三）三宗與三教之會通

1、息妄修心宗與將識破境教的會通

宗密將密意依性說相教中的第三種將識破境教與息妄修心宗相配，

> 此上三類（人天因果教、說斷惑滅苦樂教、將識破境教）都為第一密意依性說相教，然唯第三將識破境教，與禪門息妄修心宗而相扶會。〔註117〕

說明二者應相會的理由在於：

> 以知外境皆空，故不修外境事相，唯息妄修心也。息妄者，息我法之妄；修心者，修唯識之心，故同唯識之教〔註118〕。

息妄修心宗認為萬法唯心所現，心有染淨，眾生為煩惱妄念所染，無法返清明一心。將識破境教以境無識有為宗，以一切外在事物皆心識所變，真正存在的只有心識（阿賴耶識）。故前者要息妄以修心，後者亦修唯識之心，二者互通。修行的方法，前者：

> 時時拂拭，凝心住心，專注一境，及跏趺調身調息等。〔註119〕

後者：

〔註116〕同上。
〔註117〕《禪源諸詮集都序》，《大正藏》，第四八冊，頁403。
〔註118〕同上。
〔註119〕同上。

　　　　既悟本無我法，唯有心識，遂依此二空之智，修唯識觀，及六度四攝
　　　等行，漸漸伏斷煩惱、所知二障。〔註120〕

　　皆是漸修。宗密以此二宗的佛理、行法都同，故說二宗和會。

2、泯絕無寄宗與密意破相顯性教的和會

　　《禪源諸詮集都序》對此二宗的和會並未多加說明，只說：

　　　　此教（密意破相顯性教）與禪門泯絕無寄宗完全相同。〔註121〕

泯絕無寄宗講「都無所有、本來空寂」：

　　　　說凡聖等法皆如夢幻，都無所有，本來空寂，非今始無；即此達無之
　　　智亦不可得。平等法界，無佛無眾生，法界亦是假名，心既不有，誰言法
　　　界？無修無不修，無佛無不佛。設有一法勝過涅槃，我說亦如夢幻。無法
　　　可拘，無佛可作，凡有所作，皆是迷妄。〔註122〕

密意破相顯性教旨在「一切法，無不是空者」：

　　　　凡所有相，皆是虛妄，是故空中無色，無眼耳鼻舌身意，無十八界，
　　　無十二因緣，無四諦，無智亦無得，無業無報，無修無證，生死涅槃，平
　　　等如幻。〔註123〕

前者本來空寂；後者我法皆空，道理相同。修行上，前者因「了達本來無事」〔註124〕，
故「心無所寄」〔註125〕，忘情為修；後者「不住一切，無執無著，而為道行」〔註
126〕，二者亦相合。故此二宗完全相合，理應會通。

　　宗密泯絕無寄宗主要指牛頭，密意破相顯性教是三論宗，二者的和會，為牛
頭禪法找到教法上的理論根據，得以反駁漸修宗人「撥無因果」的批評，有助禪
門融合。

3、直顯心性宗與顯示真心即性教的融合

　　宗密直言顯示真心即性教「全同禪門第三直顯心性之宗」〔註127〕。他對直顯心
性宗裏荷澤禪法描述為：

　　　　妄念本寂，塵境本空，空寂之心，靈知不昧，即此空寂之知，是汝真

〔註120〕同上。
〔註121〕《大正藏》，第四八冊，頁404。
〔註122〕《禪源諸詮集都序》，《大正藏》，第四八冊，頁402。
〔註123〕《禪源諸詮集都序》，《大正藏》，第四八冊，頁404。
〔註124〕《禪源諸詮集都序》，《大正藏》，第四八冊，頁402。
〔註125〕同上。
〔註126〕同上。
〔註127〕《禪源諸詮集都序》，《大正藏》，第四八冊，頁405。

性。任迷任悟，心本自知，不藉緣生，不因境起。知之一字，眾妙之門。由無始迷之，故妄執身心為我，起貪瞋等念。若得善友開示，頓悟空寂之知，知且無念無形，誰為我相人相？〔註128〕

對顯示真心即性教的說明是：

此教說一切眾生，皆有空寂真心。無始本來，性自清淨，明明不昧、了了常知，盡未來際，常住不滅，名為佛性，亦名如來藏，亦名心地。從無始際，妄想翳之，不自證得，耽著生死。大覺愍之，出現於世，為說生死等法，一切皆空。開示此心，全同諸佛。〔註129〕

二者都以眾生皆具佛性（前者講真性，後者說真心，皆強調心的空寂寂知），只是被煩惱無明所覆，不能顯現，如能悟入煩惱本空、真心本覺，即可頓悟成佛，二者佛理相同。修證上，前者須「得善友開示，頓悟空寂之知」；後者要蒙「大覺愍之……為說生死等法……開示此心」，都強調善知識指導。前者主張無念無修，頓悟漸修；後者：

此心雖自性清淨，終須悟修，方得性相圓淨。故數十本經論，皆說二種清淨，二種解脫。今時學淺之人，或只知離垢清淨，離垢淨解脫，故毀禪門「即心即佛」；或只知自性清淨，性淨解脫，故輕於教相，斥於持律坐禪調伏等行，不知必須頓悟自性清淨，性自解脫，漸修令得離垢清淨、離障解脫，成圓滿清淨究竟解脫。〔註130〕

也是頓悟與漸修，二者完全相同。

　　直顯心性宗指的是荷澤，顯示真心即性教是華嚴，直顯心性宗與顯示真心即性教的和會，就是荷澤禪法與華嚴思想的融合，宗密令二者和會於靈知真心上。事實上，宗密不僅以靈知真心和會荷澤與華嚴，更以之會通教門各派與禪門各宗，進而融合教與禪，故他禪教合一思想的核心是靈知真心。

（1）以知會通教門：

既馬鳴標心為本源，文殊揀知為真體，如何破相之黨，但云寂滅，不許真知？說相之家，執凡異聖，不許即佛？〔註131〕

馬鳴、文殊都以真心的靈知為本體，因有「知」，眾生方能體悟自心佛性，即心即佛。但密意破相顯性教只講心的寂滅，不講心體的靈知；密意依相說性教則不懂知，不

〔註128〕《禪源諸詮集都序》，《大正藏》，第四八冊，頁403。
〔註129〕《禪源諸詮集都序》，《大正藏》，第四八冊，頁404。
〔註130〕《禪源諸詮集都序》，《大正藏》，第四八冊，頁405。
〔註131〕同上。

能即心即佛。故宗密以爲，應以顯示眞性即性教的眞心靈知和會三教。以直顯眞心即性教的靈知眞心，對密意破相顯性教及密意依性說相教全揀、全收。

> 然此教中，以一眞心性，對染淨諸法，全揀全收。全揀者，如上所說，但剋體直指靈知，即是心性，餘皆虛妄，故云非識所識，非心境等，乃至非性非相，非佛非衆生，離四句，絕百非也。全收者，染淨諸法，無不是心，心迷故，妄起惑業，乃至四生六道，雜穢國界；心悟故，從體起用，四等六度，乃至四辨十力，妙身淨刹，無所不現。既是此心現起諸法，諸法全即眞心。如人夢所現事，事事皆人；如金作器，器器皆金；如鏡現影，影皆鏡。……全揀門，攝前第二破相教；全收門，攝前第一說相教。〔註132〕

密意破相顯性教以否定一切虛妄諸相彰顯眞心，是「全揀」；密意依性說性教肯定一切染淨諸法都是心，以斷惑證眞，目的是會相歸性，故是「全收」。顯示眞心即性教雖和前二教不同，但又完全包含前二者。宗密以爲顯示眞心即性教於前二教「收揀自在」、「性相無礙」，是了義教；前二教是方便教、非了義教，彼此關係是「深必該淺」、「了義含攝不了義教」，三者同融於靈知眞心下。

> 將前望此，此則迴異於前，將此攝前，前則全同於此，深必該淺，淺不至深。深者直顯出眞心之體，方於中揀一切收一切也。如是收揀自在，性相無礙，方能於一切法悉無所住，唯此名爲了義。〔註133〕

（2）以知會通禪門：

> 西域傳心多兼經論，無二途也。但以此方迷心執文，以名爲體，故達摩善巧，揀文傳心，標舉其名（心是名也），默示其體（知是心也），喻以壁觀（如上所敘），令絕諸緣。

達摩傳心，以心爲體之名，「默示其體」的「默示」就是心體的知。達摩後的傳心爲：

> 了了自知，言不可及。師即印云：「只此是自性情淨心，更勿疑也。」若所答不契，即但遮諸非，更令觀察。畢竟不與他先言知字，直待自悟，方驗實是親證其體，然後印之，令絕餘疑，故云默傳心印。所言默者，唯默知字，非總不言，六代相傳，皆如此也。至荷澤時，他宗競播，欲求默契，不遇機緣，又思惟達摩「懸絲」之記（達摩云，我法第六代後，命如懸絲），恐宗旨滅絕，遂明言「知之一字，衆妙之門」。〔註134〕

宗密解達摩「默傳心印」的「默」是「知」，不直言「知」，在於「直待自悟」。而荷

澤恐禪門斷滅，故直言「知之一字，眾妙之門」。按照宗密的說法，心體的靈知乃達摩所立而傳荷澤，故禪門各宗理應和會其下，沒有爭議。宗密意在爲荷澤的「知」找一歷史根源，令其有立場和會禪門各宗。接著以靈知眞心統一禪三宗：

> 如此，則自然聞泯絕無寄之說，知是破我執情；聞息妄修心之言，知是斷我習氣。執情破而眞性顯，即泯絕是顯性之宗；習氣盡而佛道成，即修心是成佛之行。頓漸空有，既無所乖，荷澤、江西、秀、能豈不相契？若能如是通達，則爲他人說法，無非妙方；聞他人說，無非妙藥，藥之與病只在執之與通。故先德云：「執則字字瘡疣，通則文文妙藥。」通者了三宗不相違也。〔註135〕

荷澤與洪州、北宗與南宗、頓門與漸門，禪宗內部對立全消除了，所有禪門都和會於荷澤靈知眞心下。

最後要強調：宗密以華嚴統教門，荷澤統禪門，再以靈知眞心和會禪、教，目的非在顯華嚴、荷澤爲高，而在禪教合一，作佛教內部的統一。

> 三教三宗是一味法，故須先約三種佛教，證三宗禪心、然後禪教雙忘，心佛俱寂。俱寂即念念皆佛，無一念而非佛，雙忘即句句皆禪，無一句而非禪教。〔註136〕

（四）置禪於教之上

1、由靈知真心看

宗密將判教的最高層次，直顯心性宗與顯示眞心即性教，和會於靈知眞心。禪三宗以荷澤的「知」爲和會標準；教三種的和會也以「知」爲原則。故宗密整個判教系統即以眞心靈知爲最高準則。宗密站在禪與教和會立場，說荷澤禪法與華嚴教理皆在闡發此「知」。實際上，「知」是荷澤禪法的精髓，宗密預設其爲最高，然後引入華嚴義理作爲理論根源，增加其厚度，再以之作爲整個融合思想的根基。故宗密的禪教合一思想是以禪爲主，引教爲證的。

2、為禪門融合而引教入禪

（1）從判教看

宗密以佛說的經論判立三教，再以三教配三宗，令禪三宗皆有理論根源，而理論根源都來自佛說，藉以證明三宗禪皆佛之教化，皆有存在價值，不應相毀，宜相融合。例如：宗密在息妄修心宗與依性說相教的和會中，主張北宗漸門應與依性說

〔註135〕《禪源諸詮集都序》，《大正藏》，第四八冊，頁407。

〔註136〕同上。

相教相合，而教爲佛陀之教，故北宗漸門有其合理性，應被接受。

（2）從頓漸融合看

宗密更以漸修亦五祖弘忍所傳；盧山慧遠翻譯《達摩禪經》，也講漸修；及達摩止息諸緣的禪坐亦爲漸修，證明頓漸皆是隨病對治之法，不須讚此毀彼，應相融合：

> 況此之方便，本是五祖大師教授，各皆印可，爲一方師，達摩以壁觀教人安心，外止諸緣，內心無喘。心如牆壁，可以入道，豈不正是坐禪之法？又盧山遠公與佛陀耶舍二梵僧所譯《達摩禪經》兩卷，具明坐禪門戶，漸次方便，與天台及佽、秀門下意趣無殊，故四祖數十年中脅不至席。即知了與不了之宗，各由見解深淺，不以調與不調之行，而定法義偏圓，但自隨病對治，不須讚此毀彼。〔註137〕

此可見，引教證禪是爲消弭頓漸二門的爭執。

面對旁人對牛頭宗「撥無因果」的批評，宗密答以：

> 佛自云無業無報，豈邪見乎？若云佛說此言深意者，豈禪門此說無深意耶？〔註138〕

亦是引經教爲禪門辯駁的以教明禪。

（3）由空、相、性三宗融合看

宗密以印度龍樹、提婆之大乘空宗和無著、天親的有宗是眞空不違妙有，二者相成。

> 故龍樹、提婆等菩薩，依破相教，廣說空義，破其執有，令洞然解於眞空。眞空者，是不違有之空也。無著、天親等菩薩，依唯識教，廣說名相，分析性相不同，染淨各別，破其執空，令歷然解於妙有。妙有者，是不違空之有也。雖各述一義，而舉體圓具，故無違也。〔註139〕

清辨和護法的爭論，相破亦相成：

> 問：若爾，何故已後有清辨、護法等諸論師互相破耶？
>
> 答：此乃是相成，不是相破。何者？以末學人，根器漸鈍，互執空有，故清辨等破定有之相，令盡徹至畢竟眞空，方乃成彼緣起妙有。護法等破斷滅偏空，意存妙有，妙有存故，方乃是彼無性眞空。文即相破，意即相成（敍前疑南北禪門相競，今於此決也）。〔註140〕

〔註137〕《禪源諸詮集都序》，《大正藏》，第四八冊，頁403。

〔註138〕《禪源諸詮集都序》，《大正藏》，第四八冊，頁404。

〔註139〕同上。

〔註140〕同上。

清辨所破斥的「有」，實際上是後學所執著的緣起幻有之有，「為末代有情根器漸鈍，聞說幻有，謂為定有」。通過證明事物的畢竟空，而證明了護法的有，如果沒有清辨對畢竟空的論證，不能達到護法的緣起幻有。為了成有而破有。護法所破的空，是後學所執著的對緣起性空之空理解為斷空的誤讀，「彼聞說緣生性空者，謂為斷無」。為了破除這種執著，而破空以存有，只有證得了解這種有，才能成就清辨的真空觀，為了成空而破空〔註141〕。

真空與妙有關係微妙，有極相違和極相順二種。極相違必相斥破；極相順則二者融為一。然如不相破，將無以相融：

> 妙有真空有二義故，一極相違義，謂互相害，全奪永盡；二極相順義，謂冥合一相，舉體全攝。若不相奪全盡，無以舉體全收，故極相違方極順也。〔註142〕

宗密指龍樹、無著相成；清辨、護法相破，目的都在和會：

> 龍樹、無著等，就極順門，故相成；清辨、護法等據極違門，故相破。
>
> 違順自在，成破無礙，即於諸法無不和會耳。〔註143〕

宗密在印度空有二宗的和會上，找到歷史證據，持之對照中國唯識、三論二宗的爭論，

> 哀哉！此方兩宗後學經論之者，相非相斥，不異仇讎，何時得證無生法忍！〔註144〕

指明教門二宗應相和會。接著說：

> 今頓漸禪者亦復如是。努力通鑒，勿偏局也。〔註145〕

宗密以印度空、有二宗相合，證中國依性說相與破相顯性二教相合，而依性說相教、破相顯性教又與息心修妄宗和泯絕無寄宗相配，故宗密最終目的在以教門的相融，證禪門的息妄修心與泯絕無寄二宗無礙，達成禪門內部的調和。故是引教明禪，以禪為宗的。

《禪源諸詮集都序》辨性宗與空宗之別：

> 故今廣辨空宗、性宗，有其十異：一法義真俗異，二心性二名異，三性字體異，四真智真知異，五有我無我異，六遮詮表詮異，七認名認體異，

〔註141〕此六行取自董群，《融合的佛教》（北京：宗教文化，2000.06），頁195。
〔註142〕《禪源諸詮集都序》，《大正藏》，第四八冊，頁403。
〔註143〕同上。
〔註144〕同上。
〔註145〕同上。

八二諦三諦異，九三性空有異，十佛德空有異。〔註146〕

《圓覺經大疏》分析性、相二宗之異：

> 一乘三乘別、一性五性別、唯心眞妄別、眞如隨緣凝然別、三性空有
> 即離別、生佛不增不減別、二諦空有即離別、四相一時前後別、能所斷證
> 即離別、佛身有爲無爲別。〔註147〕

宗密辨析性、相、空三宗的差異，是爲證明三宗並無矛盾：

> 細尋法義，便見三義全殊，一法無別。〔註148〕

宗密性、空、相之別，是以性宗爲基礎，辨其與相、空二宗的異同。這和他以顯示眞心即性教，全揀全收依性說相與破相顯性二教的立場相同。事實上，宗密和會三教與三宗，是以性、相、空三宗互不矛盾，相合於性宗，來增益顯示眞心即性教對依性說相與破相顯性的和會；再以三教合於顯示眞心即性教，印證三宗禪亦應相融，且和會於直顯心性宗。目的在融合北宗、保唐、宣什、石頭、洪州等禪門各宗於荷澤。進程是：

> 須先約三種佛教、證三宗禪心。〔註149〕

然後

> 如此，則自然聞泯絕無寄之說，知是破我執情；聞息妄修心之言，
> 知是斷我習氣。執情破而眞性顯，即泯絕是顯性之宗；習氣盡而佛道成，
> 即修心是成佛之行。頓漸空有，既無所乖，荷澤、江西、秀、能豈不相
> 契？〔註150〕

明白是以教正禪。

綜上，宗密禪教合一是以教作爲禪和會的工具，置禪於教上。

四、會通的方法分析

《禪源諸詮集都序》禪教會通說法爲：

> 雖分教相，亦勿滯情。三教三宗是一味法。故須先約三種佛教，證三
> 宗禪心，然後禪教雙忘，心佛俱寂。俱寂即念念皆佛，無一念而非佛心；
> 雙忘即句句皆禪，無一句而非禪教。如此則自然聞泯絕無寄之說，知是破

〔註146〕《大正藏》，第四八冊，頁408。
〔註147〕《圓覺經大疏》，《續藏經》，第十四冊，頁114。
〔註148〕同上。
〔註149〕《禪源諸詮集都序》，《大正藏》，第四八冊，頁407。
〔註150〕同上。

我執情；聞息妄修心之言，知是斷我習氣。執情破而眞性顯，即泯絕是顯
性之宗；習氣盡而佛道成，即修心是成佛之行。頓漸空有，既無所乖，荷
澤、江西、秀、能，豈不相契？若能如此通達，則爲他人説，無非妙方；
聞他人説，無非妙藥。藥之與病，只在執之與通。故先德云：執則字字瘡
疣，通則文文妙藥。通者，了三宗不相達也。〔註151〕

宗密先用三種教印證三宗禪，證明三教三宗彼此相應，消除學人對禪門與教門，此
宗與彼宗間的分別心，達到「禪教雙忘，心佛俱寂」的無念境界。至此，對無念之
心而言，無一念非佛心；對應機説法而言，「無一句而非禪教」。如此一來，禪與教
相會，禪門各宗損益互補，所有禪法、教法，皆是引導衆生成佛的妙法，自然沒有
南宗、北宗，荷澤、洪州各家之爭，此即會通的利益。若不知會通，局限於一宗一
法，對任何一宗一派都有害無益。

宗密會通禪教的具體方法，有三個層次：

（一）以真心爲會通原則

宗密的禪教會通將荷澤的空寂寂知、靈知不昧的一心，華嚴宗的眞心，與《圓
覺經》的圓覺妙心互相融合，以眞心爲最高會通原則。

禪三宗、教三種的分判，並非是同等對待的，宗密禪奉荷澤爲正統；教以華嚴
爲究竟，會通的最高層次（即第三層次）是荷澤與華嚴的會通，會通的基礎是「眞
心」。三禪三教的對應，亦以「眞心」爲指導原則，先立「顯示眞心即性教」與「直
顯心性宗」最高，再立其他二宗二教，依序安排它們和會於眞心下。

（二）辨明三宗三教的深淺優劣

宗密判攝禪三宗、教三種後，仔細説明各宗禪法、教法的內涵，順序由淺而深，
後教可破前教。例如：破相顯性教可論破依性説相教；顯示眞心即性教又可論破破
相顯性教，教法由淺而深，優劣易見。

（三）會通本末，相資和會

雖然後教可論破前教，但每宗每教各有擅長，都是「二利行門」，都有存在價值：

然上三宗中，復有遵教慢教，隨相毀相。拒外難之門戶。接外衆之善
巧，教弟子之儀軌，種種不同，皆是二利行門，各隨其便，亦無所失，但
所宗之理即不合有二，故須約佛和會也。〔註152〕

應相資相會，互補長短，彰顯其優點，消弭缺點於無形。最能表現三宗三教互相涵

〔註151〕同上。
〔註152〕《禪源諸詮集都序》，《大正藏》，第四八冊，頁403。

攝者，是「顯示眞心即性教」對前二教的全揀全收：

> 然此教（顯示眞心即性教）中，以一眞心性，對染淨諸法，全揀全
> 收。……全揀門攝前第二破相教；全收門，攝前第一說相教。將前望此，
> 此則迴異於前，將此攝前，前則全同於此，深必該淺，淺不至深。深者直
> 顯出眞心之體，方於中揀一切收一切也。如是收揀自在，性相無礙，方能
> 於一切法悉無所住，唯此名爲了義。〔註153〕

眞心即性教以眞心體用之眞空妙有，論破破相顯性教，又將其涵攝在內。依性說相
教亦同時收攝於內。

〔註153〕《禪源諸詮集都序》，《大正藏》，第四八冊，頁405。

第四章 《禪源諸詮集都序》的實踐哲學

第一節 頓漸內涵的分類

本章將論述《禪源諸詮集都序》的頓漸思想，並探討禪教合一理論下，宗密的實踐哲學。

宗密爲《禪源諸詮集都序》釋名：

> 禪是天竺之語，其云禪那……源者是一切眾生本覺眞性，亦名佛性、亦名心地。悟之名慧，修之名定，定慧通稱爲禪那。此性是禪之本源，故云禪源，亦名禪那。理行者，此之本源是禪理，忘情契之是禪行，故云理行。〔註1〕

「佛性」是禪的本源，也就是「禪理」，「忘情契之」的修行過程叫「禪行」，「悟之名慧」的「悟」是悟得禪理，也可說是悟得佛性，「修之名定」的「修」，不論解爲悟前的修行或悟後的修持，指的皆是修行的工夫，「悟」與「修」二者合起來才稱爲「禪那」。這裏約略可見宗密對「理」與「行」、「悟」和「修」同等重視。同樣摘自《禪源諸詮集都序》的下文，更顯出宗密理行並重、悟修並持的看法：

> 頓漸相間，理行相參。遞相解縛，自然心無所住。悟修之道既備，解行於是圓通。〔註2〕

「理行相參」加上頓漸互用，能達到去妄解執、「心無所住」的解脫境界。反之，欲達到「遞相解縛」、「心無所住」的解脫境界，「理行相參」、「頓漸相間」是可行之道。「悟修之道既備」的「悟修之道」指的即是「理行相參」、「頓漸相間」。所以宗密的

〔註1〕《大正藏》，第四八冊，頁399。
〔註2〕《大正藏》，第四八冊，頁412。

修行觀是「理行相參」、「頓漸互間」的「悟」、「修」之道。換言，宗密認爲理、行並重、頓漸互用、悟修並持，可「解行於圓通」。

將「理行並重」和「禪教合一」相較：禪理和經教皆由佛心出，內涵皆符於佛性；禪門特重修行，即行門，又稱禪行，故「理行並重」與「禪教合一」相符。

宗密將頓漸的內涵分成兩類：就「教」而言，有頓教和漸教兩種；就「人」而言，有漸修頓悟、頓修漸悟、漸修漸悟、頓悟漸修、頓悟頓修五種。茲分述如下：

一、就教而言

> 但以世尊說時，儀式不同，有稱理頓說，有隨機漸說，故復名頓教漸教。〔註3〕

佛陀說法時所採的方式不同，而有頓教和漸教的分別。「稱理頓說」是毫無遺漏地、完全說出佛法要旨。這種教說稱爲「頓教」。「隨機漸說」是佛依照聽法眾生的理解力及根機的深淺應機說法，是爲「漸教」。

（一）頓　教

頓教又包括逐機頓和化儀頓兩種。

1、逐機頓

> 逐機頓者，遇凡夫上根利智，直示眞法，聞即頓悟，全同佛果。如《華嚴》中「初發心時，即得阿耨菩提」；《圓覺經》中「觀行成時，即成佛道」。然始同前二教中行門，漸除凡習，漸顯聖德，如風激動大海，不能現像，風若頓息，則波浪漸停，影像漸顯也（風喻迷情，海喻心性，波喻煩惱，影喻功用，《起信論》中一一配合）。即《華嚴》一分，及《圓覺》、《佛頂》、《密嚴》、《勝鬘》、《如來藏》之類，二十餘部經是也。遇機即說，不定初後，與禪門第三直顯心性宗全相同也。〔註4〕

佛說法時，如果「遇凡夫上根利智」者，就直接頓說佛法法要，故稱「逐機」頓。「直示眞法」的「眞法」包括《華嚴經》的眾生只要一發心便成正等正覺，和《圓覺經》中眾生的觀和行得成就時，即成佛道等概念。除《華嚴經》和《圓覺經》以外，《大佛頂首華嚴經》、《密嚴經》、《勝鬘經》、《如來藏經》等二十餘部經皆屬於這一類。

眾生聽聞「眞法」，立即頓悟，和佛相同。但此時雖頓見眞心佛性，知性本清淨，原無煩惱，然積息尚存，迷情猶起，所以還要行如「息妄修心宗」和「泯絕無寄宗」

〔註3〕《禪源諸詮集都序》，《大正藏》，第四八冊，頁407。
〔註4〕同上。

的漸修行門，才能「漸除凡行，漸顯聖德」，眞正成就佛道。宗密認爲南宗禪法，包括荷澤神會都屬逐機頓，所以說「與禪門第三直顯心性宗完全相同也」。

2、化儀頓

謂佛初成道，爲宿世緣熟上根之流，一時頓說心相理事，眾生萬惑，菩薩萬行，賢聖地位，諸佛萬德。因該果海，初心即得菩提；果徹因源，位滿猶稱菩薩。此唯《華嚴》一經及《十地論》名爲圓頓教，餘皆不備〔註5〕。

化儀頓是佛初成佛道時，爲「宿世緣熟上根之流」，頓說「心相理事，眾生萬惑，菩薩萬行賢聖地位，諸佛萬德，因該果海，初心即得菩提；果徹因源，位滿猶稱菩薩」等性相、理事、因果之理，只有《華嚴經》、《十地論》可稱得上是這種最高的圓頓教，其餘的經典都不是。這裡可看出宗密將《華嚴經》的地位推到最高，和禪教合一論中定華嚴宗爲教的最高相符。宗密對這種頓悟的境界描述如下：

其中所說諸法是全一心之諸法，一心是全諸法之一心。性相圓融，一多自在。故諸佛與眾生交徹，淨土與穢土融通。法法皆彼此互收，塵塵悉包含世界，相入相即，無礙鎔融，具十玄門，重重無盡，名爲無障礙法界。〔註6〕

宗密對化儀頓的描述正是華嚴一即一切、一切即一，理事圓融，事事無礙的法界觀。冉雲華的說法甚是：

從這些描寫中觀察，他（宗密）所說的這些，正是華嚴哲學中的最高眞理，包容一切而又能超越一切。能有所分別，卻又能融通及超越那些分別。它與荷澤所說的禪法不同。這種禪法中的頓悟是一種圓融無礙的智慧和行爲，也就是「絕對眞心」的全部狀態。〔註7〕

宗密認爲化儀頓是頓悟的最高境界，它超越逐機頓，且包含逐機頓。《禪源諸詮集都序》說：「其化儀頓，即總攝三般」〔註8〕。「三般」指的是第一密意依性說相教、第二密意破相顯性教及包含逐機頓的第三顯示眞心即性教。由此可見化儀頓實包含了所有的漸教和頓教。

（二）漸 教

漸者爲中下根即時未能信悟圓覺妙理者，且說前人天小乘，乃至法相

〔註5〕同上。
〔註6〕同上。
〔註7〕冉雲華，《宗密》（台北：東大，1988.05），頁190。
〔註8〕《禪源諸詮集都序》，《大正藏》，第四八冊，頁407。

（上皆第一教也）、破相（第二教也）。待其根器成熟，方爲說於了義，即
《法華》、《涅槃》等經是也。〔註9〕

漸教是佛陀爲中下根機之人的隨機淺說。對「未能信悟圓覺妙理者」說人天教、
小乘教、大乘法相教等第一密意依性說相教，及大乘破相教之第二密意破相顯性教
等不了義教。等到他們「根器成熟」，再爲他們說《法華經》、《涅槃經》等了義教。

二、就人而言

這是從受法者的角度看頓漸的問題。宗密的頓漸論主要探討的就是這一部份。
宗密從人的根機和修悟上探討頓漸問題，將頓漸分成漸修頓悟、頓修漸悟、漸修漸
悟、頓悟漸修、頓悟頓修五種，並深入闡述自己所持的頓悟漸修觀點。《禪源諸詮集
都序》對頓漸分類的記載有二：

> 謂諸經論，及諸禪門，或云先因漸修功成，豁然頓悟；或云先須頓悟，
> 方可漸修；或云由頓修故漸悟；或云悟修皆漸；或云皆頓；或云法無頓漸，
> 頓漸在機。〔註10〕

及

> 若就機約悟修說者，意又不同。如前所敘諸家有云，先因漸修功成，
> 而豁然頓悟……有云因頓修而漸悟……有云因漸修而慚悟等著，皆說證悟
> 也。……有云先須頓悟，方可漸修者，此約解悟也。……有云頓悟頓修
> 者，……有云法無頓漸，頓漸在機者……。〔註11〕

第一則引文中的「悟修皆漸」和第二則引文中的「因漸修而漸悟」相同，「皆頓」
和「頓悟頓修」相同，故這二處的記載實則如一。分析宗密頓漸悟修的分類前，
宜先了解宗密對「悟」的理解。《禪源諸詮集都序》將「悟」分成兩種：一是解悟，
一是證悟。

> 若因悟而修，即是解悟；若因修而悟，即是證悟。〔註12〕

解悟是先悟入佛性，再依悟而修，強調的是對悟的理解；證悟是經過修行的歷程後
得悟，是先修而悟，強調的是修行的經驗、對悟的證驗。

宗密頓漸悟修的五種分類：

（一）漸修頓悟

〔註 9〕同上。
〔註10〕《大正藏》，第四八冊，頁 402。
〔註11〕《大正藏》，第四八冊，頁 407～408。
〔註12〕《大正藏》，第四八冊，頁 407。

　　這屬於因修而悟的證悟類型，強調通過層層修行，漸次達到覺悟的境地，講究的是先修行後開悟的漸修工夫。《禪源諸詮集都序》用兩個譬喻說明漸修到頓悟的過程：

> 猶如伐木，片片漸斫，一時頓倒。亦如遠詣都城，步步漸行，一日頓到也。

「片片漸斫」、「步步漸行」都是漸修的歷程。「一時頓倒」比喻經過漸修的工夫後，頓時煩惱斷盡。「一日頓到」比喻經過漸修後，一時證悟。二者皆是漸修後瞬間的開悟。《圓覺經大疏鈔》宗密另提兩點，對漸修頓悟的闡述更為深入、周全：

> 初言漸修頓悟者，此有二意：一者即前解悟之漸修，修極故證；二則從初便漸，如諸聲聞因四十年漸，前修三乘教行。故靈山會中，聞《法華經》，疑綱頓斷，心安如海，受記成佛。〔註13〕

第一點把悟、修當成一個不斷翻升的歷程，前面的悟是修行的依據，修後得更深的悟，依此悟再修。修行者的認識和修持會不斷地深化，從一個較淺的悟修層面提升到較高的悟修層面，等到修行到了極致，就完全開悟了。所以，悟—修—悟—修—悟……是持續翻升的歷程。前一個悟是解悟，為修行的根據，依此而修，得證悟後即成另一更高層次的解悟，依之而修，再得證，又翻入更高一層。這「前解悟之漸修、修極故證」正是傳統佛教修行理論之所據。漸修頓悟取悟—修—悟不斷循環進行中的後二個階段為代表。第二點宗密採小乘的說法，將佛陀四十年傳教歷程，說成「漸修」的過程。「前修三乘教行」指六度波羅密—布施、持戒、忍辱、精進、禪定、智慧的修持，羅漢四果位—須陀洹果、斯陀洹果、阿那含果、阿羅漢果乃至菩薩十地果位的證入，都是漸修的歷程，直至靈山會，聽聞《法華經》，才「疑綱頓斷，心安如海」頓悟成佛。故佛陀的成佛乃是「漸修而頓悟」，吾人依佛教化而修，亦為「漸修而頓悟」。

　　以上兩點都指出了漸修頓悟主張中先漸修後頓悟的特質。

（二）頓修漸悟

　　頓修漸悟是頓時發心修行而漸漸覺悟的悟修方式，也是先修後悟的證悟類型。宗密舉射箭為例：

> 如人學射，頓者箭箭直注意在中的，漸者日久方始漸親漸中。此說運心頓修，不言功行頓畢。〔註14〕

學射者一開始就設定了目標，然功力不足，無法一箭中的，經過緩慢的學射歷程，慢

〔註13〕《續藏經》，第十四冊，頁280。
〔註14〕《禪源諸詮集都序》，《大正藏》，第四八冊，頁407。

慢地接近標的，最後終能射中標的。一開始就立定目標決心射中，使「箭箭直注意在中的」就是頓修，但修行者資質有限，無法立即頓悟，要經過長期的練習，就是漸悟。

頓修是說修行者一旦理解了圓頓教的道理，立即發心修行，即刻斷除種種煩惱。因其在一念間發心修行，斷盡諸緣、煩惱，所以頓修可說是「無修之修」，並無具體修行過程。然頓修後，卻因根機太鈍，不能一時頓悟，只好一步一步地慢慢悟入，這覺悟過程是漸進的，故爲漸悟。宗密《圓覺經大疏鈔》說明爲：

> 故漸悟者，謂雖聞圓教、信圓法，而根性遲鈍，不得頓悟。雖不得頓悟，而樂欲情殷，深宗頓理，頓發大心，頓絕諸緣，頓伏煩惱。由此加行，漸漸得悟。悟即是證，不唯會解。〔註15〕

至於頓修漸悟中的漸悟過程，是否也伴隨著漸修？若無漸修，那麼設立目標、決心中的後何需練習？宗密的解釋是「此說運心頓修，不言功行頓畢」〔註16〕。他認爲漸悟前的頓修，它起的「設立目標，決心完成」的作用，一直存在整個漸悟的歷程中，支持著漸悟，對漸悟有很大的影響力。所以頓修並非「功行頓畢」，它的作用是一直延續下來的。射箭者的持續練習，來自之前的「發心中的」此一決心，是「發心」的延續，故仍是頓修，非漸修。

（三）漸修漸悟

漸修漸悟和漸修頓悟很接近，兩者皆是證悟。不同在漸修頓悟講求經過漸進修行而終於開悟的境界。強調漸修到「悟」的臨界點時，一時悟入佛性。然而漸修漸悟講的卻是經過漸進的修行而逐漸開悟，強調在漸修過程中，一點一滴逐漸悟入。至於爲何要強調逐漸開悟的漸悟，而非頓悟呢？宗密《圓覺經大疏鈔》：

> 謂信本性圓滿，而猶計有業惑障覆，故勤拂鏡塵，漸悟心性，如注所引喻也。足履喻修行，所鑒喻證悟也。〔註17〕

宗密認爲有一種人雖然也相信自己具眞心佛性，且圓滿具足，與佛無異。但由於業障太深厚，障蔽眞性，使佛性不顯，雖經過漸修的工夫，但仍無法頓悟自心佛性，須得在「勤拂鏡塵」中「漸悟心性」。「如注所引喻也」所提及「注」中的譬喻，和《禪源諸詮集都序》的舉例相同：

> 如登九層之台，足履漸高，所見漸遠。故有人云：「欲窮千里目，更上一層樓」。〔註18〕

〔註15〕《續藏經》，第十四冊，頁280。
〔註16〕《禪源諸詮集都序》，《大正藏》，第四八冊，頁407。
〔註17〕《續藏經》，第十四冊，頁280。
〔註18〕《大正藏》，第四八冊，頁407。

「足履喻修行」，將「足履」比喻成漸修，「足履漸高」，修行日深。「所鑒喻證悟」是把「所見（鑑）漸遠」的漸見漸遠，比喻成漸悟。所以「漸修漸悟」的修行歷程，正如「欲窮千里目，更上一層樓」登高、望遠的關係。

　　宗密認為漸修漸悟和頓修漸悟的區別，在後者一開始即「頓發大心，頓絕諸緣，頓伏煩惱」，這「頓發大心」是漸修漸悟所沒有的。再者漸修漸悟講究漸進的修行工夫，頓修漸悟則是無修之修，只講漸悟，沒有修行。

　　「勤拂鏡塵，漸悟心性」和北宗神秀的禪法很接近，尤其「勤拂鏡塵」和神秀名偈

> 身是菩提樹，
>
> 心如明鏡臺。
>
> 時時勤拂拭，
>
> 莫使惹塵埃。〔註19〕

意思相似，故「勤拂鏡塵，漸悟心性」的漸悟漸修指的應是北宗神秀的禪法無誤。但宗密在《圓覺經大疏鈔》討論漸修頓悟，曾說「北宗漸門之教，意見如此」〔註20〕，將北宗神秀的禪法歸於漸修頓悟。至於何者才屬漸修漸悟一門，《禪藏》已佚，無從確認。冉雲華的說法是：

> 或許北宗後期的禪者們，有人更保守一點，主張「悟修皆漸」。〔註21〕

冉推測漸修漸悟此門指的是北宗後學，應是可以接受的。筆者以為宗密強調北宗為「漸門」，至於是漸修頓悟或漸修漸悟並無強制分類的必要。自神秀傳法至宗密《禪藏》，時間已遠，禪法因時、因人或有不同闡釋、發展是必然的，何況禪宗一向主張因病施藥，受法者的根機不同，或為漸修頓悟、或為漸修漸悟，二者並存於北宗禪法內是可能的。

（四）頓悟漸修

　　頓悟漸修是先悟後修，屬於解悟。主張頓悟之後雖已頓具本性，但尚需次第修行，以去積習。《禪源諸詮集都序》有兩個譬喻：

> 約斷障說，如日頓出，霜露漸消。約成德說，如孩子生，即頓具四肢
>
> 六根，長即漸成志氣功業。〔註22〕

一個用日光頓出，霜露漸漸消溶，說「斷障」。另一個用孩子一出生，就具四肢六根，

〔註19〕《六祖壇經》，《大正藏》，第四八冊，頁337。

〔註20〕《續藏經》，第十四冊，頁280。

〔註21〕冉雲華，《宗密》（台北：東大，1988.05），頁183。

〔註22〕《大正藏》，第四八冊，頁407。

長大後才漸漸成就志氣和功業，說「成德」。二者都先「頓」後「漸」成其功。宗密用此二例比喻悟修，應先頓見本性，再慢慢修行。再以《華嚴經》證明先頓悟後漸修的必要：

> 故《華嚴》說：「初發心時即成正覺。」然後三賢十聖，次第修證。〔註23〕

發心要成佛時，就已成了正覺，再按部就班修證三賢、十聖，以成佛果。這強調「先頓悟」，再依悟而修的重要，「若未悟而修、非眞修也」，應是針對當時只有「漸門」而無頓悟的北宗諸派發的，他認爲未先頓悟眞心佛性的修行，是盲目的修行，爲「非眞修也」，因爲「何有修眞之行不從眞起」？所以要先悟入眞心佛性，以此爲指導原則修行，否則「雖多劫修六度行，畢竟不能證眞也」〔註24〕。《禪源諸詮集都序》和《禪門師資承襲圖》都能見出宗密視頓悟漸修爲最圓滿的悟修方式。但一般人卻對它充滿懷疑，認爲頓悟和漸修互相違反，應是矛盾的：

> 既頓悟性德本具，煩惱本無，即不應更修；既假修之積，漸斷惑成德，
> 即不名頓悟。〔註25〕

宗密爲證明頓悟和漸修二者並不相違反，特別提出數個譬喻加以澄清：

> 欲絕疑者，豈不見日光頓出，霜露漸消；孩子頓生（四肢六根即具），
> 志氣漸立（肌膚人物業藝漸成也）：猛風頓息，波浪漸停；明良頓成，禮
> 樂漸學（如高貴子孫，於小時亂，沒落爲奴，生來自不知貴。時清，父母
> 訪得，當日全身是貴人，而行跡去就，不可頓改，故須漸學）。〔註26〕

「日光頓出，霜露漸消」和「孩子頓生，志氣漸立」的比擬，前面已談過。「猛風頓息，波浪漸停」以大海比喻心性，猛風喻煩惱障礙，波浪喻細微迷情。頓悟後，知自性本淨，煩惱本空，就像海上猛風頓息，但細微迷惑仍存，迷情起時仍會遮蔽自性的清淨使功德不顯，正如大浪已止，但小波浪仍見。此時要去迷情以顯心性，就像使海上「波浪漸停」。這「波浪漸停」去除迷惑的工夫就是漸修。「明良頓成，禮樂漸學」，宗密用貴族子弟，自幼走失，成爲奴隸，重新被找回爲例，重新找到那天，他就成了貴族了，就像頓悟自性，知自性清淨，具一切功德，但是舉止行爲無法一時改變，須得漸漸學習。「禮樂漸學」就是頓悟後的漸修。故頓悟和漸修並未互相違反。頓悟後的漸修是解悟後的修證。以頓悟所得指導修行，再用修行親證頓悟所得之理。頓悟漸修是先解悟、再證悟，解證兼備的悟修類型，故宗密視之爲最圓滿的

〔註23〕《禪源諸詮集都序》，《大正藏》，第四八冊，頁407。

〔註24〕，同上。

〔註25〕《圓覺經大疏鈔》，《續藏經》，第十四冊，頁233。

〔註26〕《禪源諸詮集都序》，《大正藏》，第四八冊，頁408。

修行方式。

（五）頓悟頓修

宗密對頓悟頓修描述為：

> 頓悟頓修者，此說上上智根性，樂欲俱勝（根勝故悟，欲勝故修），一聞千悟，得大總持。一念不生，前後際斷。〔註27〕

具上上利根者，只聽聞一法就頓悟全部佛法妙理，「一聞千悟，得大總持」，從而「一念不生，前後際斷」，悟入涅槃。憑著「上上智根性」，聽聞妙法，即頓時開悟，中間沒有經過漸次提升的漸修或漸悟的過程，行的是無修之修，故稱頓修。

《禪源諸詮集都序》以「斬絲染絲」為喻：

> 斷障如斬一綟絲，萬條頓斷。修德如染一綟絲，萬條頓色。〔註28〕

同樣的譬喻亦見於《圓覺經大疏鈔》，解釋更深入：

> 初標頓悟頓修，以斬染綟絲為喻者，斬如頓悟。頓悟煩惱本無，即名為斷。如一綟之絲，不勝一劍而頓斷故。染如頓修：頓稱性上恆沙功德，念念無間。而修如染一綟之絲，千條萬條，一時成色。〔註29〕

宗密以「斬絲」比喻頓悟，一個人如果了解煩惱原是因緣所生，並無自性，知其為無物、為虛妄，則一時煩惱頓消，豁然開朗。這頓悟正如斬絲，一刀斬下，煩惱「萬條頓斷」。頓修則用「染絲」比擬，一個人如頓悟了「煩惱本空」，則知因煩惱而起的作用也是空，見一切自性皆為「不生不滅，不垢不淨，不增不減」，就連修行的必要也沒有了。因在悟入的同時就已修行完成，是無修之修，所以稱頓修。就像染絲，一染則「萬條頓色」，同時完成，不需一條一條分別上色，這「染」的動作就是頓修。宗密的老師澄觀和荷澤神會都主張頓悟頓修。

荷澤神會《神會和尚遺集》中的頓悟思想，同樣以「斬絲染絲」為喻。宗密《禪源諸詮集都序》也引神會的觀點解釋頓悟頓修：

> 荷澤云：「見無念體，不逐物生。」又云：「一念與本性相應，便具河沙功德，八萬四千波羅蜜門，一時齊用也。」〔註30〕

「一念與本性相應」是一念悟入真心佛性，即「頓悟」。悟入的同時，「便具河沙功德」，修行即已完成，「八萬四千波羅密門」全部發揮作用。

宗密《圓覺經大疏鈔》「斬絲染絲」例後，接著道：

〔註27〕《禪源諸詮集都序》，《大正藏》，第四八冊，頁407。
〔註28〕同上。
〔註29〕《續藏經》，第十四冊，頁280。
〔註30〕《大正藏》，第四八冊，頁407。

　　故清涼大師《心要》云：心心作佛，無一心而非佛心。處處成道，無
　　一國而非佛國。〔註31〕

一心頓悟佛性，則心心即佛，「無一心而非佛心」，頓悟後旋即頓修功德圓滿，於是
「處處成道，無一國而非佛國」。由此知，澄觀《心要》講的實是頓悟頓修。再者，
宗密將澄觀此言放在說明頓悟頓修的例子後，明顯可見宗密認爲澄觀的心學主張是
頓悟頓修一門。此外，澄觀《華嚴經行願品疏》卷二將頓悟頓修分成三類：

　　若云頓悟頓修，此通三義。若先悟後修，謂廓然頓了，名之爲悟，不
　　看不證不收不攝，曠然合道，名之爲修。此則解悟，此定爲門，亦猶不拂
　　不瑩而鏡自明。若云先修後悟，謂依前而修，忽見心性，名之爲悟，此爲
　　證悟，則修如服藥，悟如病除。若云修悟一時，謂無心忘照，任運寂知，
　　則定慧雙運，如明鏡無心頓照萬像。則悟道解證。〔註32〕

宗密《禪源諸詮集都序》只將頓悟頓修簡單分成頓悟頓修和頓修頓悟兩類。

　　有云頓悟頓修者……，此門有二意，若因悟而修，即是解悟；若因修
　　而悟，即是證悟。〔註33〕

《禪門師資承襲圖》的分類和《禪源諸詮集都序》相同，但《圓覺經大疏》和《圓
覺經大疏鈔》則進一步細分爲頓悟頓修、頓修頓悟、悟修一時三種，並分別加以說
明，指出荷澤屬悟修一時一類。

　　《圓覺經大疏鈔》卷三下

　　疏謂先悟後修等者，初對也。如注所釋，謂由頓了身心塵境皆空故，
　　不著諸相，不證心性。心性本不動故。又由頓了恆沙功德皆備故，念念與
　　之相應，名爲合道，由悟於先，故當解也。疏先修後悟等者，次對也。謂
　　頓由絕諸緣等云云。故得心地豁開，以根欲俱勝故，不同前頓修漸悟也。
　　注以修如服藥者，一服頓契也。悟如病除者。熱病得汗，四肢百節一時輕
　　清也。不敢漸漸平復之意，以悟在修後。故當於證。然此證解前無二相。
　　疏修悟一時者，後對也。謂以無相爲修，分明爲悟，悟即慧也、用也，修
　　即定也、體也。荷澤云，即體而用自知等，注中取意，引《心要》也。具
　　云：無心於忘照則萬累都捐，任運以寂知則眾行接取。今但各取上句故，
　　一喻悟，一喻修，若全用後二句，自有修悟，謂上句悟，下句修也。《心
　　要》義云：一念不生，前後際斷，照體獨立物我皆如。荷澤云，一切善惡

─────────────

〔註31〕《續藏經》，第十四冊，頁280。
〔註32〕《續藏經》，第七冊，頁252。
〔註33〕《大正藏》，第四八冊，頁407。

都不思量，言下自絕念相，正無念想，心已而知。〔註34〕

《圓覺經大疏》卷上之二

若云頓悟頓修，則通三義：謂先悟（頓然頓了）後修（不著不證、曠然合道）為解悟；先修（服藥）後悟（病除）為證悟；修（無忘心照）悟（任寂運寂知）一時，即通解證。〔註35〕

比較澄觀《華嚴經行願品疏》和宗密《圓覺經大疏鈔》的引文，可得《圓覺經大疏》對「頓悟頓修」的三種分類，完全取自《華嚴經行願品疏》，注釋文字亦來自《華嚴經行願品疏》。《圓覺經大疏鈔》對《圓覺經大疏》進一步闡述，意涵仍不出於《華嚴經行願品疏》，但釋義更深入，舉例更具體。筆者據此分析宗密「頓悟頓修」的三種類型：

1、頓悟頓修

因悟而修的頓悟頓修，屬於先悟後修的解悟。因為頓悟「身心塵境皆空」，而悟入心性，頓了此心「恆沙功德皆備」，一切具足，只要「念念與之相應」，不必再行修證。澄觀所謂「不看、不證、不收、不攝」與「不拂不瑩」就是指不必漸修。只要念念與悟入的自性相應，則「鏡自明」。這念念與自性相應就是頓修。

2、頓修頓悟

因修而悟的頓修頓悟，屬於先修後悟的證悟。依前而修，忽頓入心性，「頓由絕諸緣」，得「心地豁開」。就如服藥而一時病除。服藥是頓修，病除是頓悟。宗密特別指出「頓修頓悟」和「頓修漸悟」的差別，在「頓修頓悟」是「根欲俱勝」的人發心頓修，立即能頓悟。而「頓修漸悟」，只是「樂欲情殷」，一時發心頓修，絕了諸緣，但卻根機不佳，不能一時頓悟，故漸悟而成。二者的差別在於修行者的根機。

3、修悟一時

澄觀對修悟一時的說明是「無心忘照，任運寂知，則定慧雙運，如明鏡無心頓照萬像，則悟道解證」，宗密《圓覺經大疏》用澄觀的說法，指「無心忘照」為修，「任運寂知」為悟。《圓覺大疏鈔》則用定慧的角度解釋悟修一時：「無相為修，分明為悟。悟即慧也、定也，修即定也、體也。」定慧是合一的，同時完成的，悟修也如是，荷澤禪：「即體而用自知」即是。宗密接著對「修悟一時」作更深入地說明：「無心於忘照，則萬累都捐，任運以寂知，則眾行援取。」再舉荷澤禪法為證：「一切善惡都不思量，言下自絕念相，正無念想，心已自知。」宗密以南宗定慧一時、

〔註34〕《續藏經》，第十四冊，頁280～281。
〔註35〕《續藏經》，第十四冊，頁190。

定慧合一觀點來解修悟一時，舉的例證都是荷澤禪法，可見宗密的修悟一時指的就是南宗的荷澤禪法。

除了宗密直接指出的荷澤是「修悟一時」一類，洪州「觸類是道而任心」，悟入了「觸類是道」的佛性來行「任運而修」，是頓悟頓修；牛頭宗「本無事而忘情」，頓悟了「本無事」的空，以「忘情」為修，也是頓悟頓修。所以大致而言，南宗禪法的悟修型態都是頓悟頓修。

但宗密強調荷澤禪法修悟一時，「亦通解證」，解悟證悟兼備，可見宗密視荷澤禪法優於其他禪法。

以上將牛頭宗歸入頓悟頓修一門，是依據《禪源諸詮集都序》卷三：

> 且就事跡而言之，如牛頭融大師之類也。〔註36〕

但宗密同在《禪源諸詮集都序》一書中討論息心修妄宗時，卻說「牛頭、天台、惠稠、求那等」和北宗神秀的漸修「進趣方便，跡即大同」〔註37〕。討論泯絕無寄宗時，也說：

> 石頭、牛頭，下至徑山皆示此理。便令心行與此相應，不令滯情於一
> 法上。日久功至，塵習自亡，則於怨親若樂一切無礙。〔註38〕

似乎將牛頭禪法列入「漸門」。事實上，就理論而言，牛頭宗的「本無事而忘情」是悟入我法皆空後，令心行與此「空性」相應，「不令滯情於一法上」，應是頓悟頓修。宗密說它有「漸門」，是著重在頓悟頓修後的「日久功至，塵習自亡」上。筆者認為宗密分析牛頭禪法時表現出來的複雜性，是基於會通各宗禪法的立場而來的。因為如果將悟修的時間延長來看，牛頭的頓悟頓修後的「日久功至，塵習自亡」就是漸門。荷澤修悟一時後的「停風息波」即是漸修。這二都是解悟後的修證，是宗密所強調的。如將時間再延長到前幾世，所有的頓都是前世漸修或漸悟而來的。宗密就是以此方法來會通各家的悟修主張。

第二節　宗密的頓悟漸修主張

一、宗密頓悟漸修思想與神會的頓悟、漸修

宗密認為頓悟漸修是最圓滿的悟修方法。他判攝禪門各宗禪法有兩個依據，其

〔註36〕《大正藏》，第四八冊，頁 408。
〔註37〕《大正藏》，第四八冊，頁 402。
〔註38〕同上。

一以心的不變、隨緣二義判攝各宗禪法的優劣，其二用頓悟漸修評論各宗修行方法的得失。他據此判出荷澤禪法爲諸宗之優勝。

此處將論第二個判攝依據頓悟漸修。宗密認爲洪州講「任運爲修」只有頓悟、不知漸修。牛頭「本無事而忘情」，雖有漸門，但只知空不知有，是「於頓悟門而半了」，不是眞的頓悟。北宗只知漸修，沒有頓悟，缺乏修行依據。只有荷澤的頓悟漸修門有頓有漸，是最完整的修行方式。荷澤宗也因持頓悟漸修，而成爲最殊勝的禪法。

然而荷澤宗所持是否眞爲頓悟漸修呢？探究神會自身的言論及著作是最根本的方法。以下由此著手進行討論。

（一）神會的頓悟與漸修

神會的著作中，關於頓悟思想的記載，大致有以下三處：

1、《南陽和上頓教解脫禪門直了性壇語》

> 知識，若學般若波羅蜜，需廣讀大乘經典。見諸教禪者，不許頓悟，要須方便始悟，此是大下品之見。明鏡可以鑒容，大乘經可以正心。第一莫疑，依佛語，當淨三業，方能入得大乘。此頓門一依如來說，修行必不相悟。勤作功夫，有疑者來相問，好去。〔註39〕

這是《壇語》的最後一段。他先提醒修習佛法之人要「廣讀大乘經典」，再批評當時一些禪師「不許頓悟，要須方便始悟」，是「大下品之見」。這應是批評北宗禪師們不由頓悟求解脫，反而另循方便的漸修之途，是捨近求遠的下品之見。神會明白指出頓悟一門方是「依如來說」的正法，是上乘的修行法門。由此可見神會以爲頓悟是最佳的修行方式。

2、《南陽和尚問答雜徵義》

> 問：禪師今教眾生，唯令眾生。何故不從小乘而引漸修。未有昇九層之臺，不由階漸而登者也。答曰：只恐畏所登者，不是九層之臺。恐畏漫登者土墩胡塚。若是實九層之臺，此即頓悟義也。今於頓中而立漸者，即如登九層之臺也。要藉階漸，終不向頓中而立漸義。事須理智兼釋，謂之頓悟。並不由階漸，自然是頓悟義。自心從本已來空寂者，是頓悟。即心無所得者爲頓悟。即心是道爲頓悟。即心無所住爲頓悟。存法悟心，心無所得，是頓悟。知一切法是一切法，爲頓悟。聞說空不著空，即不取不空，是頓悟。聞說我不著我，即不取無我，是頓悟。不捨

〔註39〕鄧文寬、榮新江，《敦博本禪集錄校》（江蘇：古籍，1998），頁181～183。

生死而入涅槃，是頓悟。〔註40〕

神會回答志德「何故不從小乘而引漸修」之問，說明頓悟的意涵有「理智兼釋」、「不由階漸」、「自心從本已來空寂」、「即心無所得」、「即心是道」、「即心無所住」、「存法悟心，心無所得」、「知一切法是一切法」、「聞說空不著空，即不取不空」、「聞說我不著我，即不取無我」、「不捨生死而入涅槃」等等。可簡單歸納成「不由階漸」、「即心是道」、「不取不著」、「知一切法是一切法」，這是就頓悟的實踐層面而言。「不捨生死而入涅槃」則揭示此頓悟係大乘之頓悟，煩惱即菩提、生死即涅槃，非小乘此岸彼岸之跨越。

由神會對頓悟內涵的論析，可了解神會對大乘「頓悟」極為重視，非小乘「漸修」可及。

3、《菩提達摩南宗定是非論》

遠法師問：未審能禪師與秀禪師是同學不？答：是。又問：既是同學，教人同不同？答言：不同。又問：既是同學，何故不同？答：今言不同者，為秀禪師教人「凝心入定，住心看淨，起心外照，攝心內證」，緣此不同。遠法師問：何故能禪師不「凝心入定，住心看淨，起心外照，攝心內證」？何者是能禪師行處？和上答：此是調伏心。遠法師問：應不凝心入定，不住心看淨，不起心外照，不攝心內證？和上答：此是愚人法。離此調伏不調伏二法，即是能禪師行處。是故經文「心不住內，亦不在外，是為宴坐。如此坐者，佛即印可。」從上六代已來，皆無有一人「凝心入定，住心看淨，起心外照，攝心內證」，是以不同。遠法師問：能禪師已後有傳授人不？答：有。又問：傳授者是誰？和上答：已後應自知。遠法師問：如此教門，豈非是佛法，何故不許？和上答：皆為頓漸不同，所以不許。我六代大師，一一皆言「單刀直入，直了見性」，不言階漸。夫學道者須頓見佛性，漸修因緣，不離是生，而得解脫。譬如其母，頓生其子，與乳，漸漸養育，其子智慧，自然增長。頓悟見佛性者，亦復如是。智慧自然，漸漸增長。所以不許。〔註41〕

至此，神會的悟修主張是單刀直入，「直了見性、不言階漸」的頓悟是確定了。然而宗密指荷澤為頓悟漸修，並以此指荷澤宗為禪門修行方法之最，持之批判、進而融合各宗，所據的應是以下的部份：

〔註40〕《禪思想史研究》（東京都：岩波書店，1968），第三冊，頁249。
〔註41〕鄧文寬、榮新江，《敦博本禪集錄校》（江蘇：古籍，1998），頁41～44。以上神會的頓悟思想參考自許民憲，《神會思想研究》（政大哲研所碩論，2002.06），頁63～65。

夫學與乳，漸漸養育，其子智慧，自然增長。頓悟見佛性者，亦復如
是。智慧自然，漸漸增長。所以不許。〔註42〕

神會之所以說修習者「頓見佛性」後，還要「漸修因緣」，是因為既然要「不離是生，
而得解脫」，那麼在此生頓悟後，生命還持續著，頓悟者接下來要如何自處的問題就
要繼續探討下去，所以神會說頓悟後還要漸修來使智慧自然增長。他舉一例說明頓
悟就像母頓生其子，後「漸漸養育，其子智慧，自然增長」，就猶如漸修因緣，使人
智慧漸漸增長。仔細觀之，神會的觀點應是在頓悟之前，堅持「不言階漸」，但是頓
悟之後，並不反對以漸修增長智慧。要注意的是神會對頓悟漸修的敘述很簡短，也
未明白指出頓悟後漸修的必然性。然而宗密卻據此將神會修行方法指為頓悟漸修，
並大加發揚。胡適在《神會和尚遺集》，指責宗密頓悟漸修是「南宗革命」後的調和
論，為達到調和各宗的目地，宗密不得不曲解神會原意，將神會原持的頓悟思想曲
解為頓悟漸修。〔註43〕

宗密的確主張調和各宗，也強調頓悟漸修，更曾將神會思想理解為頓悟漸修，
並以之融合各宗。但「不惜曲解」〔註44〕神會主張，此言太過武斷，值得商榷。冉
雲華認為宗密並非不理解神會原意，而是他眼光更遠，知道神會的頓悟頓修是針對
根機上者而立，一般修習者如果濫用，後果將十分嚴重。故宗密提倡適宜大眾修行
的頓悟漸修，以避此險。冉雲華說：

但是要說宗密「不惜曲解神會的主張」，未免結論下得太早了一些。
宗密自然理解神會的主張，但是他還看到一旦「頓悟頓修」被人濫用，就
會有什麼嚴重的後果。何況宗密的佛學知識和思想特點，都比神會更學術
化一點。崇敬神會並不必要完全照抄神會的話。……談到荷澤一派的理論
和修道方法時，仍然承認它是「修行妙門，唯在此也！」宗密的佛學立場，
有一點超越神會的教義，那就是他是理行並重，禪教融合。在宗密的眼光
中，所有的禪者都是實踐家，在教理方面所下的功夫不多；他自己的貢獻
就是要為習禪者找出一些經典和理論根據，也為一些專通教義的人士，找
到教義所說的具體實踐辦法。〔註45〕

除了頓悟頓修可能被濫用的危險外，宗密師承背景豐富：荷澤宗道圓重禪法；華嚴
宗澄觀重義理經教，宗密的佛學知識和思想的確高於神會。冉所言宗密的理行並重、

〔註42〕同上。
〔註43〕胡適，《神會和尚遺集》（台北：胡適記念館，1982），頁34～60。
〔註44〕同上。
〔註45〕冉雲華，《宗密》（台北：東大，1988.05），頁186。

禪教融合立場是超越神會的，況且宗密「要爲習禪者找出一些經典和理論根據，也爲一些專通教義的人士，找到教義所說的具體實踐辦法」。這些都是宗密避頓悟頓修而倡頓悟漸修的理由。

回到胡適指責宗密曲解神會主張的問題上。許民憲《神會思想研究－兼論圭峰宗密對荷澤宗的記述與判攝》碩論，反對胡的說法，認爲神會、宗密都主張頓悟漸修。宗密的理論更完足，補充了神會的不足。而宗密「調和論」也來自神會，他認爲神會已持「調和論」，只是在南北宗激烈爭戰中模糊了焦點。他說：

> 或許神會對於頓悟漸修之說有其完整的說法，然不見於現今可供參考的文獻之中，也或許神會的頓悟漸修之說有其他的思想源頭。總之，宗密對於荷澤頓悟漸修之說的記述與神會之說法相較，並無過於歧異之處，甚至可說是極爲近似，而且宗密對於頓悟漸修之說的詳細論述亦可增補神會頓悟漸修之說的簡略不足之處。另一方面，以胡適所說的「調和論」此一角度來看的話，在神會的思想中已可見到調和南北宗思想歧異的端緒，然此調和之傾向在定南宗爲是，以北宗爲非的激烈論爭中，遠離了目光的焦點。〔註46〕

筆者不贊成許民憲的說法。首先，宗密頓悟漸修雖來自於神會，但「宗密對於荷澤頓悟漸修之說的記述與神會之說法相較，並無過於歧異之處，甚至可說是極爲相近」，此說只見宗密頓悟漸修的來源與記述，並未對其理論根據及內涵加以深究。再者，只以神會《菩提達摩南宗定是非論》「夫學道者須頓見佛性，漸修因緣，不離是生，而得解脫」及「母頓生其子」的譬喻，即認定神會主張頓悟漸修，太過武斷。此外，據此言神會思想已具調和各宗的端緒，證據亦嫌不足，因爲現存有關神會思想的書籍中，皆只見神會持南宗「頓悟」力拒北宗「漸門」，堅持南宗爲禪正門正統的論調，未有其他言論證明神會有調和南北宗思想的傾向。

對於荷澤神會所持的悟修方式是否爲頓悟漸修此問題，經過對宗密著作的認識及以上的探討，筆者認爲南宗禪法自惠能以下所持的皆是頓悟一門。惠能主張定慧合一、定慧一時，是修悟一時的頓悟頓修。他反對悟後有修，強調無修。他的頓修就是無修之修。《壇經》「即悟正見般若之智，除卻愚痴迷妄」，意指在頓悟之時，妄念煩惱就除盡了。因悟入的同時，就明白妄念煩惱，空無自性。沒有了修治對象，故無修。荷澤承惠能，亦是修悟一時的頓悟頓修。上節討論頓悟頓修，筆者曾引宗密對荷澤的敘述爲證。此處再引《圓覺經大疏鈔》的說法：

〔註46〕許民憲，《神會思想研究－兼論圭峰宗密對荷澤宗的記述與判攝》（政大哲研所碩論，2002.06），頁81～82。

　　　　頓悟漸修也，夫欲運心修行，先須言解眞正以爲其本，解若不正，所
　修一切皆邪。縱使精勤徒爲勞苦。權宗多云：先且漸修，功成後自頓悟。
　若《華嚴》此經教相儀式，先須頓同佛解方能修證。故彼經十信位滿，便
　成正覺，然說三賢十聖歷位修行。〔註47〕

　　由宗密觀點看，荷澤禪法的確是主張頓悟頓修的頓門。由神會自己的言論和著
作看，他主張的也是「單刀直入，直了見性」的頓悟。故筆者以爲荷澤神會持的是
頓悟頓修的頓悟一門。而頓悟後，餘生可漸修因緣，增長智慧的說法被宗密引爲己
用，成就其頓悟漸修法門。

　　宗密主張頓悟漸修是爲成就教禪合一論。因其必須立荷澤最高統合諸派，以與
華嚴教理相合。故宗密引神會頓悟漸修爲己用，是有預設立場的。此頓悟漸修的內
涵已不同於神會，可說是宗密自己的新主張。宗密的頓悟漸修實是他理行並重、教
禪融合思想下的產物。他的頓悟思想來自南宗；漸修來自經教。頓悟漸修的理論根
據是《大乘起信論》的「一心開二門」，漸修的具體方法「悟十重」對治「迷十重」，
來自《大乘起信論》。換言之，宗密頓悟和漸修二者是分開的，其理論基礎來自經教，
和第一節所論的其他各宗的悟修主張有極大差異。

　　宗密自然理解神會原意，雖主張調和各宗的「調和論」，但並沒有「不惜曲解神
會的主張」。他的頓悟思想雖來自神會，但其頓悟漸修著重於漸修。此漸修建立在他
理行並重、禪教融合，豐富的學思背景上。故宗密主張頓悟漸修的理由近則爲避免
南宗頓悟頓修被濫用；遠則受禪教合一思想的影響。

二、宗密的頓悟漸修主張

（一）頓悟的內涵

　　宗密頓悟思想來自南宗，卻又不同於南宗。基本概念承續南宗，內涵卻更爲深
廣，最主要的原因在於其師承背景複雜。他從道圓受南宗禪法，再從澄觀習華嚴宗
義。前者重禪行，後者重經教。紮實的修學經歷豐富了宗密的學思，加上多年的息
慮讀書、歸隱著作，故其思想內涵寬廣深厚，已超越神會及其所傳的南宗禪法。他
持理行並重、禪教融合的立場，致力爲禪者找出經教上的理論依據，強化禪學的深
度；爲教門提供具體的修行方法，將經教落實在實踐上。宗密著作處處可見理行並
重、禪教融合的用心。同樣的，他的實踐哲學頓悟思想也融入了經教理論，在修行
方法上表露出經教的痕跡。

〔註47〕《續藏經》，第十四冊，頁289。

根據《禪源諸詮集都序》，宗密頓悟的內涵有頓悟、起四信、發菩提心三個層次：

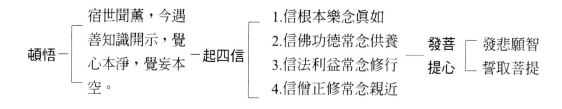

宗密解神會荷澤禪法的內涵爲：

> 二云，諸法如夢，諸聖同説，故妄念本寂，塵境本空，空寂之心，靈知不昧，即此空寂之知，是汝眞性。任迷任悟，心本自知，不藉緣生，不因境起。知之一字，眾妙之門。由無始迷之，故妄執身心爲我，起貪瞋等念。若得善友開示，頓悟空寂之知，知且無念無形，誰爲我相人相？覺諸相空，心自無念，念起即覺，覺之即無。修行妙門，唯在此也。〔註48〕

二者相較，會發現宗密「覺心本淨」、「覺妄本空」的根源，正是神會「妄念本寂，塵境本空」、「靈知不昧」的「空寂之知」。如頓悟此「空寂之知」是「無念無形」的，就沒有「我相人相」的差別；覺悟「諸相空」，自然無念，因爲念一起就察覺，「覺之即無」。這正是「心本淨」、「妄本空」的境界。宗密和神會達到此頓悟的路徑，一是遇善知識開示，一是得善友開示，二者同。故宗密的頓悟第一層意涵即是神會荷澤禪法的內涵。

頓悟第二層意義「起四信」源於《大乘起信論》，宗密爲禪宗頓悟思想找到理論依據。第三層「發菩提心」是大乘佛教常用的概念，它和念眞如、供養佛、修行法、親近僧等四信都是傳統佛學的具體修行之法。從理行並重的角度看，第一層是理，第二、三層是行；從禪教融合的角度看，第一層是禪理，第二、三層是教義；從悟修的解證看，第一層是解悟，第二、三層是證悟；從悟修來看第一層是頓悟，第二層是依悟而修的漸修。前面所言，宗密的頓悟思想較南宗頓悟思想包含更廣，有其理行並重、禪教融合的特色，此處得證。又宗密的悟修主張是解悟與證悟皆俱的頓悟漸修，亦得證。

（二）主張頓悟漸修

化儀頓契入眞如，包含眞心的全部狀態，已達華嚴的圓融無礙境界，所以不須再漸修。宗密主張的最上乘、最圓滿的頓悟就是化儀頓。它完整包含了宗密頓悟三

〔註48〕《大正藏》，第四八冊，頁402～403。

個層次。但化儀頓僅爲「宿世緣熟上根之流」所能悟入，非其他人能得。化儀頓下的逐機頓（涵蓋在化儀頓內），針對次於「宿世緣熟上根之流」的「凡夫上根利智」者，南宗禪法，包括荷澤神會一系，宗密都歸於逐機頓。逐機頓悟入的是頓悟的第一層，故須要漸修四信功德及發菩提心來證驗第一層次頓悟的內涵，也就是解悟後行漸修，才能證悟。解悟是對頓悟的理解，屬於理論，「起四信」、「發菩提心」的漸修，是實踐歷程，雖是依悟而修，但根源不離經教。此處又可見宗密禪教融合的理路，長期修習後的證悟是理論與實踐的合一，也是禪教合一的最終證明。

　　宗密主張禪修應依於經教，也欲在禪行中爲經教找到務實之道。出身禪門的他有禪門一貫重視實踐的觀念，他重視如何爲常人找到一個修行之道，讓凡夫亦可達到解脫，更甚於找出何種頓悟境界最圓滿。頓悟漸修就是在這前提下提出的，這也是雖則他認爲最圓滿的頓悟是不須再漸修的化儀頓，但卻以頓悟漸修爲最佳悟修方式的原因。《禪源諸詮集都序》：

　　　　每嘆人與法差，法爲人病，故別撰經律論疏，大開戒定慧門，顯頓悟
　　資於漸修，證師說符於佛意。〔註49〕

他嘆「人與法差」，所以爲群經註疏，大開傳統佛學的戒、定、慧三門，協助修習者瞭解佛法眞諦，進而修習無誤。爲對治「法爲人病」，他提出「顯頓悟資於漸修」、「證師說符於佛意」二方法，換句話說，宗密以爲常見佛法教說深奧廣博，但卻未符凡夫求解脫的需要，未指出適合常人的修習之道，反而成修行上的束縛。爲對治此病，他提出用漸修的修習來成就先前的頓悟，這漸修的修習是適於凡夫的。證明禪師們的說法符合佛陀意旨，凡夫得以經過禪師的指導漸次深入佛法，不至有扞格或誤解。

　　以上就經教理論及禪教合一的角度論證宗密的悟修主張是頓悟漸修。至於頓悟漸修的內涵則見於本章第一節，此處不重覆。

三、宗密頓悟漸修的理論根據

　　宗密頓悟漸修的概念來自神會，但內涵實是自己的發明。除神會的影響外，如進一步探討宗密頓悟漸修思想的理論根源，會發現影響宗密最深的兩部經典、一部論作－《華嚴經》、《圓覺經》以及《大乘起信論》都含有頓悟漸修的思想。這三者對宗密頓悟漸修思想有直接影響，是其理論根源。

　　　　頓悟漸修也，夫欲運心修行，先須言解眞正以爲其本，解若不正，所
　　修一切皆邪。縱使精勤徒爲勞苦。權宗多云，先且漸修功成後自頓悟，若

_____

〔註49〕《大正藏》，第四八册，頁399。

華嚴此經教相儀式，先須頓同佛解方能修證。故彼經十信位滿使成正覺，

然說三賢十聖歷位修行。〔註50〕

引文指《華嚴經》的教相儀式是「先須頓同佛解，方能修證」，接著說「十信位滿更成正覺」，成正覺後，三賢十聖再歷位一一修行。這說法亦見於《禪源諸詮集都序》：

故《華嚴》說：「初發心時即成正覺。」然後三賢十聖，次第修證。〔註51〕

由上可見，宗密認爲《華嚴經》主張頓悟漸修。

至於《圓覺經》本身經文的結構就是依頓悟漸修模式進行的。

相較於《華嚴經》、《圓覺經》，宗密頓悟漸修最直接的理論根據是《大乘起信論》。《禪源諸詮集都序》第四卷內容講心的迷悟情形、迷悟的形成以及破迷返悟的歷程，即漸修的具體方法。宗密言明，全卷是依據馬鳴菩薩《大乘起信論》而來：

方始全依上代祖師馬鳴菩薩，（所作之《大乘起信論》）具明眾生一心

迷悟，本末始終，悉令顯現。自然見全佛之眾生擾擾生死，全眾生之佛寂

寂涅槃：全頓悟之習氣念念攀緣，全習氣之頓悟心心寂照。〔註52〕

（一）心的迷悟

宗密依《大乘起信論》說心的迷悟，指眾生頓悟與否關鍵就在此心的轉迷成悟上。《禪源諸詮集都序》卷四：

謂六道凡夫，三乘聖賢，根本悉是靈明清淨一法界心，性覺寶光各各

圓滿，本不名諸佛，亦不名眾生。但以此心靈妙自在，不守自性，故隨迷

悟之緣，造業受報，遂名眾生；修道證眞，遂名諸佛。又雖隨緣而不失自

性，故常非虛妄，常無變異，不可破壞，唯是一心，遂名眞如。〔註53〕

宗密指不論凡夫、聖賢皆有一相同的法界心，此心心性覺悟、圓滿、靈明、清淨，亦稱如來藏或眞如。本沒有佛與眾生的差別，但心有守不守自性的不同。守住此靈明、清淨的法界心，則是佛；而如心「不守自性」，隨迷悟的因緣造業受報，就成眾生。所以眾生與佛的差別就在於能不能守住自性，不隨緣造業。又因眾生與佛同此一「靈明、清淨的法界心」，心乃成爲眾生修證成佛的根源，也是眾生能頓悟的可能所在。故可得知，凡聖的差別就在心的迷悟上。迷即凡夫，悟則成佛。

頓悟是眾生從迷到悟的瞬間超越。頓悟有兩種方式，一是憑著自心的智慧，自己覺悟的自悟。另一是得善知識開示，而悟入自性。宗密主張的是第二種，他對眾

〔註50〕《圓覺經略疏鈔》，《續藏經》，第一五冊，頁145。

〔註51〕《大正藏》，第四八冊，頁407。

〔註52〕《大正藏》，第四八冊，頁409。

〔註53〕同上。

生由迷到悟，所悟的境界描述爲：

> 忽悟靈靈知見，是自眞心。心本空寂，無邊無相，即是法身。身心不二，是爲眞我。即與諸佛，分毫不殊，故云頓也。〔註54〕

（二）迷悟的形成 —— 一心開二門理論

宗密用《大乘起信論》一心開二門理論說明迷悟的形成：

> 故此一心，常具眞如、生滅二門，未曾暫缺。但隨緣門中，凡聖無定。謂本來未曾覺悟，故說煩惱無始；若悟修證，即煩惱斷盡，故說有終。然實無別始覺，亦無不覺，畢竟平等。故此一心法爾有眞妄二義，二義復各二義，故常具眞如生滅二門。各二義者，眞有不變、隨緣二義，妄有體空、成事二義。謂由眞不變，故妄體空，爲眞如門。由眞隨緣，故妄成事，爲生滅門。以生滅即眞如，故諸經說無佛無眾生，本來涅槃，常寂滅相。又以眞如即生滅，故經云：「法身流轉五道，名曰眾生。」既知迷悟凡聖在生滅門，今於此門具彰凡聖二相，即眞妄和合，非一非異，名爲阿賴耶識〔註55〕。

心有眞、妄二義，眞心又含不變、隨緣二義，妄心亦有體空，成事二義。眞心的不變和妄心的體空相合，成了眞如門；若眞心的隨緣和妄心的成事相配，就成了生滅門。而眞、妄本同一心，故眞如和生滅同一，本無佛和眾生的區別。生滅就是眞如，所有眾生都在涅槃寂滅之中，皆是佛。眞如就是生滅，所以說佛的法身流轉在五道之中，稱爲眾生。佛與眾生同一清淨眞如本心。此心可能隨緣迷惑，卻永不變異。又迷悟、凡聖也都在生滅門中。在生滅門中彰顯的凡聖二相，也就是眞妄的和合，叫做阿賴耶識。

以圖示，則爲：

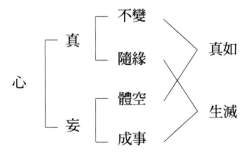

心 ─┬─ 真 ─┬─ 不變 ── 真如
　　│　　　└─ 隨緣 ╳
　　└─ 妄 ─┬─ 體空 ╳
　　　　　　└─ 成事 ── 生滅

〔註54〕《禪門師資承襲圖》，《續藏經》，第一一〇冊，頁341。

〔註55〕《禪源諸詮集都序》，《大正藏》，第四八冊，頁409。

（三）迷悟的對治

1、悟後漸修的必要

頓悟後一定要漸修嗎？筆者擬由《大乘起信論》出發，從理論上探討悟後漸修的必要性。依據《大乘起信論》一心開二門理論，真心的不變和妄心的體空相配成真如門；真心的隨緣和妄心的成事相配成生滅門，二門皆同一心，真如即生滅；生滅即真如，真如中有生滅；生滅中含真如。眾生都在生滅門中，悟入真如的眾生因仍在生滅門中，為預防妄心成事與真心隨緣的再配合，故須漸修來斷除妄念，以免真心隨妄念起舞，再造業受報，故頓悟後有漸修的必要。

宗密《禪源諸詮集都序》答「貪瞋等即空，便明無一切心，何必對治？」時，提到悟後須漸修：

> 須知貪瞋常空，而能發業；業亦空，而能招苦；苦亦空，只麼難忍。〔註56〕

貪瞋痴本空，所作的業也空，但它的作用卻對我們造成了痛苦。因此雖然悟入煩惱本空，仍須漸修來對治。同書另一處亦強調悟後漸修的必要：

> 今悟本心常知，如不變之濕性。心既無迷，即非無明，如風頓止。悟後自然，攀緣漸息，如波浪漸停。以定慧資薰，心身漸漸自在，乃至神變無礙，普利群生。如春陽冰泮，溉灌洗滌，善利萬物也。〔註57〕

他用水的濕性比喻真心，風是無明，波浪是煩惱，水氣是積習。水的濕性不變，正如真心有不變義。但隨外在環境的改變，可能巨浪襲人，恰似真心隨緣會與妄心成事相配，而成生滅。頓悟後「攀緣漸息」，再須「定慧資薰」，回復心的靈明本淨。「定慧資薰」就是漸修。經過漸修的工夫，心體即能「神變無礙，普利群生」，發揮無比的作用，可見漸修的必要。

依照《大乘起信論》，完整的悟修過程，應包含信、解、行、證四階段。頓悟是解悟，只是信、解兩階段，要加上漸修的行、證才是完整悟修歷程。

2、漸修的具體方法

根據《大乘起信論》，迷悟凡聖都在生滅門中，而生滅門同時具有真如的隨緣和生滅的成事兩義。這兩義形成了真妄和合的阿賴耶識。因眾生皆具阿賴耶識，所以眾生同時有覺和不覺兩種可能。覺是眾生成佛的根源；不覺是眾生成為凡夫的根源。故凡夫阿賴耶識本有的「覺」的可能性，是修行返成聖賢的依據。換句話說，因覺性本具，故只要將不覺去除，提昇為覺，即能去凡返聖。而由不覺到覺，也就是由

〔註56〕《大正藏》，第四八冊，頁411。

〔註57〕同上。

迷到悟的過程，就是漸修。

《禪源諸詮集都序》依《大乘起信論》，將凡夫「不覺」（迷）的程度分為十個層次；覺的程度也分為十個層次。以覺的十層次對治不覺的十層次，透過修持破除重重迷執，恢復本覺。宗密並以一面十重迷悟圖解釋對治的情形，此圖附於《禪源諸詮集都序》書後。

眾生「不覺」，隨迷緣造業受報，而墮入苦海，宗密稱為迷十重。筆者將「迷十重」對照《大乘起信論》，敘述如下，一則再證明宗密「迷十重」來自《大乘起信論》，一則以之為「悟十重」的對治之本，具體表出宗密頓悟漸修的歷程。

（1）迷十重：

① 本　覺

一切眾生都有本覺真心。此說法來自《大乘起信論》：「依此法身說名本覺」〔註58〕。

② 不　覺

未遇善知識開示，不能覺悟本具的本覺真心。此是《大乘起信論》「依本覺而有不覺」〔註59〕，說眾生迷執深重，雖具本覺真心，卻不覺。眾生造業受報，生死輪迴，即自不覺而來。

③ 念　起

因不覺而起妄念。這是《大乘起信論》「依不覺故心動，說名為業」〔註60〕。《大乘起信論》：

> 依不覺故生三種相……，一者無明業相……，二者能見相……，三者境界相……，以有境界緣故，後生六種相……，一者智相……，二者相續相……，三者執取相……，四者計名字相……，五者起業相……，六者業繫苦相……。當知無明能生一切染法，以一切染法皆是不覺相故。〔註61〕

由於不覺，眾生產生三細相和六粗相等九種妄念。「念起」是三細相的第一種無明業相。

④ 見　起

因為妄念生起，引起「能見」的現象。這是《大乘起信論》的「以依動，故能

〔註58〕《大正藏》，第三二冊，頁576。
〔註59〕同上。
〔註60〕《大正藏》，第三二冊，頁577。
〔註61〕同上。

見，不動則不見。」〔註62〕見起等於《大乘起信論》三細相的第二種「能見相」。

⑤ 境　起

因有「能見」的主體，就看見虛妄的客體，這客體包含自身和現象世界。《大乘起信論》「依能見故，境界妄現」〔註63〕。「境起」是三細相的第三種「境界相」。

⑥ 法　執

不了解所見的現象皆因妄念而生，還執著為實有，是「法執」。「法執」相當於《大乘起信論》六粗相的第三「執取相」。《大乘起信論》敘述為：「緣念境界，住持苦樂、心起著故。」〔註64〕，「執取相」延續「智相」與「相續相」，且包含「智相」和「相續相」。因對境起了分別心，而產生愛與不愛（智相）。有愛與不愛的分別，心於是有苦、樂的感受，由此產生了心念，相續不斷（相續相）。持續攀緣苦樂，執著苦樂感受，就起法執和我執的「執取相」。

⑦ 我　執

執著外境實有的「法執」，會產生客觀境與主觀我對立的分別心。發現主觀我的存在，又不知「我」是身心假合而成，亦屬虛妄，當成實有，就產生了「我執」。「我執」和「法執」在《大乘起信論》同屬「執取相」。

⑧ 煩　惱

執著我為實有，產生貪嗔痴三毒。相當於《大乘起信論》「依於妄執分別假名言相」的第四粗相「計名字相」〔註65〕。

⑨ 造　業

貪嗔痴三毒，使人造出種種善業或惡業。這是《大乘起信論》第五粗相「起業相」，「依於名字、尋名取著、造種種業故」〔註66〕。

⑩ 受　報

業一旦形成，就必須受報。眾生因而在六道中受種種苦難。《大乘起信論》稱「依業受果，不自在故」〔註67〕。這「受報」屬於第六粗相的「業繫苦相」。

「迷十重」由覺而不覺，乃至造業受報，是層層煩惱妄念的累積。欲將「迷十重」去除，宗密以「悟十重」對治。相對地，「悟十重」是「不覺」到覺的過程，也是從凡夫至成佛的過程，亦是宗密頓悟漸修的具體歷程。

〔註62〕同上。
〔註63〕同上。
〔註64〕同上。
〔註65〕同上。
〔註66〕同上。
〔註67〕同上。

（2）悟十重

① 頓悟本覺

得遇善知識開示，頓悟自性淨清，佛性本來具足。即《大乘起信論》說的自性本覺。宗密解釋此頓悟是解悟，內容為「四大非我，五蘊皆空，信自眞如及三寶德」〔註68〕，引《大乘起信論》：

> 自信己性，知心妄動，無前境界。〔註69〕

及

> 信心有四種，一信根本，樂念眞如；二信佛有無量功德，常念親近供養；三信法有大利益，常念修行；四信僧能修正行，自利利他，常樂親近。〔註70〕

對「信自眞如及三寶德」加以說明。

② 發心佈苦

頓悟本覺後，隨即發菩提心。「發悲、智、願、誓證菩提」〔註71〕，悲、智、願三心的內容是發悲心度遍苦難眾生、發智心了達一切佛法、發願心修萬行來完成前悲、智二心。

③ 修五行，覺妄念

修行六度波羅密，六度中禪定和智慧合為止觀行。所以稱修五行。五行的內容是布施、持戒、忍辱、精進、止觀，修五行的目的是為增長信根。宗密引《大乘起信論》為證：「修行有五門，能成此信」〔註72〕。修五行能增強人們對自性本覺的信仰，覺悟妄念本空之理。

④ 開　發

悲、智、願三心的開發，顯發出大菩提心。宗密引《大乘起信論》說明：

> 信成就發心者有三種，一者直心，正念眞如法故；二者深心，樂集諸善行故；三發大悲心，欲拔一切眾生苦故。〔註73〕

⑤ 我　空

大菩提心起了作用，知法性本無貪欲、瞋念、懈怠、散亂、愚痴等煩惱。因沒了我執的對象，故悟得我空。

〔註68〕《禪源諸詮集都序》，《大正藏》，第四八冊，頁409。
〔註69〕《大正藏》，第三二冊，頁578。
〔註70〕《大正藏》，第三二冊，頁581。
〔註71〕《大正藏》，第三二冊，頁578。
〔註72〕同上。
〔註73〕《大正藏》，第三二冊，頁580。

⑥ 法　空

由於修六度波羅密已得我空；而法因我而生，沒有我執則法我兩空。

⑦ 色自在

由於證得我法兩空，知現象世界都是心識變化而出的，都是虛妄。至此，現象世界的變化就不能再影響自心，故對相、境都不起執著，自在融通。

⑧ 心自在

既已了解諸法皆由心生，心外別無一法，心就能無所不照、自由自在。

⑨ 離　念

心既無所不照，自由自在，就無執著、無所念。因為無念，心進入常住的狀態，返回靈明清淨的真如，是為究竟覺。

⑩ 成　佛

心既無念，此無念心與靈明清淨的真如相合即成佛。此佛非新成就的佛，而是返回了心中本有的佛性。

（３）對治方法

悟十重對治迷十重的過程是：

① 悟的第一重「頓悟本覺」，頓悟的是迷的第一重「本覺」；對治的是迷第二重「不覺」，這頓悟是為解悟。

② 悟的第二重「發心佈苦」，對治迷的第十重「受報」，這是漸修的開始。

③ 悟的第三重「修五行，覺妄念」，對治迷的第九重「造業」。

④ 悟的第四重「開發」，對治迷的第八重「煩惱」。

⑤ 悟的第五重「我空」，對治迷的第七重「我執」。

⑥ 悟的第六重「法空」，對治迷的第六重「法執」。

⑦ 悟的第七重「色自在」，對治迷的第五重「境現」。

⑧ 悟的第八重「心自在」，對治迷的第四重「見起」。

⑨ 悟的第九重「離念」，對治迷的第三重「念起」。

⑩ 悟的第十重「成佛」，返回心中的本有佛性，為始覺。始覺對治迷的第二重「不覺」，與迷的第一重「本覺」相合。至此漸修已成，達到證悟。

以上分析可得，迷十重肇因於真心迷而逐妄，係由細微的迷惑發展至粗重的造業受報。迷的程度由淺至深。悟十重是漸修的歷程，定慧的修習自是自淺而深。對治時都以淺的悟破除深的迷，這是因為越粗的迷妄越易去除，越細微的迷惑越難去除的緣故。

　　迷十重與悟十重的對治後，宗密特別指出悟的第十重中破除迷的第二重「不覺」的是始覺。始覺相對於「不覺」而有，實和本覺同一，《禪源諸詮集都序》「始本不二，唯是真如顯現」即是〔註74〕。悟的第一重「頓悟本覺」，此因已涵蓋了成佛始覺的果，始覺成佛的果也貫通了本覺的因，《涅槃經》「發心，畢竟二不別」〔註75〕與《華嚴經》「初發心時，得阿耨菩提」〔註76〕，皆是這個道理。此因果論來自傳統的印度佛教，可見宗密對經教的重視。

第三節　融合的實踐哲學

　　宗密期望透過對佛教各派思想的會通，重整當時枝葉分離的佛教，為佛教的發展開創一條康莊大道。最能代表宗密和會思想的著作是《禪源諸詮集都序》。《禪源諸詮集都序》除了理論上的和會，實踐面的修行觀也強調融合，可稱宗密的實踐哲學是融合的實踐哲學。筆者以頓悟漸修為中心，分內、外兩部份探討宗密融合的實踐哲學。

一、對內：從頓悟漸修的內部看

　　宗密依《大乘起信論》將心分為真、妄。若真心的不變和妄心的體空相配則頓悟成佛。真心的隨緣和妄心的成事相配則成生滅，眾生在生滅門中修行，求轉迷成悟。這個修行過程即為漸修。此漸修與北宗漸修，皆承認妄心的存在，漸修的目的都為去迷返悟，去妄心返回真如，依據的同是《大乘起信論》。

　　從理論根源看，宗密的漸修內涵實同於北宗，而非神會頓悟後的漸修因緣。回到前面胡適提出的，為調和南北宗，宗密「不惜曲解神會的本意」問題上，可清楚發現胡適所言的不是。宗密的漸修來自北宗，而非神會。故實沒有曲解神會本意的必要。另外筆者前文所言，宗密的頓悟漸修內涵不同於神會，是宗密新的見解，此處又得證。

　　前文已證宗密的頓悟思想來自南宗（宗密頓悟的第一層意涵同於荷澤神會），此處再得證宗密的漸修內涵來自於北宗，可見宗密頓悟漸修確實融合了南北兩宗的悟修思想。

　　惠能之後，南宗持頓門，北宗持漸立，二宗爭執不休。宗密將頓漸融合，以頓悟漸修統合二宗的修行觀。然筆者要特別澄清，雖然宗密的漸修內涵來自北宗，但

〔註74〕《大正藏》，第四八冊，頁409。
〔註75〕《禪源諸詮集都序》，《大正藏》，第四八冊，頁409。
〔註76〕同上。

宗密的頓悟漸修是不可和北宗的漸修漸悟或漸修頓悟混爲一談的。宗密怕後學者混淆，特別說道：

> 雖然漸修，由先已頓悟，煩惱本空，心性本淨。故於斷惡，斷而無斷；於修善，修而無修，爲眞修斷矣。〔註77〕

指出頓悟漸修和北宗漸修漸悟、或漸修頓悟最大不同在於，漸修前已先頓悟心性本淨、煩惱本空，悟入「心性本淨」就有指導修行的目標，了解「煩惱本空」，才能明白「斷而無斷」、「修而無修」的修行眞義。

二、對外：從頓悟漸修與其他悟修方式的關係看

《禪源諸詮集都序》卷三針對修行者根機，將悟修方式分爲漸修頓悟、頓修漸悟、漸修漸悟、頓悟漸修、頓悟頓修五類：

> 有云法無頓漸，頓漸在機者。誠哉此理，固不在言，本只論機，誰言法體？〔註78〕

宗密強調各種悟修形式皆有其價值，不是各宗勉強穿鑿附會、編派而出。因修行重在「論機」，而不是堅持一個固定「法體」。「論機」的「機」指根機，即修行者的天資，不同資質的人須要不同的修行方式，如堅持某一悟修方法爲唯一，就犯了「法爲人病」的錯誤，畢竟「因病施藥」才是最有效的修行方式。所以宗密對「法無頓漸，頓漸在機」的看法，十分贊成。

宗密雖以頓悟漸修爲最佳的悟修方式，但並未持之以斥其他悟修方式，這種兼容並蓄的修行觀，正是他一貫的「局之即俱非，會之即皆是」〔註79〕的融合主張。

《禪源諸詮集都序》還有一處亦呈現出宗密修行觀上的融合色彩：

> 然上皆只約今生而論，若遠推宿世，則唯漸無頓。今頓見者，已是多生漸熏而發現也。〔註80〕

包括宗密的頓悟漸修，其他各宗的悟修方式，都是針對今生來說的，如果將時間遠推到累世前，所有的頓悟都是累世漸修而來。最直接的例子是宗密頓悟思想的內涵先是「宿世聞熏」，再「今遇善知識開示，覺心本淨，覺妄本空」，「宿世聞熏」即是頓悟皆由漸修而成的證明。在此宗密將所有的悟修都統一在「漸」中，也是融合修行觀的呈現。

〔註77〕《禪門師資承襲圖》，《續藏經》，第一一○冊，頁 340～341。
〔註78〕《大正藏》，第四八冊，頁 402。
〔註79〕《禪源諸詮集都序》，《大正藏》，第四八冊，頁 400。
〔註80〕《大正藏》，第四八冊，頁 408。

第五章 《禪源諸詮集都序》禪教合一思想的流變與發展

第一節 法眼文益的禪教合一

一、法眼文益的生平

　　法眼文益的生平，《宋高僧傳》、《法眼文益語錄》、《五燈會元》、《景德傳燈錄》、《釋氏疑年錄》及《祖堂集》等書均有載，筆者參考上列書籍，對文益生平作一簡介。

　　法眼文益（西元 855～958 年）浙江餘杭人，俗姓魯。七歲從新定智通院全偉禪師落髮，又從學於明州鄮山阿育王寺希覺法師（西元 864～948 年）。希覺是有名的律師，擅長南山律，文益除了跟隨希覺習律，還「復傍探儒典，遊文雅之場」〔註1〕。《景德傳燈錄》說文益於希覺處「玄機一發，雜務俱捐」〔註2〕，激發出參禪印證的決心。當時雪峰義存（西元 822～908 年）的禪法盛行於福州，福州是天下禪學重鎮之一〔註3〕。文益遂至福州隨長慶慧稜禪師（西元 854～932 年）參禪。慧稜乃雪峰義存之法嗣。

　　文益在慧稜處「已決滯疑」〔註4〕，然卻「緣心未息」〔註5〕，未有所證悟，故又擬訪他方。一日，與道友約往湖南參學，適逢大雨，溪水上漲，暫避福州城西地

〔註1〕〈金陵清涼文益禪師傳〉，《景德傳燈錄》，《大正藏》，第五一冊，頁398。
〔註2〕同上。
〔註3〕〈雪峰義存傳〉，《祖堂集》卷七。
〔註4〕《宋高僧傳》，《大正藏》，第五十冊，頁788。
〔註5〕〈金陵清涼文益禪師傳〉，《景德傳燈錄》，《大正藏》，第五一冊，頁398。

藏院，得遇羅漢桂琛禪師（西元 867～928 年），這番偶遇成爲文益修習道上的莫大
助益。有一公案記錄了這個情節：

> 琛問曰：上座何往？師（文益）曰：邐迤行腳去。曰：行腳事作麼生。
>
> 曰：不知。（琛）曰：不知最親切。師豁然開悟。與同行進山主等四人，
>
> 因投誠咨決，悉皆契會，次第受記，各鎭一方。〔註6〕

桂琛一句「不知最親切」，令文益「豁然開悟」，其中緣由後人無從得知，只有兩人
朗朗。不過桂琛的教授，文益「悉皆契會」，可見桂琛的禪法與文益的內在證驗相合，
在修行道上文益獲得更踏實的引導。《宋高僧傳》記錄了一段桂琛接引文益的對話，
更能表出桂琛對文益的實質助益：

> 羅漢（桂琛）素知（文）益在長慶穎脫，銳意接之。唱導之由玄沙與
>
> 雪峰血脈殊異。（文）益疑山頓摧，正路斯得。欣欣然挂囊栖止。〔註7〕

桂琛爲文益解說「玄沙與雪峰血脈殊異」的道理，令文益「疑山頓摧」，深感「正路
斯得」。文益在慧稜處「以決滯疑」，但仍不得開悟，極大的成份就在不解義存與師
備的血脈相異處，經過桂琛指導，他豁然開朗，故「挂囊棲止」，成爲桂琛法嗣。

後文益往江西臨川崇壽院，又至金陵報恩禪院，最後移建康清涼寺，廣開化門，
門徒千餘眾。契嵩《傳法正宗記》卷八載：「江南國主李氏，聞其風遂請入都，使領
清涼大伽藍，其國禮之愈重，四方之徒歸之愈多，逮今其言布於天下，號爲清涼之
宗。〔註8〕」其中得法弟子八十三人，又以天台德韶最傑出。文益於周顯德五年（西
元 958 年）圓寂，七十四歲，南唐國主諡曰：「大法眼」。法眼意即觀取諸法之眼，
這是取菩薩具法眼能知諸法眞相，以度眾生來讚譽文益。後世多稱之「法眼文益禪
師」。又曾在金陵清涼寺開堂說法，故又稱「清涼文益」。北宋明教契嵩對惠能以下
禪法流傳作總評曾說：

> 正宗（禪宗）至大鑒傳既廣，而學者遂各務其師之說。天下於是異焉。
>
> 競自爲家，故有潙仰云者、有曹洞云者、有臨濟云者、有雲門云者、有法
>
> 眼云者，若此不可悉數。〔註9〕

首度將法眼宗列爲禪家一宗，自此文益成爲法眼宗開山祖師。

文益愛好石頭的《參同契》，曾爲其作註。《宗門十規論》〔註10〕指摘當時禪門

〔註 6〕同上。
〔註 7〕《大正藏》，第五十冊，頁 788。
〔註 8〕《大正藏》，第五一冊，頁 762。
〔註 9〕同上。
〔註 10〕《續藏經》，第一一○冊。

諸宗之弊並主張禪教合一，是他最重要的著作。其禪教合一思想，禪指達摩、教用華嚴，近似於宗密。後文針對其禪教合一思想的緣起背景及內涵，探究其與圭峰宗密《禪源諸詮集都序》禪教合一思想的關聯性。

二、文益禪教合一思想的緣起背景

《宗門十規論》是文益對禪宗時代性的反思。根據《宗門十規論》，可知當時禪門主要有二病，一是禪宗大盛，禪派多起，新舊禪派因各自「護宗黨祖」〔註11〕，而互相攻擊，蔚為時觀。

> 至於相繼子孫，護宗黨祖，不原真際，竟出多歧，矛盾相攻，緇白不辨。嗚呼！殊不知大道無方，法流同味。向虛空而布彩，於鐵石以投鍼，角爭鬥為神通，騁脣舌作三昧，是非鋒起，人我山高，忿怒即是修羅見解，終成外道。〔註12〕

另一是會昌法難後又有王仙芝、黃巢、秦宗權等亂事，國家殘破，偉大的禪師也凋零殆盡，後繼無人。五代，雖然禪宗盛行南北，但「達者罕得其人」〔註13〕。禪僧常是「自己心地未明妄為人師」〔註14〕。

> 近代之人，多所慢易。叢林雖入，懶慕參求。縱成留心，不擇宗匠。邪師過謬，同失指歸。未了根塵，輒有邪解，入他魔界，全喪正因！但知急務住持，濫稱知識。〔註15〕

僧人抑或迎合世俗，或

> 以歌頌為等閒，將製作為末事。任情直吐，多類於埜談；率意便成，絕肖於俗語。〔註16〕

或

> 以訐露為慈悲，以佚濫為德行。破佛禁戒，棄僧威儀。〔註17〕

文益目睹時病，提出「禪教合一」處方。針對宗門多起，互相爭鬥的事實，他主張以「圓融」的立場消弭各宗的歧異。他認為各家禪法各有特色，宜維持各家宗風，再以華嚴「理事無礙」說「貴在圓融」之理。因眾生報性不同，故不同宗派並

〔註11〕《續藏經》，第一一〇冊，頁441。
〔註12〕《宗門十規論》，《續藏經》，第一一〇冊，頁441。
〔註13〕同上。
〔註14〕《宗門十規論》，《續藏經》，第一一〇冊，頁439。
〔註15〕同上。
〔註16〕《宗門十規論》，《續藏經》，第一一〇冊，頁439。
〔註17〕同上。

存是必須的，維持各宗不同宗風等於廣開路徑，所以文益強調要突顯各家「血脈」。

> 大凡祖佛之宗，具理具事，事依理立，理假事明，理事相資，還同目
> 足。若有事而無理，則滯泥不通；若有理而無事，則汗漫無歸。欲其不二，
> 貴在圓融。且如曹洞家風，則有偏有正、有明有暗；臨濟有主有賓、有體
> 有用，然建化之不類，且血脈而相通，無一不該，舉動皆集。〔註18〕

既然各宗「血脈相通」，則不同的宗風並無妨礙。

至於禪門大師凋零，禪僧良莠不齊的問題，文益提出以「經教」作判別準則。參學者通過經教鑑別師友及「善知識」的指導是否合宜，禪師也可用「經教」檢視自我的修行是否恰當。故文益認爲用「經」、「論」爲基礎來「破識情」方能免於邪說異端所誤。

> 苟或未經教論難破識情，驅正見於邪途，泊異端於大義，誤斯後進，
> 枉入輪迴。〔註19〕

綜觀上述，不難發現文益提出禪教合一緣自於時代的需要，與宗密提出禪教合一思想的背景相近。禪門相爭，宗密主張「和會」，文益則用「圓融」；宗密「和會」各宗以「經教」爲準則，

> 經如繩墨，楷定邪正者，繩墨非巧，工巧者必以繩墨爲憑，經論非禪，
> 傳禪者必以經論爲準。〔註20〕

文益也建議各宗在良師難覓之際，用「經教」爲繩墨以「破識情」；甚者，宗密作《禪藏》乃至主張禪教合一，其一在爲良莠不齊的禪門師資提供一可靠教材；其二爲上根者圓通悟入的資糧。

> ……傳禪者必以經論爲準。中下根者，但可依師，師自觀根隨分指授。
> 上根之輩，悟須圓通，未究佛言（經教），何同見佛！〔註21〕

這兩個目的完全和文益相同，故文益禪教合一思想應受宗密的啓發。

三、文益禪教合一思想的內涵

此部份筆者將比對文益與宗密兩人禪教合一思想的異同，證明文益禪教合一思想源於宗密。

（一）禪的部份

〔註18〕《宗門十規論》，《續藏經》，第一一〇冊，頁440。
〔註19〕同上。
〔註20〕《禪源諸詮集都序》，《大正藏》，第四八冊，頁400。
〔註21〕同上。

南宗禪到五代已形成一枝開五葉的局面，五宗中文益的法眼宗是最晚形成的禪派，所以他有機會能以禪教合一的「圓融」概念對現有的禪宗資源作整合。他在《宗門十規論》將當時流傳的禪宗歸類成曹洞、臨濟、雲門、潙仰四家〔註22〕，並評述其禪法：

> 曹洞則敲唱爲用，臨濟則互換爲機，韶陽（雲門）則函蓋截流，潙仰則方圓默契。〔註23〕

說四家禪法雖殊，然卻「無礙於融會」：

> 如谷應韻，似關合符；雖差別於規儀，且無礙於融會〔註24〕。

文益融會各宗的圓融理論取自華嚴的理事無礙，主要說法界緣起雖有種種差異之相，但各種差異又相互影響，全體與個體相入、相即地交涉著，整體與差異是相互依持的。《宗門十規論》：

> 欲其不二，貴在圓融。且如曹洞家風，則有偏有正、有明有暗；臨濟有主有賓、有體有用，然建化之不類，且血脈而相通，無一不該，舉動皆集。又如法界觀，具談理事，斷自色空。海性無邊，攝在一毫之上；須彌至大，藏歸一芥之中。故非聖量使然，眞猷合爾。又非神通變現，誕生推稱。不著他求，盡由心造。佛即眾生，具平等故。苟或不知其旨，妄有談論，致令觸淨不分，譊訛不辨。偏正滯於回互，體用混於自然，謂之一法不明，纖塵翳目。〔註25〕

「圓融」各宗、化解各禪法歧異的方法，不是去異取同，相反地，文益要突顯各家的血脈。「學般若人，不無師法」〔註26〕，學禪悟道，眾人各依根性尋得善知識引導，易有事半功倍之功。故不同禪法的存在是必要的。而各家皆有特殊手法及見解接引學人，如不了解本家禪法之「宗眼」，只模仿施教形式，是

> 棒喝亂施，自云曾參德山、臨濟；圓相互出，惟言深達潙山、仰山。〔註27〕

易淪爲

> 取笑於旁觀，兼招於現報〔註28〕

〔註22〕直到明教契嵩的《傳法正宗記》才正式定訂「法眼宗」的地位，承認它爲禪門一獨立宗派。故在文益當時並未有「法眼宗」之名。
〔註23〕《續藏經》，第一一〇冊，頁441。
〔註24〕《宗門十規論》，《續藏經》，第一一〇冊，頁441。
〔註25〕同上。
〔註26〕《宗門十規論》，《續藏經》，第一一〇冊，頁440。
〔註27〕《宗門十規論》，《續藏經》，第一一〇冊，頁441。
〔註28〕同上。

，故通達「血脈」尤為重要。

將宗密《禪源諸詮集都序》的主張與文益的思想相比對，有許多相同之處，其一，文益面對各家禪法差異時，採取「雖差別於規儀，且無礙於融今」〔註29〕的觀點，他認為正因各宗禪法各有歧異，故各有所長，皆能達到開悟的目標。參禪為的就是開悟成佛，解脫的路徑不同，但所達的境界並無不同，皆是佛的境界，未因禪風不同而異。文益用「成佛」為最終目標融合各宗，與宗密說禪是佛心、教是佛語，皆從佛流出，故禪、教與禪門之間本相合的方法相同，皆以佛為最高原則，將各宗各派和會其下。

其二，宗密處理禪風迥異的各家禪法時，以荷澤禪法為正統會統諸派〔註30〕，雖立荷澤為最高，但仍肯定他宗禪法的價值，認為它們的存在可接引不同根機之人，「亦皆是諸佛之教也」。《禪門師資承襲圖》：

> 若約各為一類之機，善巧方便，廣開門戶，各各誘引，熏生生之習種，
> 為世世之勝緣，則諸宗所說，亦皆是諸佛之教也。〔註31〕

又說各宗須「統圓融為一」，不可「執各一宗」，若是執著荷澤最殊勝，即是自我設障，而「局之即具非，會之即皆是」，可見宗密以荷澤統諸宗，是為和會，為「統圓融為一」〔註32〕。文益「通達各宗血脈」的方法雖和宗密不同，但採圓融立場，兼容各宗的態度與宗密是一致的。

其三，在和會各宗上，文益採華嚴理事觀，宗密也用華嚴法界觀融合禪教性相。至於文益對華嚴方法及義理的運用，下文有述。

其四，文益《宗門十規論》將禪門諸家加以論述，並作一總評：

> 曹洞則敲唱為用，臨濟則互換為機，韶陽則函蓋截流，溈仰則方圓默
> 契。如谷應韻，似關合符；雖差別於規儀，且無礙於融會。〔註33〕

對當時禪法作一總結，有禪學史上的意義，相似於宗密《禪源諸詮集都序》將禪門各宗分門別類，歸南能、北秀、保唐、宣什為「息心修妄宗」，石頭、牛頭為「泯絕無寄宗」，荷澤洪州為「直顯心性宗」的作法。又文益將惠能以下二百多年的禪宗傳承加以記敍，並提出自己的看法：

> 且如能、秀二師，元同一祖，見解差別故，世謂之南宗北宗。能既往

〔註29〕同上。
〔註30〕參見本書第二章第三節。
〔註31〕《續藏經》，第一一○冊，頁438。
〔註32〕參見本書，第二章，第三節。
〔註33〕《續藏經》，第一一○冊，頁441。

矣，故有思、讓二師紹化。思出遷師，讓出馬祖；復有江西、石頭之號。

從二枝下，各分派列，皆鎮一方，源流濫觴，不可殫紀。逮其德山、臨濟、

潙仰、曹洞、雪峰、雲門等，各有門庭施設，高下品提。〔註34〕

宗密《禪源諸詮集都序》對禪宗的記錄，是後代了解唐代禪宗史的最佳材料，然此書只記載到宗密之時，馬祖道一後禪宗又有明顯的發展與變化，文益《禪門十規論》恰好與《禪源諸詮集都序》相承，連成一部完整的唐五代禪宗史。

（二）教的部份

文益的禪教合一，教指華嚴，雷同於宗密。文益著作極少，現存文獻中，並沒有他對華嚴教學的專門論作，也沒有他專門講述某部經論的記載，但《金陵清涼院文益禪師語錄》記錄，他上堂教學曾提及《還源觀》、《義海百門》、《華嚴論》、《法界觀》〔註35〕等書。《景德傳燈錄》卷二五，亦提及他門下永明道潛除參禪外亦閱《華嚴經》，靈隱清聳更以《華嚴經》悟入而得文益印可〔註36〕。可見文益與華嚴關係密切。

前文提及文益對禪宗各家採圓融立場，這圓融的理事觀來自華嚴。

大凡佛祖之宗，具理具事，事依理立，理假事明，理事相資，還同目

足。若有事而無理，則滯泥不通；若有理而無事，則汗漫無歸。欲其不二，

貴在圓融。〔註37〕

另外，直接可證文益受華嚴影響的是〈華嚴六相義〉。文益〈華嚴六相義〉來自華嚴三祖法藏《華嚴一乘教義分齊章》的〈六相圓融說〉：

總相者：一合多德故；別相者：多德非一故；別依止總，滿彼總故。

同相者：多義不相違，同成一總故；異相者：多義相望，各各異故。成相

者：由此諸義，緣起成故；壞相者：諸義各住自法，不移動故。〔註38〕

法藏解釋「總」、「別」、「同」、「異」、「成」、「壞」六相，用屋舍之瓦椽作比喻。屋舍包括瓦、椽、窗、門等，是總相；而瓦、椽、窗、門等是別相。瓦、椽等同為建造屋舍的材料，為同相；而瓦、椽等形狀、材料又各不相同，是異相。又瓦、椽、

〔註34〕《宗門十規論》，《續藏經》，第一一〇冊，頁439。

〔註35〕《還源觀》原名《修華嚴奧旨妄盡還源觀》，《義海百門》原名《華嚴經義海百門》，二書均為華嚴三祖法藏所著，今收在《大正藏》，第四五冊。《華嚴論》原名《華嚴經論》為唐代李通玄所著，今收在《大正藏》，第三六冊。《法界觀》原名為《華嚴法界觀》，現存為宗密註的本子，收在《大正藏》，第四五冊。

〔註36〕《大正藏》，第五一冊，頁412～413。

〔註37〕《宗門十規論》，《續藏經》，第一一〇冊，頁441。

〔註38〕《大正藏》，第四五冊，頁507。

窗、門可共同組成屋舍，是成相；但分開時，瓦是瓦，樑是樑，各有性質，是壞相。這六相相依而起，同時並存。「六相圓融說」就在闡述一切事物都互相依存，沒有一件事物可單獨擁有固定不變的性質。進一步說，一切事物的性質，應在相互比較間認識，單獨存在時，我們並無法完整掌握它的意義與價值。法藏《廣華經金獅子章》解說「六相」的圓融關係：

> 顯法界中無孤單法，隨舉一相，具此六相緣起，集成各無自性。一相中，含無盡相，一一法中具無盡法。〔註39〕

「六相」說明法界諸法互涉互入，用以闡釋《華嚴經》重重無盡的法界緣起的概念。

文益的〈華嚴六相義〉內涵爲：

> 同中還有異，異若異於同，全非諸佛義，諸佛意總別，何曾有同異？
> 男子身中入定時，女子身中不留意，不留意絕名字，萬象明明無理事。
>
> 〔註40〕

及：

> 六相者，一總、二別、三同、四異、五成、六壞。總相者，譬如一舍是總相；椽等是別相。椽等諸緣和合作舍，各不相違，非作餘物，故名同相；椽等諸緣遞相互望，一一不同，名異相。椽等諸緣一多相成，名成相；椽等諸緣各住自法本不作，故名壞相。〔註41〕

兩相比對，文益〈華嚴六相義〉除「萬象明明無理事」外，完全等同法藏的〈華嚴圓融說〉。而「萬象明明無理事」近似杜順「周遍含容」的事事無礙法界，也是華嚴教學的重要概念。

又華嚴宗論述義理常用「十句」式，通常第一句是「總」、「同」、「成」；其餘九句是「別」、「異」、「壞」。《宗門十規論》也參用此型式，第一規是「總」，其他九規是「別」、「異」，然而又不完全相同，文益在每一規後均有對禪門的批評反思，這應和般若反思有關〔註42〕。這不僅再次證明文益治學大有華嚴之風，且證明他的確是禪教合一思想的奉行者。

文益註解過《參同契》，關於此書，呂澂曾說：

> 希遷思想的中心是由理、事、心物、內外的關係上立論的……這種說

〔註39〕《大正藏》，第四五冊，頁 670。
〔註40〕《人天眼目》，《大正藏》，第四八冊，頁 324。
〔註41〕同上。
〔註42〕蔣義斌，〈法眼文益的禪教思想〉，《中華佛學學報》，第十三期（2000.05），頁 452。

法的確是根據南北頓漸的議論來的。〔註43〕

鄧克銘根據呂澂的說法進一步推論：

> 石頭希遷之《參同契》，若說其以理事相對待、融會之立場，來會通
> 南頓北漸之禪法，則法眼文益之註解《參同契》，是否有相同之用意，在
> 以理事具足來會通臨濟、曹洞等諸家禪法，也是一個不可忽視的問題。

〔註44〕

姑且不論文益是否用「理事具足來會通臨濟、曹洞等諸家禪法」，他註解的《參同契》即是用華嚴的理事觀來理解禪門諸家禪法，也可視為禪教合一的佐證。

綜上可證，文益禪教合一的「教」指的的確是華嚴，這和宗密的思想一致。

（三）置禪教上

文益主張禪教合一，在他的思想中禪與教二者的地位如何？是以禪輔教，或是藉教明禪？如對他的學說加以探析，則會發現他實是以禪為主、藉教悟宗。《宗門十規論》第一條首句「心地法門，參學之根本」，指明欲真正解脫，必須在心地上下工夫。他雖然也認為經教是邁入開悟之所需，但經論的作用仍在印證自己所持為正知正見，免得盲修陷入異端而不自知。他堅持的仍是禪師一貫的「明心見性」的立場，在教學上採取禪宗的悟自本心來引導學生。《景德傳燈錄》卷二四有二則他教導學生的記載：

> 文遂導師，杭州人，嘗究《首楞嚴》，謁師（文益）述己所業，深符
> 經旨。師云：《楞嚴》豈不是有八還義？遂云是。師云：明還什麼？云：
> 明還日輪。師云：日還什麼？遂憮然無對。師誡令焚其所註之文，自此服
> 膺請益，始忘知解。
>
> 永明道潛禪師，河中府人，初參師。師問云：子於參請外，看什麼經？
> 道潛云：《華嚴經》。師云：總別同異成壞六相，是何門攝屬？潛云：文在
> 〈十地品〉中，據理則世、出世間一切法，皆具六相也。師云：空還具六
> 相也無？潛憮然無對。〔註45〕

文遂、道潛讀《楞嚴經》、《華嚴經》，而文益一個詰問，就切中二子未究竟處，令二人「憮然無對」，文益必是熟讀經典，且已將經論融入禪心，才能有如此見識。文益這個詰問，正是禪師教導門人學習經論時常用的方法。因為經論是用文字來表達佛陀及其他開悟者的內證歷程，然而因文字的固著性及有限性，讀者往往惑於文字本

〔註43〕呂澂，《中國佛教思想概論》（台北：天華，1982.07），頁261～262。
〔註44〕鄧克銘，《法眼文益禪師之研究》（台北：東初，1987.10），頁63。
〔註45〕《大正藏》，第五一冊，頁412～413。

身及它既有的概念，而曲解或忽略了證悟者的證悟內容，也就是說禪師的任務，即要用種種技巧提示學生捨棄既有概念，體會經驗之外的意涵，這就是文益指導文遂和道潛學習經論，但要不囿於經論的原因。

文益一向肯定經教的價值，但引經據典必須恰如其實，否則「輒妄有引證」〔註46〕，只會「自取譏誚」〔註47〕。所以文益說「援引教法」〔註48〕前，「須是先明佛意，次契祖心」〔註49〕，「然後可舉而行」〔註50〕，意即先悟入禪心、佛意，而後以經論為輔來教導學生。而所謂的「以經典為輔」，也不是襲用經典，在文益教化學生的記錄中，並未見他長篇大論引用經典，而是融經典的義理於胸臆之間，正如上面所引的例子，他似在有意無意間，輕描淡寫的點撥文遂、道潛二人，而這也是禪宗的特色。

宗密重視經教，但也以了知禪心為優先：

> 若不了自心，但執名教，欲求佛道者，豈不現見識字看經，元不證悟；
> 銷文釋義，唯熾貪瞋耶？況阿難多聞、總持，積歲不登聖果，息緣反照，
> 暫時即證無生。〔註51〕

文益具宗密的眞髓。

文益鼓勵學生讀經論，但他強調經、論本身並不是學習的目的，學習經論須得在必要「時節」起用，否則「有甚麼用處」？

> 上堂。大眾久立，乃云：祇恁麼便散去，還有佛法道理也無？試說看。
> 若無，又來這裡作麼？若有，大市裡人叢處亦有，何須到這裡？諸人，各
> 曾看《還源觀》、《百門義海》、《華嚴論》、《涅槃經》諸多策子，阿那箇教
> 中，有這箇時節？若有，試舉看。莫是恁麼經裡，有恁麼語，是此時節麼，
> 有甚麼交涉。所以道，微言滯於心首，常為緣慮之場，實際居於目前，翻
> 為多相之境，又作麼生得翻去，若也翻去，又作麼生得正法，還會麼，莫
> 祇恁麼念策子，有甚麼用處。〔註52〕

禪修歷程中，把握住可能悟入的時節因緣，輔以所學的經論義理，達到悟入明心見性的境界。故文益用的方法是以經教明禪，當然運用最廣的是華嚴義理。

〔註46〕《宗門十規論》，《續藏經》，第一一○冊，頁440。
〔註47〕同上。
〔註48〕同上。
〔註49〕同上。
〔註50〕同上。
〔註51〕《禪源諸詮集都序》，《大正藏》，第四八冊，頁400。
〔註52〕《金陵清涼院文益禪師語錄》，《大正藏》，第四七冊，頁588。

　　以上可得，文益的禪教合一是置禪教上、藉教悟宗，這和宗密立場一致。

　　綜合本節所述，文益禪教合一思想與宗密甚有關聯，可視爲宗密禪教合一思想的發展。

第二節　永明延壽的一心思想

　　宗密主張禪教合一以及釋、道、儒三教的會通，並以本覺眞心融會佛教各宗各派。他的思想對後世最大的啓發在於永明延壽。站在宗密禪教合一思想基礎上加以發展，成就最大的也是永明延壽。延壽甚至將宗密的禪教合一學說推展至朝鮮，影響所及，今日的韓國曹洞宗仍以宗密所傳爲宗。故宗密思想最直接的繼承者，堪稱是永明延壽。

一、延壽的生平與著作

　　延壽生平見於《宋高僧傳》、《景德傳燈錄》、《佛祖統記》、《佛祖歷代通載》、《釋門正統》以及《五燈會元》等書。筆者依以上六書，略述延壽之生平。

　　延壽爲浙江餘杭人士。俗姓王。生於唐昭宗天祐元年（西元 904 年），卒於宋太祖開寶八年（西元 975 年）。其生年自唐末至宋初，歷唐、五代、宋三朝。曾任官，二十八歲隨翠巖令參禪師出家(令參乃雪峰義存法嗣)。後來法眼文益的弟子德韶（西元 907～971 年）在天台山弘化，延壽前往參學，得德韶「密授玄旨」，遂成法眼三祖。法眼初祖文益，因洞悉當時禪宗學人空疏不通教理的弊病，掀起研究教理之風，進而大倡禪教合一說。延壽深受其影響。

　　延壽懿德深廣，得吳越忠懿王皈依，請住靈隱新寺。建隆二年（西元 961 年）遷往杭州永明寺，時五十八歲。大師居永明寺十五載，度弟子一千七百人，後世稱「永明大師」。開寶七年（西元 974 年），轉天台山，受戒弟子萬餘人，次年圓寂，諡「智覺禪師」，年七十二，立塔於大慈山。

　　大師常爲大眾授菩薩戒，爲鬼神施食，並勤於放生，所作皆悉迴向莊嚴淨土。備受景仰、四眾欽服，時人稱之「慈氏下生」。其聲名遠播，高麗國王光宗致書求皈依，並遣高麗僧三十六人師事之，得親承印記。後來這些高麗僧返國，各化一方，延壽的佛法因而傳入朝鮮，發揚至今。宗密的禪教合一學說也藉延壽之力，深入朝鮮，進而在朝鮮生根發展，至今已生苗成林。

延壽著有《宗鏡錄》一百卷〔註53〕、《萬善同歸集》三卷〔註54〕、《唯心訣》一卷〔註55〕、以及詩文數種。其中最重要且影響最大的是《宗鏡錄》。此書的寫作形式和思想內涵近似於宗密的《禪藏》，明顯可見受宗密《禪藏》影響極大。

延壽兼學天台與禪，又身爲法眼三祖，故雖爲禪師，但深受法眼宗一貫重視教理的宗風，及初祖文益提倡禪教合一的影響，亦大力提倡禪教合一思想。

延壽禪教合一主張，雖說來自於法眼文益的影響，但細察其內涵，卻完全得自於宗密。宗密首倡禪教合一，對往後佛教產生極大影響，但仔細考查其法嗣的思想，並沒有直接繼承他此一思想者。直到永明延壽以唯一眞心爲基礎，折衷法相、三論、華嚴、天台與禪相融，大力提倡禪教合一，宗密思想才算眞正得以相繼，並發揚光大。除了禪教合一，延壽思想核心——唯一眞心也來自宗密的圓覺妙心。三教合一、頓悟漸修思想亦源於宗密。此外，延壽歸心淨土主張念佛，也受宗密的啓發。又宗密有燄口普施法會，延壽亦常設普施餓鬼法會，故說延壽是宗密思想的繼承人無異。

以下針對延壽的思想及《宗鏡錄》一書進行研究，探討宗密思想對他的影響。

二、宗密對延壽思想的影響

（一）唯一真心

延壽的思想核心是唯一眞心。唯一眞心的意涵，可見於《宗鏡錄》〈標宗章〉：

> 今依祖佛言教之中，約今學人隨見心性發明之處，立心爲宗是故西天釋迦文佛云：佛語心爲宗，無門爲法門。此土初祖達磨大師云：以心傳心、不立文字。則佛佛手授授斯旨，祖祖相傳傳此心。以上約祖佛所立宗旨。又諸賢聖所立宗體者，杜順和尚依《華嚴經》立自性清淨圓明體，此即是如來藏中法性之體，從本已來性自滿足，處染不垢修治不淨，故云自性清淨，性體遍照無幽不矚，故曰圓明。又隨流加染而不垢，返流除染而不淨，亦可在聖體而不增，處凡身而不減。雖有隱顯之殊，而無差別之異。煩惱覆之則隱，智慧了之則顯。非生因之所生。唯了因之所了。斯即一切眾生自心之體，靈知不昧寂照無遺，非但華嚴之宗，亦是一切教體。〔註56〕

延壽釋名「立心爲宗」的心是釋迦所傳，以下祖祖相承以至達摩。此心是清淨圓明的華嚴一心，也是如來藏自性清淨心，更是一切教門闡述的清淨一法界。他直言承

〔註53〕《大正藏》，第四八冊。

〔註54〕同上。

〔註55〕同上。

〔註56〕《大正藏》，第四八冊，頁417。

繼自宗密的禪教和會思想，就是依據此心建立的。

> 若依教是華嚴，即示一心廣大之文。若依宗即達磨。直顯眾生心性之
> 旨如宗密禪師立三宗三教，和會祖教，一際融通。〔註57〕

吳越王錢俶《宗鏡錄》序文，也指延壽思想核心在於一心。並以「演暢萬法，明了一心」闡明延壽思想以一心為根本展開思想。不僅以「一心」會通禪教，更從「一心」出發，評判佛、道、儒三教，進而以心為基礎會通三教。

> 詳夫域中之教者三：正君臣親父子厚人倫，儒，吾之師也。寂分寥分
> 視聽無得。自微妙升虛無，以止乎乖風馭景。君得之則善建不拔，人得之
> 則延眠無窮，道，儒之師也。四諦十二因緣三明八解脫，時習不忘，日修
> 以得。一登果地，永達真常，釋道之宗也。惟此三教，並自心修。《心鏡
> 錄》者，智覺禪師所撰也。總乎百卷。包盡微言。我佛金口所宣，盈于海
> 藏，蓋亦提誘後學。師之智慧辯才，演暢萬法，明了一心，禪際河遊，慧
> 間雲布。〔註58〕

錢俶以延壽為依止，他的評述，雖不免有慕仰之情，但對延壽思想的論述，應十分切合延壽原旨。故由他的言論來判斷延壽的思想核心，乃至三教和會的基礎在一心，應屬適切。

以一心作為禪教和會、三教和會的基礎，顯然是承續宗密而來。下文將對延壽「唯一真心」與宗密真心進行比對，由內涵證實延壽「唯一真心」確承自宗密。

1、延壽「唯一真心」與宗密「真如一心」

> 故先德云：元亨利真乾之德也，始於一氣。常樂我淨佛之德也，本乎
> 一心。專一氣而致柔，修一心而成道。心也者，沖虛粹妙，炳煥靈明。無
> 去無來，冥通三際。非中非外，朗徹十方。不滅不生，豈四山之可害？離
> 性離相，奚五色之能盲？處生死流，驪珠獨耀於滄海；踞涅槃岸，桂輪孤
> 朗於碧天，大矣哉！萬法資始也。〔註59〕

以上是延壽對「心」的釋義，他以華嚴圓融無礙法界解釋「一心」，可見延壽的心為華嚴一心，立場同於宗密。事實上，引文中的「先德」即是宗密，對心的描述亦取自宗密《圓覺經大疏》〈本序〉。

延壽亦講心體上的知，

〔註57〕《宗鏡錄》，《大正藏》，第四八冊，頁614。

〔註58〕《宗鏡錄》，《大正藏》，第四八冊，頁415。

〔註59〕《宗鏡錄》，《大正藏》，第四八冊，頁425。

故云明是本明，即無念體上自有眞知。非別有知，知即心體也。〔註60〕

無念體上有眞知，且「知即心體」，說法完全同於宗密。

《宗鏡錄》〈標宗章〉以華嚴立場對心作闡述：

又諸賢聖所立宗體者，杜順和尚依《華嚴經》立自性清淨圓明體。此
即是如來藏中法性之體，從本已來性自滿足，處染不垢修治不淨，故云自
性清淨。性體遍照無幽不矚，故曰圓明。又隨流加染而不垢，返流除染而
不淨，亦可在聖體而不增，處凡身而不減。雖有隱顯之殊，而無差別之異。
煩惱覆之則隱，智慧了之則顯。非生因之所生，唯了因之所了。斯即一切
眾生自心之體，靈知不昧寂照無遺。〔註61〕

除了強調心的自性清淨圓明，一切具足外，更以荷澤「靈知不昧，寂照無遺」說明
心體之知。這華嚴的一心、荷澤的知，顯然都來自宗密。

再者，延壽曾對心作「四名十義」的分析，「四名」是心的四種分類；「十義」
以水爲喻闡述心的意涵。「四名」爲：

且約一心，古釋有四：一紇利陀耶。此云肉團心，身中五藏心也。如
《黃庭經》所明。二緣慮心。此是八識，俱能緣慮自分境故，色是眼識境，
根身種子器世界，是阿賴耶識之境。各緣一分故云自分。三質多耶。此云
集起心，唯第八識積集種子生起現行。四乾栗陀耶。此云堅實心，亦云眞
實心。此是眞心也。〔註62〕

延壽對四心的分類及說明完全沿用宗密《禪源諸詮集都序》之說法，

汎言心者，略有四種，梵語各別翻譯亦殊。一紇利陀耶，此云肉團心。
此是身中五藏心也（具如《黃庭經・五藏論》說也）。二緣慮心，此是八
識，俱能緣慮自分境故（色是眼識境，乃至根身種子器世界是阿賴耶識之
境，各緣一分，故云自分）。故此八各有心所善惡之殊諸經之中，目諸心
所總名心也，謂善心惡心等。三質多耶，此云集起心，唯第八識，積集種
子生起現行故（《黃庭經・五藏論》目之爲神，西國外道計之爲我，皆是
此識）。四乾栗陀耶，此云堅實心，亦云眞實心，此是眞心也。〔註63〕

接著延壽指前三者是相，第四者是性，而「性相無礙，同是一心」。前三心皆只是相，
完全以第四眞心爲宗旨：

〔註60〕《宗鏡錄》，《大正藏》，第四八冊，頁 627。
〔註61〕《宗鏡錄》，《大正藏》，第四八冊，頁 417。
〔註62〕《宗鏡錄》，《大正藏》，第四八冊，頁 434。
〔註63〕《大正藏》，第四八冊，頁 401。

> 然四心同體，眞妄義別本末亦殊。前三是相，後一是性。性相無礙，
> 都是一心，即第四眞心以爲宗旨。〔註64〕

延壽以第四種眞心對宗密的四心作結，他這個眞心即是宗密的眞如一心。「性相無礙，同是一心」的思路也來自宗密《禪源諸詮集都序》：

> 前三是相，後一是性。依性起相，蓋有因由，會相歸性，非無所以。
> 性相無礙，都是一心。迷之即觸面向牆，悟之即萬法臨鏡。若空尋文句，
> 或信胸襟，於此一心性相如了會。〔註65〕

此外，宗密《圓覺經大疏》：

> 一切諸法唯依妄念而有差別，若離心念則無一切境界之相，乃至唯是
> 一心，故名眞如。〔註66〕

及《圓覺經大疏鈔》：

> 唯心者，直是眞如之心。無爲、爲相、離諸緣慮分別。緣慮分別，亦
> 唯一心。〔註67〕

中「眞如」、「眞如之心」就是第四種眞心，所說的內涵亦是「性相無礙，皆是一心」的概念。

宗密引《大乘起信論》一心開二門理論，說心有眞如和生滅兩門，而以「眞如」爲最高本體：

> 眞心以不覺故，與諸妄想有和合不和合義。和合義者，能含染淨目爲
> 藏識，不和合者，體常不變目爲眞如。都是如來藏。故《楞伽經》云：寂
> 滅者名爲一心，一心者即如來藏。〔註68〕

此論證模式也被延壽沿用。延壽引《楞伽經》：

> 故《楞伽經》云：寂滅者名爲一心，一心都即如來藏，如來藏亦是在
> 纏法身。〔註69〕

如來藏藏識眞、妄兩義來相應心有性相兩面。繼而引《大乘起信論》進一步說明如來藏眞如、生滅兩門造成的眞妄情形：

> 又古德廣釋一心者，望一如來藏心含於二義：一約體絕相義，即眞如
> 門。謂非染非淨非生非滅，不動不轉平等一味。性無差別，眾生即涅槃不

〔註64〕《宗鏡錄》，《大正藏》，第四八冊，頁434。
〔註65〕《宗鏡錄》，《大正藏》，第四八冊，頁402。
〔註66〕《續藏經》，第十四冊，頁116。
〔註67〕《續藏經》，第十四冊，頁212。
〔註68〕《禪源諸詮集都序》，《大正藏》，第四八冊，頁401～402。
〔註69〕《宗鏡錄》，《大正藏》，第四八冊，頁434。

待減也，凡夫彌勒同一際也。二隨緣起滅義，即生滅門。請隨熏轉動成於
染淨，染淨雖成性恆不動，只由不動能成染淨，是故不動亦在動門。〔註70〕

再強調諸法雖有隨緣染淨之別，但本源皆是一眞如心：

一切諸法從本已來離言說相，離名字相。離究竟平等，無有變異，不
可破壞，唯是眞如。〔註71〕

這依然來自於宗密。宗密《圓覺經大疏鈔》：

畢竟平等，無有變異，不可破壞，唯是一心，故名眞如。〔註72〕

延壽最終歸結：法界一切皆一心所作，一心所轉。「一切三界唯心轉」，又回歸到華
嚴一心上。而華嚴一眞法界正是宗密眞心的特質之一。

延壽「十義」爲：

夫水喻眞心者。以水有十義同眞性故。一水體澄清，喻自性清淨心。
二得泥成濁，喻淨心不染而染。三雖濁不失淨性，喻淨心染而不染。四若
泥澄淨現，喻眞心惑盡性現。五遇冷成水而有硬用，喻如來藏與無明合成
本識用。六雖成硬用而不失濡性，喻即事恆眞。七煖融成濡，喻本識還淨。
八隨風波動不改靜性，喻如來藏隨無明風波浪起滅而不變自不生滅性。九
隨地高下排引流注，而不動自性，喻眞心隨緣流注，而性常湛然。十隨器
方圓，而不失自性，喻眞性普遍諸有爲法，而不失自性。〔註73〕

濕是水的本質，即水之性。或和泥成濁、或遇冷成冰、或煖融成濡、或隨風波
動、或隨地引注、或因器方圓，皆是水依外境不同而呈現出的不同樣貌，是水之相。
然而不論其相如何，皆保有性濕之本質。延壽以此爲喻，說明眞心遍於一切法，變
化作種種相，而有其常性。這種種相，因其常心而迴轉無礙：

一切諸法眞心所現，如大海水舉體成波，以一切法無非一心故，大小
等相隨心迴轉即入無礙。〔註74〕

延壽運用華嚴一乘十玄門的「廣狹自在無礙門」來表現一切即一，諸法皆由一眞
心出，而大小等相隨心變化，皆自在無礙的道理。《宗鏡錄》還有一處對眞心的解
法與此相近：

心是總相者，法界染淨萬類萬法不出一心。是心即攝一切世間出世間

〔註70〕《宗鏡錄》，《大正藏》，第四八冊，頁 434～435。
〔註71〕《宗鏡錄》，《大正藏》，第四八冊，頁 445。
〔註72〕《續藏經》，第十四冊，頁 212。
〔註73〕《宗鏡錄》，《大正藏》，第四八冊，頁 451。
〔註74〕《宗鏡錄》，《大正藏》，第四八冊，頁 469。

法，故名總相。〔註75〕

染淨萬法皆出於一心，心含攝所有世間及出世間法，故延壽說心爲總相，相當於宗密《禪源諸詮集都序》：

> 設有人問：說何法不變，何法隨緣？只合答云心也。不變是性，隨
> 緣是相。當知性相皆是一心上義。今性相二宗互相非者，良由不識眞心。
> 每聞心字將謂只是八識，不知八識但是眞心上隨緣之義。故馬鳴菩薩以
> 一心爲法，以眞如生滅二門爲義。《論》云：依於此心顯示摩訶衍義，心
> 眞如是體，心生滅是相用。只說此心不虛妄故云眞，不變易故云如。是
> 以《論》中一一云心眞如心生滅。今時禪者多不識義，故但呼心爲禪；
> 講者多不識法，故但約名說義，隨名生執難可會通。聞心爲淺聞性謂深，
> 或卻以性爲法以心爲義。故須約三宗經論相對照之法義既顯，但歸一心
> 自然無諍。〔註76〕

綜上所述，延壽「唯一眞心」承自宗密「眞如一心」無異。

2、延壽「心生萬法」與宗密「眞性是萬法之源」

延壽和宗密講心、法的關係時，皆本於華嚴「唯一眞法界，即是一心」的概念。

延壽思想以心爲核心，他認爲法界一切諸法皆由心生，心生則種種法生。《宗鏡錄》卷二：

> 心也者，沖虛粹妙，炳煥靈明。無去無來，冥通三際。非中非外，
> 朗徹十方。不滅不生，豈四山之可害？離性離相，奚五色之能盲？處生
> 死流，驪珠獨耀於滄海；踞涅槃岸，桂輪孤朗於碧天。大矣哉！萬法資
> 始也。〔註77〕

他認爲心法總有四義：

> 心法總有四義：一是事隨境分別見聞覺知。二是法論體唯是生滅法
> 數。此二義論俗故有，約眞故無。三是理躬之空寂。四是實論其本性唯是
> 眞實如來藏法。〔註78〕

前二義是慮緣妄心，依之而法有生滅；後二義是眞實心，因之而眞心常住不變。兩者的關係在於：

> 但說一切諸法依心爲本，當知一切諸法悉名爲心。又一切諸法從心所

〔註75〕《大正藏》，第四八冊，頁460。
〔註76〕《大正藏》，第四八冊，頁401。
〔註77〕《大正藏》，第四八冊，頁425。
〔註78〕《宗鏡錄》，《大正藏》，第四八冊，頁頁433～434。

起，與心作相和合而有，共生共滅，同無有住，以一切境界但隨心所緣，

念念相續故，而得住持，暫時而有。〔註79〕

諸法由心所作，與心和合而有，法與心共生共滅。境依心所緣而有，離心則無。這和《禪源都詮集都序》宗密所言相同：

三界虛偽，唯心所作，離心則無六塵境界，乃至一切分別。〔註80〕

既知本無有法，法由心生，而名是依法而立，故知名亦由心起，若無心則無一切名。《宗鏡錄》說「一切法與名俱自性空」，二者都是「假施設」：

如來名號，十方不同。般若一法，說種種名。解脫亦爾，多諸名字。

故大般若經云：如一切法名，唯客所攝，於十方三世，無所從來，無所至去，亦無所住。一切法中無名，名中無一切法，非合非散，但假施設，所以者何？以一切法與名俱自性空。〔註81〕

故說延壽以為萬法源一心，連諸佛的德行亦源於一心：

心該萬法。謂非但念觀佛由於自心。菩薩萬行。佛果體用。亦不離心。亦去妄執之失。謂有計云。萬法皆心。〔註82〕

宗密亦有萬法源於一心的說法，《禪源諸詮集都序》：

況此真性非唯是禪門之源，亦是萬法之源，故名法性；亦是眾生迷悟之源，故名如來藏藏識（出《楞伽經》）；亦是諸佛萬德之源，故名佛性（《涅槃》等經）；亦是菩薩萬行之源，故名心地。〔註83〕

宗密稱為真性、法性者，延壽稱之真心，二者實一。

此外，延壽以「一心即萬法」〔註84〕、「心外無法，法外無心」〔註85〕說明心外別無一法。此觀念亦見於宗密《禪源諸詮集都序》：

諸法是全一心之諸法，一心是全諸法之一心。〔註86〕

及

三界虛偽唯心的離心則無六塵境，乃至一切分別。〔註87〕

又延壽闡述心的妙用無方時，先以「如意珠」的神奇奧妙說明「一法能生無量義」，

〔註79〕《宗鏡錄》，《大正藏》，第四八冊，頁439。

〔註80〕《大正藏》，第四八冊，頁405。

〔註81〕《大正藏》，第四八冊，頁479。

〔註82〕《萬善同歸集》，《大正藏》，第四八冊，頁958。

〔註83〕《大正藏》，第四八冊，頁399。

〔註84〕《宗鏡錄》，《大正藏》，第四八冊，頁846。

〔註85〕《宗鏡錄》，《大正藏》，第四八冊，頁850。

〔註86〕《大正藏》，第四八冊，頁407。

〔註87〕《大正藏》，第四八冊，頁405。

再以「心遍一切法」，又此「一一法皆生無量義」加以推論，得出「心能含萬法，歷一切教」，實妙用無方。

夫心者，神妙無方至理玄邈。三際求而叵得，二諦推而莫知。無像無名，不可以測其深廣。無依無住，不可以察其指蹤。細入無間之中，不可以言其小。大包乾象之外，不可以語其深。至道虛玄，孰能令有。幽靈不墜，孰能令無。跡分法界而非多，性合真空而非一，體凝一道而非靜，用周萬物而匪勞。如如意珠天上勝寶，狀如芥粟有大功能，淨妙五欲七寶琳瑯，非內畜非外入，不謀前後不擇多少，不作麁妙稱意豐儉。降雨濛濛不添不盡，利濟無窮。蓋是色法，尚能如是。豈況心神靈妙寧不具一切法耶？故經云：佛言，一切聲聞獨覺菩薩，皆共此一妙清淨道，皆同此一究竟清淨，更無第二。我依此故密意說言，唯有一乘，乃至譬如虛空遍一切處皆同一味，不障一切所作事業。如是世尊，依此諸法皆無自性皆同一味，不障一切聲聞緣覺及諸大士所修事業。寒山子詩云：余家住此號寒山，山巖栖息離煩喧。泯時萬像無痕跡，舒即周流遍大千。光影騰輝照心地，無有一法當現前。方知摩尼一顆寶，妙用無窮處處圓。還原觀云：定光顯現無念觀者，謂一乘教中白淨寶網萬字輪王之寶珠。此珠體性明徹十方齊照，無思成事念者，皆從雖現奇功心無念慮。若人入此大妙止觀門中，無思念慮，任運成事。如彼寶珠遠近齊照分明顯現廓徹虛空，不爲二乘外道塵霧煙雲之所障蔽。清涼《疏》云：猶一日宮千光並照，隨舉一法有無量門。然有二義，一約相類，如一無常門，有生老病死，聚散合離，得失成壞，三災四相，外器內身，剎那一期，生滅轉變，染淨隱顯，皆無常門，餘亦如是。二就性融不可盡也。謂法性寂寥雖無諸相，無相之相不礙繁興，是以依體普現，若月入百川，尋影之月月體不分。即體之用，用彌法界，體用交徹，故不思議。輔行記問云：一心既具十法界因果，但觀於心何須觀具？答：一家觀門永異諸說該攝一切十方三世若凡若聖一切因果者，良由觀具，具即是假。假即空中，理性雖具，若不觀之，但言觀心則不稱理。小乘奚嘗不觀心耶？但迷一心具諸法耳。問：若不觀具爲屬何教？答：別教教道從初心來。但云次第生於十界，斷亦次第故不觀具。或稟通教即空但理或稟三藏寂滅真空。如此等人何須觀具？何者藏通但云心生六界觀有巧拙，即離不同，是故此兩教不須觀具。尚不識具，況識空中。若不爾者，何名發畢竟二不別。成正覺已何能現於十界身土。又復學者，縱知內心具三千法，不知我遍彼三千。彼彼二千互遍亦爾，苟順凡情生內外見，應照

理體本無四性心佛眾生三無差別。能知此者,依俙識心。《華嚴論》云:
以一心大智之印,印無始三世,總在一時,無邊諸法智印咸遍,以智等諸
佛故,以智等眾生心故,以智等諸法故,以智無中邊表裡三世長短近遠故,
為智過虛空量故,如世虛空無所了知。如無分別虛空,一念而能分別過虛
空等法門。是故經頌言:一切虛空猶可量,諸佛說法不可說。又《頌》云:
普光明智等虛空,虛空但空智自在。所以《無量義經》云:無量義者,從
一法生,即知一法能生無量義。所謂一心,一一法皆生無量義者,以心遍
一切法一一法無非心故。以略代總,故知略心能含萬法歷一切教。〔註88〕

延壽這個理路實由宗密《禪門師資承襲圖》顯發而來:

若據多義以顯一體,即萬法皆是一心。〔註89〕

　　綜上所述,可得延壽心、法關係的內涵實多採自宗密,而析論的更深入、更完
整。

3、延壽「真心遍一切處」與宗密「自性清淨常住真心」

　　延壽將心分為真、妄兩義:

　　　總立一心別含多義:真如門內無自無他,生滅門中有善有惡。隨緣開
　　　合雖異,約性一理無差。〔註90〕

說「若實若幻,皆是一心」〔註91〕,並對真、妄二心加以說明:

　　　真心以靈知寂照為心,不空無住為體,實相為相。妄心以六塵緣影為
　　　心,無性為體,攀緣思慮為相。〔註92〕

妄心無自性,是攀緣思慮所生,可視為真心上的影像,若以延壽《宗鏡》的說法,
將真心喻為鏡,則妄心即為鏡中影。影像滅時,妄亦斷,故不可執妄心以為真。又
延壽稱妄心乃是「妙明真精妙心中所現物」〔註93〕,妄心本空而真心常住,正如鏡
體常明而影像原寂,亦如波浪本空而濕性不變。故延壽言「常住真心,無有變異」
〔註94〕,這指出真心有常住、不變之性。延壽另有:

　　　了真心不動故,則萬法不遷,即常住義,若見萬法遷謝,皆是妄心,
　　　以一切境界唯心妄動,心若不起,外境本空,以從識變故。若離心識,則

〔註88〕《宗鏡錄》,《大正藏》,第四八冊,頁481。
〔註89〕《續藏經》,第一一○冊,頁437。
〔註90〕《宗鏡錄》,《大正藏》,第四八冊,頁572。
〔註91〕《宗鏡錄》,《大正藏》,第四八冊,頁569。
〔註92〕《宗鏡錄》,《大正藏》,第四八冊,頁431。
〔註93〕同上。
〔註94〕《宗鏡錄》,《大正藏》,第四八冊,頁601。

尚無一法常住，豈況有萬法遷移。〔註95〕

亦強調眞心的常住、不變，而萬法的遷移、生滅皆是執妄心而起。

延壽這兼具眞、妄二義之心和宗密相當，本源都來自《大乘起信論》。

《大乘起信論》一心開二門理論中，依心的眞如門說「是心從本以來，自性清淨」〔註96〕。宗密據此加以闡發，指眞心有常住、超越一切對待義。此自性清淨的眞心，自無始以來乃至未來無盡之際皆不滅不滅，故是「常住」之眞心。而且眞心自性本淨「不待會色歸空，不因斷惑成淨」，超越了色空，惑淨的相對，是超越一切對待義之眞心。《圓覺經大疏鈔》：

　　　自性清淨常住眞心者，不待會色歸空，不因斷惑成淨，自心本淨，故

　　云自性清淨。〔註97〕

延壽在宗密「常住」、「超越一切對待」的基礎上開出「眞心遍一切處」的理路。他以眞心自性清淨，妄念乃受無明而起。妄念本身幻化不實，唯眞心實有，如一念不生則萬法不起，唯存眞心。諸佛境智亦遍界遍空，唯眞心廣大含容，遍一切處。又因此眞心遍一切處，故佛與眾生無別，皆同一心，佛見眾生皆是佛身，一切國土皆是佛土，一切法皆是佛法，故一心即一切心。所以說「唯一眞心，圓成周遍。」〔註98〕

綜上所論，由理論根源看，延壽「眞心遍一切處」根源於《大乘起信論》及華嚴的法界觀，與宗密眞心相同。由內涵看，延壽「眞心遍一切處」發展自宗密「自性清淨常住眞心」。故延壽心性論基礎來自宗密眞心思想，可得證。

4、延壽承續宗密完成了以一心為核心的思想體系

（1）源　起

中國佛教核心思想的建立，肇源於對印度大乘佛法中中觀和唯識思想的批判。中國佛教對傳自印度的佛教思想長期咀嚼、消化、吸吸之後漸漸茁壯，加上中國傳統文化根基厚植，佛教思想家們逐漸發現，對中國佛教影響深廣的印度中觀、唯識等大乘佛教哲學的中心思想有其缺漏，中國佛教實在有建立自己思想核心的必要。再加上中國佛教的思想家，在對印度佛教的傳承上並非是全盤引進、照單全收，而是有所揀擇、有所創造。所以不論在思想或實踐上，中國佛教已發展出一種新的模式，這個新的思想體系，已不同於印度佛教中的中道或中觀、唯

〔註95〕《宗鏡錄》，《大正藏》，第四八冊，頁606。
〔註96〕《大乘起信論》，《大正藏》，第三二冊，頁577。
〔註97〕《續藏經》，第十四冊，頁257。
〔註98〕《宗鏡錄》，《大正藏》，第四八冊，頁667。

識等思想系統。中國佛教核心思想的出現，日本學者中村元及冉雲華都曾探討過，以下引冉雲華的看法：

> 經過了近一個多世紀的努力，學術界不斷地研究出版，終於證明了中國的思想家，包括高僧和學者，在佛經的翻譯、理想、分析、詮釋及實踐上，大多是有所選擇、有所發展、有所創造，有自己獨特的思維模式。中國佛教中的宗派思想，雖以印度佛經爲根據，但是印度本身並未出現相同的哲學體系，而是只是在中國才建立的。而中國佛教哲學中也有核心思想超越宗派界限，達到足以代表中國佛教全體的高度和深度。〔註99〕

中國佛教所建立的是以「一心」爲核心的思想體系。它的形成，據冉的說法是：

> 「一心」的概念首先由天台宗倡導，再由華嚴思想補充和豐富，經過禪教合一的醞釀又加上禪宗後來成爲中國佛教主流的發展，終於成爲中國佛教的核心思想。〔註100〕

根據筆者的考察，「一心」的概念雖由天台宗提出，然而天台「一心」的意涵與作爲中國佛學核心思想的「一心」大不同。以一心哲學作爲中國佛教思想核心主要應建立於宗密。宗密的禪教合一思想，正式引華嚴義理入禪心，豐富了「一心」的內涵，華嚴思想亦成爲「一心」思想的理論根據，加上《大乘起信論》一心開二門理論，之後以「心」作爲主體的思想便在中國佛教哲學上紮根萌芽。直至延壽的「唯一眞心」，整個思想體系完整地完成。從此，一心思想成爲中國佛教思想中心，超越了各宗派的界限，代表整個中國佛教。

（2）建立與發展

中國佛教界大概自法藏後對印度佛教才有較重大的批評。他在《華嚴金獅子章》一書中，批評唯識講三性關係時將性相分離，他以爲性相應是相通相融、無障無礙的。法藏後，澄觀、宗密相繼對唯識有所批評，宗密更接著批評中觀思想，進而提出「眞心即性」的說法，「心」爲思想核心從此建立。

澄觀在《華嚴綱要》〔註101〕一書提出法相和法性的十大差異，並指法相爲權教，

〔註99〕冉雲華，〈論中國佛教核心思想的建立〉，《中國佛學學報》，第十三期（2000），頁420。冉在文中說明：參閱中村元，《東洋人的思維方法》（東京，昭和36年）及拙著有關論文，《中國禪學研究論集》（臺北：東初，民國79年），頁108～160；JAN, Y. H. 論文："Patterns of Chinese Assimilation of Buddhist Thought", Journal of Oriental Studies, XXIV（1986），pp.21～36。）

〔註100〕冉雲華，〈論中國佛教核心思想的建立〉，《中國佛學學報》，第十三期（2000），頁420～421。

〔註101〕根據冉雲華在〈論中國佛教核心思想的建立〉一文刊（登於《中國佛學學報》，第十三期，頁422）：《綱要》一書，只有日本金澤文庫的抄本倖存。澄觀的十點判別，

法性爲實教，這是他對唯識哲學直接的批評。

　　　　一、一乘三乘異。二、一性五性異。三、唯心妄眞異。四、眞如隨緣異。五、三性空有異。六、生佛不增不減異。七、二諦空有離即異。八、四相前後異。九、能所斷即異。十、佛身有爲無爲異。〔註102〕

　　持法性思想爲高的澄觀對心相當重視。他在《華嚴心要法門》對心的描述，儼然已將心視爲本體，

　　　　至道本乎其心，心法本乎無住。無住心體，靈知不昧。性相寂然，包含德用。該攝內外，能廣能深。非空非有，不生不滅。求之不得，棄之不離。〔註103〕

所以，以「一心」爲核心的思想體系的建立可說始於澄觀。

　　宗密師承澄觀，諸多思想受到澄觀的影響或啓發。更難得的是，他往往能在澄觀所提供的思想基礎上加以發揮、創新，開發出自己的道路。他的法性和一心思想來自澄觀，而較澄觀更深入、更縝密。首先談法性思想：

　　宗密《圓覺經大疏》、《禪源諸詮集都序》、《原人論》皆對法相思想有所評論。《圓覺經大疏》引用澄觀所提的性、相的十大差異。《禪源諸詮集都序》將法相宗劃爲「將識破境教」，屬不了義教。

　　澄觀教是華嚴，禪屬牛頭。他區別法相和法性，主要在批判法相宗。他的法性思想並未有空性之分。宗密教是華嚴，禪屬荷澤。他將禪分三宗，教分三種，爲達到禪教合一的理想，他除了繼承澄觀的思想〔註104〕，將法相和法性作區別，把法相宗列於「將識破境教」，更將法性思想進一步分爲「密意破相顯性教」和「顯示眞心即性教」，前者是空宗，亦屬不了義；後者是性宗，才是眞正的了義教。宗密以空宗的「中觀」思想斥破法相宗的唯識思想。《禪源諸詮集都序》：

　　　　前教之中所變之境既皆虛妄，能變之識豈獨眞實？心境互依，空而似有故也。且心不孤起，託境方生，境不自生，由心故現。心空即境謝，境滅即心空，未有無境之心，曾無無心之境！如夢見物，似能見、所見之殊，其實同一虛妄，都無所有，諸識諸境，亦復如是，以皆假託眾緣，無自性

　　　　見鎌田茂雄，《中國華嚴思想史的研究》（東京大學，1975年），頁207。宗密在《圓覺經略疏註》中，亦抄有這十條判。見《大正藏》，第三九冊，頁525～526。

〔註102〕《大正藏》，第三九冊，頁525～526。

〔註103〕《宋版景德傳燈錄》（京都：中文，1976），頁308。

〔註104〕宗密《圓覺經大疏》卷上，完整引入澄觀《華嚴綱要》對法相宗的十點批判。見《大正藏》，第十四冊，頁114。

故。未曾有一法，不從因緣生，是故一切法，無不是空者。〔註105〕

並對中觀「空義」提出詰難：

今復詰此教曰：若心境皆無，知無者誰？又若都無實法，依何現諸虛
妄？且現見世間虛妄之物，未有不依實法而能起者：如無濕性不變之水，
何有虛妄假相之波？若無淨明不變之境，何有種種虛假之影？又前說夢想
夢境同虛妄者，誠如所言。然此虛妄之夢，必依睡眠之人。今既心境皆空，
未審依何妄現。故知，此教但破執情，亦未明顯真靈之性。〔註106〕

再以空宗、性宗的十項差異，對空宗的中觀思想進行批判。《禪源諸詮集都序》：

一、法義真俗異。二、心性二名異。三、性字二體異。四、真智真知
異。五、我法有無異。六、遮詮表詮異。七、認名認體異。八、二諦三諦
異。九、三性空有異。十、佛德空有異。〔註107〕

而以「顯示真心即性教」為了義教。《禪源諸詮集都序》：

……一切眾生皆有空寂真心，無始本來，性自清淨……明明不昧，
了了常知。盡未來際，常住不滅，名為佛性，亦名如來藏，亦名心地。
〔註108〕

宗密「真心即性」超越了澄觀，首度將「心」與「性」結合，將哲學重心由「性」
轉到「心」。他的理路是把「如來藏」的概念，由清淨自性的「自性」下落到「真心」
上，以人人皆具有四心接引，將真心落實在理與事上，《禪源諸詮集都序》：

一紇利陀耶，此云肉團心，此是身中五藏心也（具如《黃庭經‧五藏
論》說也）。二緣慮心，此是八識，俱能緣慮自分境故（色是眼識境，乃
至根身種子器世界，是阿賴耶識之境，各緣一分，故云自分）。此八各有
心所善惡之殊，諸經之中目諸心所，總名心也，謂善心惡心等。三質多耶，
此云集起心，唯第八識，積集種子生起現行故（《黃庭經‧五藏論》目之
為神，西國外道計之為我，皆是此識）。四乾栗陀耶，此云堅實心，亦云
貞實心，此是真心也。然第八識無別自體，但是真心，以不覺故，與諸妄
想有和合不和合義。和合義者，能含染淨，目為藏識；不和合者，體常不
變，目為真如。都是如來藏。……然雖同體，真妄義別，本末亦殊，前三
是相，後一是性。依性起相，蓋有因由。會相歸性，非無所以，性相無礙，

〔註105〕《大正藏》，第四八冊，頁404。

〔註106〕《注華嚴法界觀門》，《大正藏》，第四五冊，頁709～710。

〔註107〕《大正藏》，第四八冊，頁406。

〔註108〕《大正藏》，第四八冊，頁399。

都是一心。〔註 109〕

肉團、思慮、集起心是相，真心是性。「性相無礙，都是一心」，這一心就是真心，就是如來藏。而「依性起相」，所有染淨諸法皆由此真心出。如此，心就成了精神與現象世界共同的起源。自此「真心」取代「性」，成爲中國佛教思想的核心。

宗密把法性分空、性兩宗，以後者「真心即性」爲了義，此爲延壽所繼承。延壽將一心思想發揮至極，將道家「乾德之始」、自然世界的氣，也含攝在一心體系下。故延壽的一心不僅是成佛超越的依據，也包含了自然無限的範圍，是一切有爲、無爲的根源。延壽說法是：「總該萬有、以爲一心」。冉雲華對此說的極爲清楚：

> 這一「總該萬有，以爲一心」，不但是佛德之本，就是自然世界也是由乾德之始一氣而生。這兩種概念：氣與心，經過宗教修習的陶冶：專氣致柔，修心成道，就統一於「一心」體系之內。延壽引用宗密的話說：「大矣哉，萬法資始也。萬法虛僞，緣會而生，生法本無，……但是一心。」〔註 110〕這種將心擴大至自然無限範圍，看作是一切根源之說，是佛、道兩種思想合流以後才得到的新結果，這在印度佛教主流思想中是看不到的。〔註 111〕

延壽這「總該萬有」的一心體系並且包含了印度佛教，以及中國佛教各宗教旨。他承襲宗密和會各宗的思想，做到了「會萬爲己」，將天台、唯識、華嚴、禪宗各宗各派的教義加以調和排解，統一於「一心」之下，成爲一和諧完整的思想體系，真正達成了宗密和會各宗的任務。而這一心思想體系的理論基礎和宗密禪教合一思想的理論基礎，同樣是華嚴的「自性清淨圓明體」。《宗鏡錄》：

> 西天釋迦文佛云：佛語心爲宗，無門爲法門。此土初祖達磨大師云：以心傳心不立文字，則佛佛手授授斯旨，祖祖相傳傳此心。已上約祖佛所立宗旨，又諸賢聖所立宗體者。杜順和尚依《華嚴經》立自性清淨圓明體，此即是如來藏中法性之體，從本已來性自滿足，處染不垢修治不淨，故云自性清淨；性體遍照無幽不矚，故曰圓明。又隨流加染而不垢，返流除染而不淨，亦可在聖體而不增，處凡身而不減。雖有隱顯之殊，而無差別之異。煩惱覆之則隱，智慧了之則顯。非生因之所生，唯了因之所了。斯即一切眾生自心之體，靈知不昧寂照無遺，非但華嚴之宗，

〔註 109〕《大正藏》，第四八冊，頁 401。
〔註 110〕《宗鏡錄》，《大正藏》，第四八冊，頁 425。
〔註 111〕冉雲華，〈論中國佛教核心思想的建立〉，《中國佛學學報》，第十三期（2000），頁 427～428。

亦是一切教體。〔註112〕

延壽「一心」體系不僅有理論，也包含實踐哲學及修習實務。他的實踐哲學《觀心玄樞》〔註113〕一書，將佛教傳統的修習實務全部涵攝在「觀心」中。於是宗教實踐也收入一心體系內。將宗教實踐納入一心體系的歷程，冉雲華大作《永明延壽》有深入的論述〔註114〕。

自宗密至延壽，以一心為核心的中國佛教思想體系，完整建立了，降至今，尚無其他思想足以取代，而二人所宗的禪宗，也成為今日佛教主流，其二人對佛教的影響不可謂不大。

（二）禪教合一

延壽認為崇教毀禪或宗禪斥教，都有偏執之病。須融教、禪為一爐，以華嚴義理闡明禪宗旨趣，以禪心證入華嚴法界，方能去偏執之弊。此禪教相融相會的思想正是禪教合一。這禪教合一思想完全源自宗密。

延壽和宗密同為禪僧。二人都曾為禪宗「不立不字，教外別傳」的宗法有所辯解。宗密《禪源諸詮集都序》為經教請命：

> 達摩受法天竺、躬至中華，見此方學人多未得法，唯以名數為解，事相為行，欲令知月不在指，法是我心。故但以心傳心，不立文字。顯宗破執，故有斯言，非離文字說解脫也。故教授得意之者，即頻讚《金剛》、《楞伽》，云此二經，是我心要。〔註115〕

延壽《宗鏡錄》也為禪宗不重經教開脫：

> 非是一向不許看教，恐慮不詳佛語，隨文生解，失於佛意，以身初心。〔註116〕

相較下，不難看出延壽的說法近於宗密。更直接的證據，是延壽解釋禪教合一的正當性時，完全引用宗密的話，可見其禪教合一思想的確深受宗密的影響。《宗鏡錄》卷一：

> 以聖言為定量，邪偏難移；用至教為指南，依憑有據。故圭峰和尚云：謂諸宗始祖即是釋迦，經是佛語禪是佛意，諸佛心口必不相違。諸祖相承根本，是佛親付。菩薩造論始末，唯弘佛經。況迦葉乃至趨多弘傳皆兼三

〔註112〕《大正藏》，第四八冊，頁 417。
〔註113〕《續藏經》，第一一四冊。
〔註114〕冉雲華，《永明延壽》（台北：東大，1999.06），頁 158～170。
〔註115〕《大正藏》，第四八冊，頁 400。
〔註116〕《大正藏》，第四八冊，頁 418。

藏。及馬鳴龍樹，悉是祖師，造論釋經數十萬偈，觀風化物無定事儀。所
以凡稱知識法爾須明佛語印可自心，若不與了義一乘圓教相應，設證聖果
亦非究竟。〔註117〕

宗密的禪教合一，教立華嚴最高，禪則以荷澤爲最勝。荷澤禪法上承曹溪，乃
是達摩所傳的如來清淨禪。延壽亦主張教依華嚴、禪宗達摩，二人立場一致。《宗鏡
錄》卷三十四：

　　若依教是華嚴，即是一心廣大之文，若依宗即達摩，直顯眾生心性之
　旨。如宗密禪師立三宗三教，和會祖教，一際融通。〔註118〕

依上文，延壽「和會祖教，一際融通」的方法正是宗密「立三宗三教」，將禪教各分
三個子系統，然後一一相對應的方法。延壽《宗鏡錄》對禪三宗、教三種的分判及
詮釋，完全同於宗密《禪源諸詮集都序》。《宗鏡錄》卷三十四：

　　禪三宗者，一息妄修心宗、二泯絕無寄宗、三直顯心性宗。教三種者，
　一密意依性說相教、二密意破相顯性教、三顯示眞心即性教。先敘禪宗：
　初息妄修心宗者，說眾生雖本有佛性，而無始無明覆之不見，故輪迴生死，
　諸佛已斷妄想故，見性了了出離生死，神通自在。當知凡聖功用不同。外
　境由心故，各有分限，故須背境觀心息滅妄念。念盡即覺，無所不知，如
　鏡昏塵，塵盡明現，須修禪觀，遠離喧雜，調息調身，心注一境等。二泯
　絕無寄宗者，說凡聖等法皆如夢幻，都無所有本來空寂，非今始無，即此
　達無之智亦不可得。平等法界無佛眾生，法界亦是假名，心既不有，誰言
　法界？無修不修，無佛不佛。設有一法勝過涅槃，我說亦如夢幻，無法可
　拘，無佛可作，凡有所作皆是迷妄，如了達本來無事，心無所寄方免顛倒，
　始名解脫。三直顯心性宗者，說一切諸法若有若空，皆唯眞性。無相無爲，
　體非一切謂非凡非聖。然即體之用，謂能凡能聖等。於中指示心性復有二
　類，一云：即今能言語動作貪嗔慈忍造善惡受苦樂等，即汝佛性，即此本
　來是佛，除此無別佛。了此天眞自然故，不可起心修道，道即是心，性如
　虛空不增不減，但隨時隨處息業養神，自然神妙，此爲眞悟。二云：諸法
　如夢諸聖同說，妄念本寂塵境本空，本空之心靈知不昧。即此空寂之知，
　是汝眞性，任迷任悟心本自知，不藉緣生，不因境起，知之一字眾妙之門。
　若頓悟此空寂之知，知且無念無形，誰爲我相人相，覺諸相空，心自無念，
　念起即覺，覺之即無修行妙門，唯在此也。此上兩說皆是會相歸性，故同

〔註117〕同上。
〔註118〕《大正藏》，第四八冊，頁614。

一宗。次佛教三種，一密意依性說相教者，佛說三界六道悉是真性之相，但是眾生迷性而起無別自體，故云依性。然根鈍者，本難開悟，故且隨他所見境相，說法漸漸度之，故云說相。說未彰顯，故云密意。此一教中自有三類：一人天因果教，說善惡業報令知因果。二斷惑滅苦教，說三界無安皆如火宅之苦，令斷業惑之集修道證滅等。三將識破境教，說上生滅等法不關真如，但各是眾生無始已來，法爾有八種識，於中第八識是其根本。頓變根身器界種子，轉生七識，各能變現自分所緣。此八識外都無實法。問：如何變耶？答：我法分別熏習力故，諸識生時變似我法。六七二識無明覆故，緣此執為實我法。如患夢者，患夢力故，心似種種外境相現。夢時執為實有外物，寤來方知唯夢所變。我此身相及外世界亦復如是，唯識所變，迷故執有我及諸境。既悟本無我法，唯有心識遂依此二空之智，修唯識觀及六度四攝等行。漸漸伏斷煩惱所知二障，證二空所顯真如，十地圓滿轉八識成四智菩提。真如障盡成法性身大涅槃之果。此第三將識破境。與禪門息妄修心宗而相扶會。以知外境皆空故，不修外境事相唯息妄修心也，息我法之妄修唯識之心。二密意破相顯性教者，據真實了義，則妄執本空更無可破，無漏諸法，是真性隨緣妙用永不斷絕，又不應破。但為一類眾生執虛妄相，障真如實性難得玄悟故。佛且不揀善惡垢淨性相一切訶破，以真性及妙用不無而且云無，故云密意。又意在顯性語乃破相，意不形於言中，故云密也。此教說前教中所變之境既皆虛妄，能變之識豈獨真實？心境互依，空而似有，且心不孤起託境方生，境不自生，由心故現。心如境謝，境滅心空，皆假眾緣無自性故，是以一切諸法無不是空。凡所有相皆是虛妄，是故空中無五陰六根因緣四諦，無智亦無得，生死涅槃平等如幻。此教與禪門泯絕無寄宗全同。三顯示真心即性教直示自心即是真性，不約事相而示，亦不約破相而示，故云即性。不是方便隱密之意，故云示也。此教說一切眾生皆有空寂真心，無始本來性自清淨，明明不昧，了了常知，盡未來際常住不滅，名為佛性，亦名如來藏，亦名心地。達磨所傳是此心也。〔註119〕

延壽的禪教合一思想仍延續宗密以教照心、藉教明宗的理路，且除華嚴外，延壽更以天台、唯識等宗的觀點來會通禪宗，範圍較宗密擴大，但禪教相融的內涵和方法，延壽和宗密實同出一轍。

〔註119〕《大正藏》，第四八冊，頁614～615。

以上論證可得，延壽禪教合一思想實源於宗密。

（三）禪淨合一

禪宗一貫主張自力見性成佛，淨土則講究往生西方，憑藉佛力成就正果。唐時，禪與淨土兩宗都迅速發展，已成相當氣候。禪宗對淨土宗的不滿與批評頗多，淨土宗與禪宗間的辯答也時而可見。舉凡文化活動都是相爭後繼而相融，禪與淨土的競爭也不例外，慧日、飛錫（約活動於西元 742～766 年）、宗密皆以相融來排解禪與淨土的相爭。

> 慧日主張佛陀的一切言教、行儀等，全是往生淨土的行業，不必加以價值評估而作取捨。〔註 120〕他的這種主張不但回答了禪宗對淨土信仰的批判，同時也為後來的禪淨一致、教行相融、各宗通會等發展，奠立下理論基礎。〔註 121〕

飛錫認為淨土宗的念佛三昧是禪定中的上乘法門，將念佛三昧稱為禪定法門中的「寶王」，禪與淨土因而相連，此見於其著作《念佛三昧寶王論》〔註 122〕。宗密《禪源諸詮集都序》更深入指出禪與淨土是相融相會的。

> 萬行不出六波羅密，禪門但是六中之一，當其第五，豈可都目真性為一禪行哉！然禪定一行，最為神妙，能發起性上無漏智慧。一切妙用，萬德萬行，乃至神通光明，皆從定發。故三乘學人，欲修聖道，必須修禪。離此無門，離此無路。至於念佛求生淨土，亦須修十六觀禪，及念佛三昧、般舟三昧。〔註 123〕

他認為禪定能發起性的無漏智慧，是任何修行法門都必經的道路，「離此無門，離此無路」，包括淨土宗的念佛法門，它的「十六觀禪」、「念佛三昧」、「般舟三昧」都不離禪定，以此攝淨土於禪中，這和他一貫的和會立場吻合，禪與淨土仍是相融相會的。

真正明確提出「禪淨合一」的是延壽。延壽《萬善同歸集》多援引慧日、飛錫二位淨土大師的言語解釋自己的想法，但他的禪淨合一思想走的是宗密和會、融合的道路。《萬善同歸集》冊上：

> 問：即是心是佛，何須外求？若認他塵，自法即隱。答：諸佛法門，

〔註 120〕舟雲華說明他參閱湯用彤的《隋唐佛教史稿》，頁 190～194。及日學者柴田泰近，〈中國淨土教にずける唯心淨土思想的研究〉，《札幌大谷短期大學紀要》，第 22 號（1990 年），頁 1～97。

〔註 121〕舟雲華，《永明延壽》（台北：東大，1999.06），頁 192。

〔註 122〕《大正藏》，第四七冊。

〔註 123〕《大正藏》，第四八冊，頁 399。

亦不一向，皆有自力他力自相共相。十玄門之該攝，六相義之融通，隨緣似分，約性常合。從心現境，境即是心，攝所歸能，他即是自。古德云：若執心境爲二，遮言不二。以心外無別塵故。若執爲一，遮言不一，以非無緣故。《淨名經》云：諸佛威神之所建立。智者大師云：夫一向無生觀人，但信心益，不信外佛威加益。經云：非內非外，而內而外，而內故諸佛解脫於心行中求，而外故諸佛護念。云：何不信外益耶？夫因緣之道，進修之門，皆眾緣所成，無一獨立。若自力充備，即不假緣；若自力未堪，須憑他勢，譬如世間之人在官難中，若自無力得脫，須假有力之人救拔。又如牽拽重物，自力不任，須假眾它之力，方能移動。但可內量實德，終不以自妨人。又若執言內力，即是自性；若言外力，即成他性。若云機感相投，即是共性；若云非因非緣，即無因性。皆滯闊執，未入圓成，若了真心。即無所住。〔註124〕

延壽在此討論禪宗自力見性成佛和淨土宗他力成就證果的問題，說「攝所歸能，他即是自」，以禪宗的自力融合淨土的他力，如此一來，淨土就是禪，淨土涵攝於禪內。以禪融合淨土，這和宗密立場相同。再以「若了真心，即無所住」，將禪與淨土都統一在一心下，這也是宗密的理路。

（四）三教合一

延壽將儒道釋三教涵攝於一法界，說三教皆「不離法界」，同源於法界一心，這說法和宗密相同：

> 三教雖殊，若法界收之，則無別源矣。若孔老二教，百氏九流，總而言之，不離法界，其猶百川歸於大海。〔註125〕

但儒道的層次較佛低，不是究竟之教：

> 二教並未逾俗柱，猶局塵籠，豈能洞法界之玄宗，運無邊之妙行乎？〔註126〕

延壽與宗密皆肯定儒道二教之教化功能，也都將儒道列於佛教下，以佛攝儒道，三教合一的思想延壽與宗密大致相同。

（五）頓悟漸修

修行觀上，延壽持頓悟漸修，這也同於宗密。

延壽《萬善同歸集》冊下，答「上上根人頓悟自心，還假萬行助道熏修不？」的修行的問題時，即持宗密觀點，將悟修分爲漸修頓悟、頓修漸悟、漸修漸悟、頓

〔註124〕《大正藏》，第四八冊，頁961～962。
〔註125〕《宗鏡錄》，《大正藏》，第四八冊，頁609。
〔註126〕《萬善同歸集》，《大正藏》，第四八冊，頁989。

悟頓修及頓悟漸修五種，並指前四爲證悟，後一爲解悟，再以「若未悟而修，非眞修也，惟此頓悟漸修，既合佛乘不達圓旨」，直言頓悟漸修爲修行最佳方式。

> 問：上上根人頓悟自心，還假萬行助道熏修不？答：圭峰禪師有四句料簡：一漸修頓悟，如伐樹，片片漸斫一時頓倒。二頓修漸悟，如人學射，頓者箭箭直注意在的，漸者久久方中。三漸修漸悟，如登九層之臺，足履漸高所見漸遠。四頓悟頓修，如染一綟絲萬條頓色。上四句多約證悟。惟頓悟漸修，此約解悟，如日頓出霜露漸消。《華嚴經》說：初發心時便成正覺，然後登地次第修證。若未悟而修，非眞修也。惟此頓悟漸修，既合佛乘不違圓旨。如頓悟頓修，亦是多生漸修今生頓熟。〔註127〕

又在《宗鏡錄》有關頓漸四句的問答中，指明自己所持的悟修觀是頓悟漸修：

> 問：如何是頓漸四句？答：一漸修頓悟、二頓悟漸修、三漸修漸悟、四頓悟頓修。……今取頓悟漸修深諸教理。〔註128〕

至於堅持頓悟漸修的理由，延壽引宗密之言，闡明修持必須先「頓悟自性清淨、性淨解脫」，再加漸修「令得圓滿清淨，究竟解脫」。

> 圭峰禪師云：師資傳授，須識藥病。承上方便，皆須先開示本性，方令依性修禪。性不易悟多由執相，故欲顯性先須破執。破執方便，須凡聖俱泯，功業齊祛，使心無所著，方可修禪。後學淺識，便執此言爲究竟道。又以修習之門人多放逸故，後廣說欣厭毀責、貪瞋讚歎、勤苦調身調息入道次第。後人聞此又迷本覺之用，便一向執相滯教違宗。又學淺之人，或祇知離垢清淨離障解脫，故毀禪門即心是佛。或祇知自性清淨性淨解脫，故輕於教相持律坐禪調伏等行，不知必須頓悟自悟清淨性淨解脫，漸修令得圓滿清淨究竟解脫。〔註129〕

由以上論述可知，延壽的頓悟漸修確是延續宗密而來。

（六）延壽《宗鏡錄》與宗密《禪藏》

《禪藏》共一百三十卷。《禪源諸詮集都序》記載它分成三大部份：

> 先錄達摩一宗，次編者家雜述，後寫印一宗聖教。〔註130〕

「達摩一宗」包含迦葉至達摩、乃至惠能以下之禪宗師資傳承各人傳記，禪理、禪行及禪宗各家評述。第二部份「諸家雜述」講達摩一派之外的禪法。第三部份以

〔註127〕《大正藏》，第四八冊，頁987。
〔註128〕《大正藏》，第四八冊，頁626。
〔註129〕《萬善同歸集》，《大正藏》，第四八冊，頁987。
〔註130〕《大正藏》，第四八冊，頁412。

佛經印證禪法。此書的主要思想是禪教和會。全書載明了早、中期的禪宗發展情形，且包含禪宗各家的禪理、禪行及評論，是非常豐富、詳盡的禪宗史料。

《宗鏡錄》全書一百卷，亦分爲三大部份：

> 今詳祖佛大意，經論正宗；削去繁文，惟搜要旨；假申問答廣引證明。
> 舉一心爲宗，照萬法如鏡；編聯古製之深意，撮略寶藏之圓詮。同此顯揚，
> 稱之曰錄。分爲百卷，大約三章：先立正宗以爲歸趣，次申問答用去疑情，
> 後引眞詮成其圓信。〔註131〕

〈標宗章〉主講「一心爲宗」，雖只半卷，卻是全書思想的核心，其他各卷皆由此流演而出。這「一心」也是延壽思想的主體。〈標宗章〉釋心爲：

> 又諸賢聖所立宗體者，杜順和尚依《華嚴經》立自性清淨圓明體。此
> 即是如來藏中法性之體，從本已來性自滿足，處染不垢修治不淨，故云自
> 性清淨；性體遍照無幽不矚，故曰圓明。又隨流加染而不垢，返流除染而
> 不淨，亦可在聖體而不增，處凡身而不減。雖有隱顯之殊，而無差別之異。
> 煩惱覆之則隱，智慧了之則顯。非生因之所生，唯了因之所了。斯即一切
> 眾生自心之體，靈知不昧、寂照無遺。〔註132〕

從此心是佛祖所立，達摩所傳。對心體的詮釋：自性清淨，「靈知不昧，寂照無遺」，一切眾生皆具，到指出此心亦華嚴一心，乃至是「一切教體」，說法和思路都同於宗密。

宗密曾說他禪教和會的目的，是欲「以教照心，以心解教」，《禪源諸詮集都序》：

> 今若不以權實之經論，對配深淺禪宗，焉得以教照心，以心解教。〔註133〕

又說自己因明了一心，而能深入辨析經教，又因出入佛典，廣讀精研，而更懂得修持己心。《禪源諸詮集都序》：

> 然本因了自心而辨諸教，故懇請於心宗；又因辨諸教而解修心，故虔
> 誠於教義。〔註134〕

由此可見，他和會禪教的具體方法是「以教照心，以心解教」。宗密以禪宗爲心宗，他禪教和會的基礎亦建築在此眞心上。延壽針對此點更加發揮，將一心發展成整個佛學思想的核心，故《宗鏡錄》首卷即立「一心」爲宗，將自己的思想直接落實在「心」這主體上講。

〔註131〕《宗鏡錄》，《大正藏》，第四八冊，頁417。
〔註132〕同上。
〔註133〕《大正藏》，第四八冊，頁400。
〔註134〕《大正藏》，第四八冊，頁399。

〈問答章〉始於第一卷下半，至九十三卷上半，所佔篇幅最長，共有九十二又半卷。主要以問答方式解答讀者對《宗鏡錄》的疑情，

> 爲有疑故問，以決疑故答：因問而疑情得啓，因答而妙解潛生。謂此
> 圓宗難信難解，是第一之說，被最上之機。若不假立言詮，無以蕩其情執。
> 因指得月，不無方便之門。〔註135〕

並引華嚴、天台、法相三家的思想要義，互相比較，說明其旨趣相同，且與禪宗無異。這第二部份引徵各宗思想和宗密《禪藏》第二部份「諸家雜述」明顯相符。然延壽所論述的華嚴、天台、法相各家，範圍已超越禪宗，且其對各家教義深入的分析、比較、評論，又緊扣「一心」之核心，較《禪藏》更勝出。但走的仍是和會的基調。

《宗鏡錄》九十四卷到一百卷是〈引證章〉。這最後七卷，延壽引佛經和禪門祖師的語錄相比對，證明禪心實符佛意。這個安排完全同於《禪藏》第三部份「印一宗聖教」，以佛典印證前兩部份所述的禪心的手法。宗密解釋如此安排的理由爲：

> 聖教居後者，如世上官司文案，曹判爲先，尊官判後也。〔註136〕

延壽則說「后引眞詮」的原因在鞏固眾生信心：

> 但以時當末代，罕遇大機。觀淺心浮，根微智劣。雖知宗旨的有所歸，
> 問答決疑漸消惑障，欲堅信力須假證明。廣引祖佛之誠言，密契圓常之大
> 道，遍採經論之要旨，圓成決定之眞心。〔註137〕

不論說法爲何，二者都是禪教合一的體現，目的一致。

《宗鏡錄》延壽引用佛經一百二十種，祖師語錄一百二十種，聖賢著作六十種，資料豐富，廣博浩瀚。尤其它保存了唐代及唐以前的禪師語錄，這些資料在《禪藏》亡後，是後人研究宋以前禪宗發展情形的重要憑藉。僅管如此，卻不可只將《宗鏡錄》或《禪藏》視爲一資料總集，因這二巨著中皆有作者本身的思想主體及對所集諸家思想的評述，應視爲專門著作。尤其《宗鏡錄》包含了對華嚴、天台、唯識、禪宗四家教義的闡述與評論，實是一包含深廣的佛百科全書。

第三節　明朝四大師的禪教律淨合一

宗密思想對明代佛教的影響主要在禪教合一和三教合一上。明代由於朝廷的宗

〔註135〕《宗鏡錄》，《大正藏》，第四八冊，頁417。
〔註136〕《禪源諸詮集都序》，《大正藏》，第四八冊，頁412。
〔註137〕《宗鏡錄》，《大正藏》，第四八冊，頁417。

教政策錯誤，造成佛門衰敗，問題叢生。根據明朝圓澄《慨古論》〔註138〕記載，明代叢林衰敗的原因，源於朝廷的賣牒制度使佛門成爲世人避禍躲難的處所；又政府爲杜絕宗教發展，禁止開壇講道，於是叢林師資低落、龍蛇雜處，再加上經營不當，造成僧團素質低落，佛教內部問題叢生，所以明代佛教景氣甚差。但到了明末，佛教界內部自覺，加之朝廷約束力降低，居士、宰官的支持等多方因素，佛教掀起一股復興風潮，後人多稱此新氣象爲明末佛教復興期。此時佛門高僧積極重整僧團，建立叢林法規，重建寺院、刊刻經藏，深入經教，力圖在義理上有所突破，爲挽救禪門的狂禪惡疾，他們提出「禪教合一」，主張以經教來救弊，這和宗密提禪教合一思想的背景和用心相似，不過因應佛教本身的發展及外在的環境變化，明代高僧們承續宗密的理論，有進一步的發揮和發展，他們的禪教合一主張除禪教外，更有禪、教、淨、律的和會，將淨、律也納入和會中，範圍比宗密更廣泛，但仍不出宗密禪教合一思想的範疇。

　　以上是由佛教內部來看，如由佛教外部談佛與儒、道的發展關係，中國佛教入宋後，已不如唐代興盛，元明之後更見衰落。明穆宗後，由於王陽明的心學盛行，而心學和禪法有相類之處，故引起了士人對禪宗的興趣，當時的知識份子多出入儒釋道三家，且和方外之士交遊風氣頗盛。當時的佛門高僧受時代風潮影響，也多旁涉儒道，對內外典籍都有所閱讀。又宋理學興盛，佛教受其壓抑，明代陽明心學又起，佛教高僧力求抗衡，自然力倡「三教合一」。

　　佛教爲外來文化，傳入中國後，始終在與中國本土的文化思想作協調以求相融，與儒、道相融一直是佛教發展的必然路徑，故三教合一的學說在中國佛教史上佔有一席之地。三教合一思想濫觴於魏晉南北朝，隋唐持續發展，宗密《原人論》健全了三教合一的理論基礎，將其製作成一完整的思想體系，故而大加發展。至宋代形成思潮，但宋代理學大興，佛教表現出向儒、道屈從的局面，到了明代高僧大倡三教同源論，他們主張的三教合一表現出揚佛、抑儒道的特色，恢復唐代佛教對於儒道的優越感，讓三教合一思想發展到高峯。明代四大高僧袾宏、眞可、德清、智旭對三教合一思想多有闡述。

　　總之，明代佛教，內求禪教和會、外講三教合一，承宋、元衰落之際，大有復興之勢。而「禪教和會」、「三教合一」皆是宗密的主要學說。以下將對明代佛教代表人物，袾宏、眞可、德清、智旭四大師的學說加以剖析，一則探討宗密的禪教和會、三教合一對其思想的影響，二則究明宗密禪教合一思想在明代的發展與流變。

〔註138〕《續藏經》，第一一四冊，頁 725～744。

一、蓮池袾宏的禪淨合一

（一）生　平

袾宏（西元 1535～1615 年），字佛慧，號蓮池，又名雲棲。俗姓沈，杭州仁和人。十七歲爲諸儒，德行、文章超群。一日聽鄰婦念佛，問其源由，曰其夫平生念佛，臨終得正念。於是寫「生死事大」四字爲座右銘，自此心歸淨土。二十七歲喪父，二十九歲喪妻，三十一歲喪母。三十二歲到浙江仙芝嶺拜墓，曰「親恩罔極，此正吾報恩之時〔註 139〕」。又一日視茶盞頓破，悟「因緣無不散之理」〔註 140〕。故三十三歲到山西五臺山隨性天和尚出家，從昭慶寺無塵律師受戒。後來到廬山訪辨融，又參於笑巖，歷訪諸山，勤苦問學。三十七歲至杭州雲棲，住廢寺，專修著述。八十一歲圓寂，門徒千餘人。

他的著作主要有《楞嚴》、《彌陀》、《遺教》、《梵網》等經的注解，以及淨土、律、隨筆、雜錄等三十二種。主要的思想對內是會通禪、淨、華嚴教義，對外是儒、道、釋的三教合一，目的在融合諸宗，統一佛教。

以下就袾宏主要思想加以論述，以明他和宗密禪教合一思想的相關。

（二）思　想

1、禪淨合一

袾宏的禪淨合一思想，其實也就是禪教淨的合一。他在《竹窗隨筆》指責禪宗只求明心見性，淨土只管念佛，二者都不讀經，是不通經教的表現。讀經教的必要理由，對淨土而言，念佛之說還是來自佛口所說、佛經所寫。這無疑是宗密「教是佛語，禪是佛心，佛口說佛心」的延伸。對禪宗的「教外別傳、不立文字」，故不讀經，他說：

> 離教而參是邪因也，離教而悟是邪解也。〔註 141〕

縱使是因參禪而開悟，也得「以教印證」〔註 142〕，因爲「不與教合悉邪也」〔註 143〕。完全同宗密《禪源諸全集都序》以教照心，藉教悟宗的主張。

> 繩墨非巧，工巧者必以繩墨爲憑，經論非禪，傳禪者必以經論爲準。
> 中下根者，但可依師，師自觀根隨分指授。上根之輩，悟須圓通。未究佛

〔註 139〕〈雲棲本師行略〉，《蓮池大師全集》（光緒二十五年金陵刻經處），第八冊，頁 5159～5160。

〔註 140〕〈古杭雲棲蓮池大師塔〉，《蓮池大師全集》，第八冊，頁 5117。

〔註 141〕《竹窗隨筆》，《蓮池大師全集》（光緒二十五年金陵刻經處），第六冊，頁 3696。

〔註 142〕同上。

〔註 143〕同上。

言，何同佛見！〔註144〕

以下將從袾宏對《阿彌陀經》的重視與運用，及其修持方法來論他的禪淨合一思想：

（1）從經典會通禪淨

袾宏特別重視《阿彌陀經》，認爲《阿彌陀經》倡持名念佛是最簡易的修行法門，是佛陀爲末法眾生指出的一條出離生死的捷徑。他依華嚴五教判將《阿彌陀經》判爲頓教。所以雖凡夫，但能信願持行，仍能往生不退，不同於漸修須歷劫修行。這是從經典的角度記述禪淨相通，且同歸於淨土。

袾宏除重視經教同於宗密外，他運用判教，將《阿彌陀經》判爲頓教，進而使禪淨相通，這個方式受宗密影響而來。宗密曾爲禪教的和會，進行判教。他判《華嚴經》爲最高的圓頓教，和會華嚴宗（圓教）和荷澤禪（逐機頓），進而融合三宗三教。袾宏也運用此法，將淨土的《阿彌陀經》判爲與禪同的頓教，以此進行禪與淨土的和會。下文「理一心」、「事一心」他運用華嚴理事觀來行禪淨會通，也是宗密重華嚴義理的餘風。華嚴法界觀是宗密禪教合一思想的理論根據之一，宗密用周遍含容、圓融無礙的一眞法界，將禪、教各門收攝於一心，禪教和會始有可能。

> 其中所説諸法是全一心之諸法，一心是全諸法之一心。性相圓融，一
> 多自在。故諸佛與眾生交徹，淨土與穢土融通。法法皆彼此互收，塵塵悉
> 包含世界，相入相即，無礙鎔融，具十玄門，重重無盡，名爲無障礙法界。
> 〔註145〕

袾宏運用華嚴法界觀進行禪淨會通，驗證了宗密禪教合一思想重視華嚴的特質，已廣泛影響了後代的禪師，袾宏就是其一。

（2）從一心會通禪淨

參禪與念佛兩法門，在中國本是分途發展的，曾互相排斥，但終歸融合，形成禪淨雙修的局面。唐代慧日曾主張參禪與念佛並修。後宗密《禪源諸詮集都序》叫人

> 欲修聖道，必須修禪，離此無門，離此無路。念佛求生淨土，亦須修
> 十六觀禪，及念佛三昧、般舟三昧。〔註146〕

也是禪淨相融、禪淨雙修。宗密禪教合一思想的主要承繼者永明延壽也極力主張禪淨

〔註144〕《大正藏》，第四八冊，頁 400。
〔註145〕《禪源諸詮集都序》，《大正藏》，第四八冊，頁 407。
〔註146〕《大正藏》，第四八冊，頁 399。

雙修，此後禪淨雙修成為中國佛教的一個重要傾向。〔註147〕至明代，禪淨雙修更蔚爲風潮。明四大家中袾宏的修持觀特重念佛，他認爲念佛無礙參禪，甚至有益於參禪：

> 有真歇了、永明壽、黃龍新、慈受深等諸師，皆禪門大宗匠，而留心淨土，不礙其禪。故知參禪人雖念自本心，而不妨發願，願命終時往生極樂。所以者？參禪雖有個悟處，倘未能如諸佛住常寂光，又未能如阿羅漢不受後有，則盡此報身，必有生處。與其生人世而親近明師，孰若生蓮花而親近彌陀爲勝乎？然則，念佛不惟不礙參禪，實有益於參禪也。〔註148〕

袾宏不僅主張禪淨雙修，更進一步指出禪淨同歸。當時盛行的參究念佛約可分兩種：一以參禪攝念佛法門，另一主張持名念佛本身即攝參禪。袾宏對這二種修持方法皆持肯定的態度，認爲爲適應不同根器與機宜，不應存此廢彼。因爲參禪見性可生上品；持名念佛亦在往生淨土，禪淨二者殊途同歸，念佛念到極處，可達一心不亂的境界。袾宏徵引智者大師《觀音義疏》的論點，將一心不亂分「事一心」與「理一心」：

> 且《普門品疏》釋一心稱名，有事有理。存念觀音，無有間斷，名事一心。若達此四性不生，與空慧相應，名理一心。〔註149〕

內心憶念佛名，凡行、住、坐、臥，唯此一念，別無二念，達到的是「事一心」，此能調伏煩惱，不能斷除煩惱；藉由念佛而了悟一切本空，與般若空慧相應，且念佛當下，反觀念佛的根源，且窮究此根源至一念不生，能自見本心，此心即「理一心」，至此煩惱可斷。釋聖嚴對袾宏達到「理一心」的理持，作以下解說：

> 所謂「理持」，稱作「體究念佛」，與禪宗教人舉話頭、下疑情相似。聞佛名號，不唯憶念，即於能念所念的念上反觀，體察究審，窮其根源，體究之極，便能自獲本心。此「理持」法，不專是相，屬慧門攝，兼得定故。〔註150〕

袾宏用體究念佛根源，以獲證「本心」的念佛法門來會通達摩所傳的明心見性、當下直指的禪。禪淨會通的論據在此，亦即在心的基礎上融通禪、淨。這和宗密禪教和會的基礎在真心一致。袾宏援引宗密，以心作爲和會禪淨的主體，可視爲宗密真心思想的發展。

〔註147〕石田瑞，〈中國的淨土思想〉，《佛教思想（二）——在中國的發展》（臺北：幼獅，1985），頁33～60。

〔註148〕《竹窗隨筆》，《蓮池大師全集》（光緒二十五年金陵刻經處），第六冊，頁3860～3861。

〔註149〕《阿彌陀經疏鈔》，《續藏經》，第二二冊，頁614。

〔註150〕釋聖嚴，《明末佛教之研究》（臺北：東初，1987），頁180～181。

2、三教合一

袾宏〈三教一家〉一文，指明儒道佛三教實爲一家；

> 理無二致，而深淺歷然；深淺雖殊，而同歸一理，此所以爲三教一家
> 也。〔註151〕

三教一家的理論基礎爲何？袾宏以三教同源證明。他曾作一幅三教同根同源關係圖，並題詩：

> 鬚鬢秀才書一卷，白頭老子丹一片，碧眼胡僧袒一肩，相看相聚還相
> 戀。…想是同根生，血脈原無間。後代兒孫情漸離，各分門戶生仇怨。但
> 請高明玩此圖，錄取當年祖宗面。〔註152〕

儒道佛三家同源同脈，後人礙於門戶之見，故有仇隙，如各自追溯，回復「本來面目」，就會發現三家同源。袾宏這「本來面目」和宗密三教合一的本源「眞心」相同，都是在心的基礎上和會。另外，袾宏認爲儒佛兩家不應相非，應相贊，有儒道相資的說法；

> 核實而論，則儒與佛不相病而相資。〔註153〕

這觀點和宗密一致。宗密三教合一思想，也有三教相資的說法：

> 內外相資，共利群庶。〔註154〕

再者袾宏三教合一置佛於儒道之上，以佛統儒道。理由在於佛教追求的理想人格「佛」高於儒道的「儒」與「仙」。「儒」是從容於禮法的人；「仙」是逍遙物外的人，二者都還屬於人的層次。而「佛」不僅包括人的層次，還超越人、三界、四生，所以「佛」超越於「儒」、「仙」，故佛教高於儒，道，自然以高者統其他二者，所以三教合一思想以佛統儒道。這個想法也同於宗密，宗密《原人論》判教將儒道判於迷執之教，屬於三教之最下，統攝於華嚴與荷澤合一的眞源教之下。袾宏的說法應源於宗密。

二、紫柏眞可禪教性相的會通

（一）生　平

眞可（西元 1543～1630 年）江蘇吳縣人，俗姓沈，字還觀，晚號紫柏。十九歲遊山東，因雨不能進，遇虎丘明覺禪師夜課八十八佛洪名，有省，因拜明覺爲師。後訪廬山、五台、嵩山少林等。四十五歲遇憨山德清，與德清對談四十晝夜，心心

〔註151〕《竹窗隨筆》，《蓮池大師全集》（光緒二十五年金陵刻經處），第七冊，頁 4094。
〔註152〕〈題三教圖〉，《蓮池大師全集》（光緒二十五年金陵刻經處），第七冊，頁 4126。
〔註153〕《續藏經》，第二三冊，頁 215。
〔註154〕《原人論·序》，《大正藏》，第四五冊，頁 707。

印契。二人計劃修明《傳燈錄》，但不久德清觸罪，朝廷又下礦稅令，眞可爲罷礦稅多方奔走，後牽連入獄，坐化獄中，年六十一，法臘四十一。他曾嘆：

> 憨山不歸，則我出世一大負；礦稅不止，則我救世一大負；《傳燈》
>
> 未續，則我慧命一大負，若釋此三負，當不復走王舍城矣！〔註155〕

眞可性格剛烈，有勇於承擔的勇氣。除積極入世，以罷礦稅爲己任外，也在明末惡劣的環境中肩負起復興佛教的志業。憨山德清〈還觀大師塔銘〉說他曾恢復寺院十五所：

> （眞可）獨以荷負大法爲懷，每見古刹荒廢，必志恢復。始從棱嚴，
>
> 終至歸宗雲居寺，重興梵刹一十五所。〔註156〕

又感經藏浩廣，不便普及，而刻方冊本《嘉興藏》流傳，對明末佛教有巨大影響。

眞可從未集眾禪修，也無上堂說法的語錄傳世，只在隨緣參請或信箋中開示，所以沒有有系統、有組織的長篇著作來介紹他的禪法思想。《紫柏尊者全集》〔註157〕是他生平的著作、說法和語錄的集結。強調「參須眞參、修須眞修」的眞可相當重視實修功夫，律身嚴謹，教導弟子也很嚴峻，爲明末「狂禪」起了矯弊之功。眞可肯定經教，主張會通，其會通包含宗與教的會通，禪宗內部相、性的相融，以及三教合一的思想。其禪淨合一思想站在禪之立場進行會通，從他的思想中頗能見出宗密禪教合一思想的遺風。以下將論述他的思想概要，並與宗密思想相較，以明宗密禪教合一思想的演變。

（二）思 想

1、心性論

眞可思想的核心是心性論。筆者將從其心性論的體用合一和眞妄同源二個特質著手，察探宗密思想與他的相關。另外，在心的基礎下，眞可禪法的實踐強調頓悟漸修，這也和密宗相同，合併在心性論中探討。

（1）體用合一

眞可曾說：「佛法者，心學也〔註158〕」。如依印順的分類，他屬於「眞常唯心系〔註159〕」。主張萬法唯心所變：

〔註155〕《紫柏尊者全集》，《續藏經》，第一二六冊，頁 625。

〔註156〕《紫柏尊者全集》，《續藏經》，第一二六冊，頁 632。

〔註157〕《續藏經》，第一二六冊、，第一二七冊。

〔註158〕《紫柏尊者全集》，《續藏經》，第一二六冊，頁 856。

〔註159〕印順將大乘佛學分爲性空唯名系、虛妄唯識系及眞常唯心三系，參見印順，《印度佛教思想史》（臺北：正聞，1989），頁 131、275、308。

心生則種種法生。……心作天堂，心作地獄，心作聖人，至於大之天地，廣之萬物，皆心之造作。〔註160〕

現象界一切都無法離開心而獨立存在：

殊不知離吾心則天失其高明，而地失其薄厚矣。若然者，日之明、月之圓、燈之光，皆吾心之彩也。〔註161〕

以上「萬法唯心」指的是心的作用。而心和萬物的關係是：

一心不生，萬法無咎，人物交輳，本來廓如也。〔註162〕

及

心外無法，何法非心？心本妙物而無累也，妙則泛應曲當，無累則超然而無待也。〔註163〕

「一心不生」的心是妄心，而「心外無法」的心是萬法唯心的眞常心。心和物的關係「本然廓如」，且是「本妙物而無累」的。這是心的體的意義。眞可用「無心」代表這種心物「本然廓如」的狀態：

天地可謂大矣，而不能置虛空之外。虛空可謂大矣，而不能置無心之外。故以心觀物，物無大小。以物累心，心不能覺。惟能覺者，始知心外無物也。故曰：諸法無法體，我說惟是心。不見於無心而起於分別。〔註164〕

及

有心之心，萬慮所縈。……無心之心，智周萬物而不勞。〔註165〕

眞可的心具有體用合一的特質，宗密眞心也有體、用二義。宗密曾說心的作用：

若據多義以顯一體，即萬法皆是一心。〔註166〕

這說法被延壽承襲，成爲他「萬法唯心」的理論〔註167〕，影響所及眞可「心生種種法生」的萬法唯心也是此系統的呈現。至於眞可「心」的體的意義主張「心本妙物而無累」，與萬物「廓如」的「無心」，這和宗密取自荷澤禪法的「心體常寂」不同，因爲眞可的「無心」是用來對應「妄心」的，強調的是心的「靈然妙應萬物」，有修

〔註160〕《紫柏尊者全集》，《續藏經》，第一二六冊，頁814。
〔註161〕《紫柏尊者全集》，《續藏經》，第一二六冊，頁809。
〔註162〕《紫柏尊者全集》，《續藏經》，第一二六冊，頁810。
〔註163〕《紫柏尊者全集》，《續藏經》，第一二六冊，頁1013。
〔註164〕《紫柏尊者全集》，《續藏經》，第一二六冊，頁793。
〔註165〕《紫柏尊者全集》，《續藏經》，第一二六冊，頁993。
〔註166〕《禪門師資承襲圖》，《續藏經》，第一一○冊，頁437。
〔註167〕此部份請參閱本章第三節。

證上的需要。

> 心本無我而靈，故不可以有我求之，亦不可以無我求之。以有我求之，
> 渠既無我，豈不乖渠耶。以無我求之，渠既靈然，豈不可乖渠耶？〔註168〕

（2）真妄同源

上文「惟能覺者，始知心外無物」，此「知心外無物」之心是「心生萬法」的心，也就是覺悟後的真心，相對的未覺悟前亦有一妄心，這妄心真可描述為：

> 究而言之，如此妄念，終朝汩汩，畢世辛勤，不過最初一點妄心不
> 能空耳。我故曰：飲食、男女、聲色、獲利，非能障到者，惟此妄心也。……
> 《金剛般若經》中，須菩提首以降心為問者，蓋知此心苦海源頭、生死
> 根株故也。此心一廢，智識銷融。所謂真心者，如浮雲散而明月彰矣。
> 明月照世，高低遠近，四海百川，行潦蹄涔，處處影見，然未嘗有心也。
> 〔註169〕

真妄兩心的關係：

> 此固真心，情生則轉為跟塵。塵相既無，見體亦無，情空則根塵元是
> 真心。根塵真心，迷之乘二，悟之元一。〔註170〕

故真可的真妄二心「迷之成二，悟之元一」，二者源於一心。這和宗密《禪源諸詮集都序》：「故此一心法爾有真妄二義〔註171〕」，真妄皆源於真如一心相同。宗密與真可採用的都是《大乘起信論》一心開二門的理論。真可進一步說造成心的迷悟真妄的因素在於「情」與「理」：

> 夫理，性之通也：情，性之塞也。然理與情而屬心統之，故曰：心統
> 性、情。即此觀之，心乃獨處於性情之間者也。故心悟，則情可化而為理：
> 心迷，則理變而為情矣。若夫心之前者，則謂之性，性能應物，則謂之心。
> 應物而無累，則謂之理。應物而有累者，始謂之情也。〔註172〕

又

> 又有心統性情之說，世皆知有此說，知其義者寡矣。夫情之波也：心，
> 流也：性，源也。外流無波，捨流則原亦難尋。然此說不明，在於審情於
> 心：心與性忽之故也。應物而無累者，謂之心。應物而有累者，謂之情。

〔註168〕《紫柏尊者全集》，《續藏經》，第一二六冊，頁796～797。
〔註169〕《紫柏尊者全集》，《續藏經》，第一二六冊，頁684～685。
〔註170〕《紫柏尊者全集》，《續藏經》，第一二六冊，頁687。
〔註171〕《大正藏》，第四八冊，頁409。
〔註172〕《紫柏尊者全集》，《續藏經》，第一二六冊，頁646。

性則應物不應物，常虛而靈者是也。由是觀之，情即心也。以其應物而有
累，但可名情，不可名心，心即情也。以其應物無累，但可名心，不可名
累情。然外性，物應與不應，累與不累耳？若然者情亦性也，心亦性也，
性亦心也，性亦情也。有三名而無三實，此乃假言語而形容；至其真處，
大非語言可以形容彷彿也。〔註173〕

上文可得，真可的「性」，是本質之性，沒有真妄。心是「作用」，悟則為理，迷則
入情。理與情令心產生迷悟而成真妄。

夫玄黃無咎，咎生於情。情若不生，觸目皆道。故情有理無，聖人空
之。理有情無，眾人禍焉。〔註174〕

又

夫心外無法，法外無心。然心法若似二者和哉？良由以理觀照之，則
心外無法，法外無心。以情分別，則物我抗然，難以消釋。〔註175〕

故令心去妄顯真的修證之道，在「以理折情」。

夫心若不以理養，則所見弗靈。〔註176〕

及

苟不能以理折情，則死生禍福之關，誠不易破。〔註177〕

「情」指迷情妄念，「理」的運用顯然受到宋明理學的影響。值得注意的是：真可的
「理」並非是心外的規範，而是存於心中，本心具足的，這和宗密「自性清淨，圓
滿具足」的真如、如來藏相當。更者，真可的心亦具如來藏清淨義，這也和宗密真
心相近。

心有四德，常樂我淨是也。常得無生滅，樂則無好惡，我則無主宰，
淨則染不得。故得常者，天地會而不老；得樂者，眾苦交而超然；得我者，
造萬物有而無心；得淨者，處五濁而冷清。〔註178〕

前文言及，真可主張真妄同源，「去妄顯真」、「以理折情」是修行的主要功夫，
而「真」、「妄」、「情」、「理」都不離一心，所以真可的修證重心就在「一心」。這正
是延壽承自宗密的一心思想的脈絡。故可說真可的禪法屬於宗密所建立，延壽完成
的一心體系的一部份。

〔註173〕《紫柏尊者全集》，《續藏經》，第一二六冊，頁800。
〔註174〕《紫柏尊者全集》，《續藏經》，第一二六冊，頁708。
〔註175〕《紫柏尊者全集》，《續藏經》，第一二六冊，頁694。
〔註176〕《紫柏尊者全集》，《續藏經》，第一二六冊，頁730。
〔註177〕《紫柏尊者全集》，《續藏經》，第一二六冊，頁652。
〔註178〕《紫柏尊者全集》，《續藏經》，第一二六冊，頁808。

（3）頓悟漸修

　　眞可禪法的實踐爲頓悟漸修，依其心性論，眾生無法洞明自心、了脫生死，原因在心性被情所蔽，所以修持所重「去情」，因爲「情不死」，則凡夫見地無法「轉識成智」，自然無法參證心的「圓通」：

> 又證明自心，貴在情死，蓋情不死，性不活，則於博地凡夫，欲其直下轉識成智，心境圓通，安有是處？故情不死，其爲禪不可參，即問學亦難到精深處。〔註179〕

「去情」，眞可強調的是用功日深，惡習漸減的「漸修」。他曾說：「理可頓悟，情須漸除」，這頓悟漸修和宗密相同。《禪源諸詮集都序》強調頓悟後的漸修：

> 遇凡夫上根利智，直示眞法，聞即頓悟。……漸除凡習，漸顯聖德，儒風激動大海，不能現像，風若頓息，則波浪漸停，影像漸顯也。〔註180〕

又

> 日光頓出，霜露漸消；孩子頓生（四肢六根即具），志氣漸立（肌膚人物業藝漸成也）；猛風頓息，波浪漸停；明良頓成。禮樂漸學（如高貴子孫，餘小時亂，沒落爲奴，生來自不知貴，時清，母訪得，當日全身是貴人，而行跡去就，不可頓改，故須漸學）。是如頓漸之義甚爲要矣。〔註181〕

二人皆主張頓悟漸修，理論基礎採自《大乘起信論》心的眞妄同源。故眞可明顯受宗密影響。

2、肯定經教

　　眞可講「理可頓悟，情須漸除」，亦即悟入當下，並非已完全「轉識成智」，須待情識除盡，方能眞正證入無餘涅盤。此「情識漸除」有賴經教的薰發：

> 今人隨情起見，或專求生淨土，或持咒課經，謂之借緣薰煉，消融習氣。殊不知見地不透徹，淨土豈能親切？持咒課經，何異澆水增冰，總皆結業，毫無所益。古德雲：「悟明後，方修行。」然悟明之說，種種不同。有解悟，有修悟，有證悟。解悟者，從經教薰聞歷久，心漸開通，又謂之依通識解。……今宇泰即未能修悟、證悟，亦當閱熟一部教乘，以求解悟，其聞習氣，以薰力故，不求減損，而自減損。然此亦必以證悟爲心。〔註182〕

〔註179〕《紫柏尊者全集》，《續藏經》，第一二六冊，頁789。
〔註180〕《大正藏》，第四八冊，頁407。
〔註181〕同上。
〔註182〕《紫柏尊者全集》，《續藏經》，第一二六冊，頁1057。

深入經教能使「心漸開通」，薰習力比念持咒更爲深切，眞可徹底否定了經教有礙禪修的說法。

除肯定經教在修行上的助力外，他也鼓勵學人多讀內外典籍：

> 故學出世法，先要洞明自心，然後招廓心境。窮內外典籍，而大其波瀾，則化風自遠矣，人天自嚮矣。學世間法，亦先要講明仁義，擴充度量，凡經世糟粕亦須嚼過，復加眞實心地。行之既久，一旦臨事，自然接拍成令矣。〔註183〕

又

> 多讀書的人，終是近眞。以其被佛祖聖賢言語，薰得此心熟了。薰得熟了，縱習氣不好，也漸漸薰得香。〔註184〕

至於眞可本身除經教外，也出入儒道，善談各種典籍：

> 世出世間之書，見之如飲醇而不醒。〔註185〕

眞可另一個肯定經教的例證在對唯識的提倡。隋唐以來唯識譯註失傳，資料短缺，到明末唯識思想已罕爲人知。〔註186〕諸多限制下，眞可對唯識思想仍相當關注，門下王肯堂（西元1613-？）曾述及眞可授他《成唯識論》及《因明入正理論》，說：

> 枯坐默照爲邪禪，非深汎教海不可。〔註187〕

且

> 若欲深汎教海，則非其舟航維楫乎。〔註188〕

以《因明入正理論》爲深入教海的舟楫，可見眞可對唯識重視之深。王肯堂後來有《因明集解》和《唯識證議》傳世，除王外，眞可門人幻居、幻齋均有唯識著述。嗣後門人也延續對唯識的研究，成果不凡。有通潤《成唯識論集解》、蘊璞《因明解》，及明昱《成唯識論俗詮》等著作，在眞可提倡下，唯識研究形成一股熱潮，接續了唐的發展，功不可沒。

此外，眞可爲利經教流通，大刻方冊本《嘉興藏》，也是重視經教的例證。但眞可雖重視經教，並大倡經教對禪修的助益，但始終站在禪者立場，認爲修行的重點，還是在於「妙悟本心」：

> 但眾生不悟自心，故不知佛心。既不知佛心，安知佛語？故曰究性

〔註183〕《紫柏尊者別集》，《續藏經》，第一二七冊，頁138～139。
〔註184〕《紫柏尊者別集》，《續藏經》，第一二七冊，頁140。
〔註185〕《紫柏尊者別集》，《續藏經》，第一二七冊，頁568。
〔註186〕詳細參閱釋東祥，《紫柏大師之研究》（臺北：東初，1990.06），頁58。
〔註187〕《唯識證義》，《續藏經》，第八一冊，頁645。
〔註188〕同上。

與命，自身心始。如忽身心而不究，雖讀五車三藏，終與身心何益哉？
〔註189〕

又

　　　　雖求之於紙墨，十年之功，不若求於心性，一朝可敵也。……執法而
　　不妙悟自心，能成大器，未之有也。〔註190〕

還是以心性爲重，經教僅是修行的助緣而已。

　　宗密鼓吹禪教合一，強調經教對禪修的重要：

　　　　非直資忘言之門，亦兼垂禪教之益。非但令意符於佛，亦欲使文合於
　　經。〔註191〕

說禪宗已具現量比量，但仍須經教印證，才完備。

　　　　禪宗已多有現比二量，今更以經論印之，則三量備矣。〔註192〕

更說經教如繩墨，可校禪的邪正。

　　　　繩墨非巧，工巧者必以繩墨爲憑，經論非禪，傳禪者必以經論爲準。
　　中下根者，但可依師，師自觀根隨分指授。上根之輩，悟須圓通。未究佛
　　言，何同佛見！〔註193〕

所以，修禪必依經而修，否則是邪道。

　　　　諸教具明，無出此者，如何離此別說禪門？既不依經，即是邪道。〔註194〕

　　由上可知，眞可重視經教同於宗密。另外宗密也作過《唯識論疏》、《唯識頌疏
鈔》、《唯識頌疏科文》等書，對唯識研究頗深，並以此基礎進行性相融合。眞可重
唯識也和宗密相合。再者，宗密禪教合一基礎是眞心，他的思想在「徹悟一心」，《禪
源諸詮集都序》說修習重在「了自心」，如不了自心只持經教，著文字相，一無所成。

　　　　若不了自心，但執名教，欲求佛道者，豈不現見識字看經，元不證悟；
　　銷文釋義，唯熾貪瞋耶？況阿難多聞、總持，積歲不登呈果，息緣反照，
　　暫時即證無生。即知乘教之益，度人之方，各有其由，不應於文字而責也。
〔註195〕

眞可與宗密的觀點甚爲相似，故眞可思想與宗密應有相承關係。

〔註189〕《紫柏尊者全集》，《續藏經》，第一二六冊，頁704。
〔註190〕《紫柏尊者全集》，《續藏經》，第一二六冊，頁719。
〔註191〕《禪源諸詮集都序》，《大正藏》，第四八冊，頁400。
〔註192〕《禪源諸詮集都序》，《大正藏》，第四八冊，頁401。
〔註193〕《禪源諸詮集都序》，《大正藏》，第四八冊，頁400。
〔註194〕《禪源諸詮集都序》，《大正藏》，第四八冊，頁401。
〔註195〕《禪源諸詮集都序》，《大正藏》，第四八冊，頁400。

3、講求會通

　　眞可禪法處處展現融和會通的精神，對佛教內部主張諸宗會通，包含禪、相、性三宗的會通以及教與禪的會通。教與禪的會通又包含禪淨合一思想。對外主張儒釋道三教合一。修持方法亦廣納各種不同法門，除參禪外，持偈、靜坐、參究話頭，甚至空觀、不淨觀，他都廣爲運用，更有以佛號、咒語、華嚴四法界、唯識思想的生起疑起爲話頭來參究的主張。廣泛地說，眞可以心性論爲中心，將一切世間、出世間法全會歸在他的思想體系中，而這體系，是宗密、延壽一脈傳下的「一心」的思想體系。

（1）禪與性、相的會通

　　眞可以《華嚴》、《楞嚴》爲理，是法性；《瑜珈》、《唯識》爲事，是法相，運用華嚴理事觀，說明法相唯識和法性華嚴二宗應融合：

> 　　事則屬理，理則本靈，窮其理而遺其數，則謂之乾慧。極其數而昧其理，則謂之忽本。若夫《瑜珈》、《唯識》乃極數之書也。《華嚴》、《楞嚴》窮理知經也。〔註196〕

且

> 凡學佛性宗通而相宗不通，常迷於相似般若路頭。〔註197〕

又

> 　　於治息路頭周然不辨好惡者，良以相宗不通八識，混淆不知何識是現量，何識是非量，何識兼帶三量。轉何識爲智，日用順逆境上何識作觀，既不知轉識成智階梯，饒你於性宗七通八達，只是畫餅充飢，安能得飽。〔註198〕

接著以禪的立場，會歸性相於禪心，說相、性、禪三宗俱通才是佛法：

> 數理俱精如不透禪宗，乃葉公畫龍耳，豈能興雲作電哉。〔註199〕

再取《大乘起信論》不變、隨緣會歸性相爲一心：性宗講心眞如不變的主體，圓滿完備、具無漏功德，對照華嚴理事觀是理；相宗講心的隨緣變現，諸相之所生，是事，而二者都源於一心。

　　宗密《禪源諸詮集都序》曾以華嚴法界觀講「性相相融，一多自在〔註200〕」，

〔註196〕《紫柏尊者全集》，《續藏經》，第一二六冊，頁688。

〔註197〕《紫柏尊者全集》，《續藏經》，第一二六冊，頁758。

〔註198〕同上。

〔註199〕《紫柏尊者全集》，《續藏經》，第一二六冊，頁696。

〔註200〕《禪源諸詮集都序》，《大正藏》，第四八冊，頁407。

收性相於一心。又以心的四種義，歸前三爲相，後一爲性，會性相於一心：「性相無礙，都是一心」〔註201〕。再配合《大乘起信論》說「不變是性，隨緣是相」。性相皆是「一心上義」〔註202〕。力主以「眞心」調和性相二宗。

綜上，眞可性相禪融合，是以宗密和會的理論根據《華嚴》理事觀及《大乘起信論》一心開二門形成的。和會的基礎「一心」亦與宗密同。故眞可性、相、禪三宗的融合可視爲宗密融合思想的發展。

（2）禪教會通

① 禪與教

禪宗本重實證而輕文字，但明末禪風狂疏，許多禪師自心未明卻模仿祖師作略，空談公案語錄，未領學人眞參實證卻輕易給予印證。眞可爲救時弊，一面講究禪要眞參實修，一面疾呼經教的重要，企圖以禪教會通來救亡圖存。他痛斥當時禪師誤導學人，自身不究教乘，只專尚禪悟〔註203〕，倡導參禪必須看教，強調文字般若的重要：

> 夫般若有三種，所謂文字般若，觀照般若，實相般若是也。又此三般若，名三佛性；緣因佛性，了因佛性，正因佛性是也。差呼！娑婆教體實貴在音聞，有音聲，然後有文字，有文字然後有緣因佛性，有緣因佛性，然後能薰發我固有之光；固有光開，始能了知正因佛性。〔註204〕

他將「文字般若」、「觀照般若」、「實相般若」三般若與天臺智顗的三佛性「因緣佛性」、「了因佛性」、「正因佛性」相配，說文字般若具薰發作用，有助了知正因佛性。因爲「正因佛性」爲情所圍，不能悟入，「了因佛性」能契入「正因佛性」，但不能自發，要依賴「文字般若」的「緣因佛性」重發。

> 所謂正因佛性，正因佛性既變而爲情，苟不以了因契之，則正因終不能會也。了因雖能契正因，若微緣因薰發之，則了因亦不能終自發也。緣因，即文字三昧知異名也。〔註205〕

故悟入佛性須由經教著手：

> 佛弟子，不通文字般若，即不得觀照般若；不通觀照般若，必不能契會實相般若。〔註206〕

〔註201〕《禪源諸詮集都序》，《大正藏》，第四八冊，頁402。
〔註202〕此兩則同引自《禪源諸詮集都序》，《大正藏》，第四八冊，頁401。
〔註203〕《紫柏尊者全集》，《續藏經》，第一二六冊，頁688。
〔註204〕《紫柏尊者全集》，《續藏經》，第一二六冊，頁656。
〔註205〕《紫柏尊者全集》，《續藏經》，第一二六冊，頁645。
〔註206〕同上。

否則，恐「畫餅不能充飢」！

> 今天下學佛者必欲排去文字，一超直入如來地，志則高矣，吾恐畫餅
> 不能充飢也。〔註207〕

真可援用禪宗祖師藉經開悟，及傳經於弟子之例，說明禪宗本不避經教：

> 以爲禪家古德機緣，可以悟道，悟道斷不在教乘上，我且問你，安禪
> 師讀《楞嚴》破句悟道，永嘉看《維摩經》悟道，普菴肅禪師、英邵武，
> 皆讀《華嚴論》悟道，你謂唯禪家機緣可悟道，教乘不可悟道，豈非大錯？
> 〔註208〕

也用皖山《信心銘》和永嘉《證道歌》，爲禪門「不立文字」、「教外別傳」辯駁：

> 皖山、永嘉，並得教外別傳之妙，貴在坐斷語言文字，直悟自心。而
> 《信心銘》、《證道歌》則千紅萬紫，如方春之花，果語言文字耶？非語言
> 文言文字耶？……如此則語言文字，與教外別傳，相去幾許？〔註209〕

宗密《禪源諸詮集都序》也同樣爲禪「不立文字、教外別傳」辯說：

> 達摩受法天竺、躬至中華，見此方學人多未得法，唯以名數爲解，事
> 相爲行，欲令知月不在指，法是我心。故但以心傳心，不立文字。顯宗破
> 執，故有斯言，非離文字說解脫也。故教授得意之者，即頻讚《金剛》、《楞
> 伽》，云此二經，是我心要。〔註210〕

真可強調文字般若，在對治明末「悟道在古德機緣，不在經教」的論調，他藉
經教悟禪，強調經教的重要，目的在禪教的會通，這可由以下二例看出。例一，真
可將修禪證道的歷程分爲「聞、思、修、證、度」，聞思修的目的在證入佛道：

> 聞爲思之始，思爲聞之終。思爲修之始，修爲思之終。修爲證之始，
> 證爲修之終。證爲度之始，度爲證之終。〔註211〕

比對他

> 發揮談論是文字般若：能勘破身心迷情是觀造般若：佛與眾生同體是
> 實相般若。〔註212〕

的說法，則文字般若是聞、思的功夫；觀照般若是修的功夫，文字般若與觀照般若
同爲證入實相般若。雖然證入般若是超越語言文字的，但借文字經教規範身心，引

〔註207〕同上。
〔註208〕《紫柏尊者全集》，《續藏經》，第一二六冊，頁692。
〔註209〕《紫柏尊者全集》，《續藏經》，第一二六冊，頁919。
〔註210〕《大正藏》，第四八冊，頁400。
〔註211〕《紫柏尊者全集》，《續藏經》，第一二六冊，頁816。
〔註212〕《紫柏尊者全集》，《續藏經》，第一二六冊，頁691。

導禪修,是達到證悟的好方法。

例二,眞可駁斥「念佛比參禪看教容易」:

……以爲念佛求生淨土易而不難,比之參禪看教唯此著子最爲穩當。我且問你:淨土染心人生耶?半染半淨人生耶?全淨心人生耶?若染心人可生淨土則名實相乖因果背離。若半染半淨人生淨土者,吾聞古德有言:若人臨終之際,有芥子許情識念娑婆世界,斷不能生淨土。若全淨心人生者,心既全淨何往而非淨土,奚用淨土爲?如是以爲念佛一著子能 勝參禪看教,豈非大錯!〔註213〕

顯然將參禪看教融合爲一,有禪教會通的特色。

關於禪、教的融合,宗密《禪源諸詮集都序》曾以佛語、佛心的關係說:

……諸宗始祖即是釋迦,經是佛語,禪是佛意,諸佛心口不不相違。〔註214〕

眞可接續這個說法大加闡發:

宗、教分派,然不越乎佛語與佛心。傳佛心者,謂之宗主,傳佛語者,謂之教主:若傳佛心有背佛語,非眞宗也;若傳佛語不明佛心,非眞教也。故曰:依經解義,三世佛冤,離經一字,即同魔說。心語既不相違,宗教自應融通。〔註215〕

又

文字,佛語也:觀照,佛心也。由佛語而達佛心,此從凡而至聖者也。

〔註216〕

由上筆者以爲,眞可禪與教的會通是基於宗密的禪教合一發展出來的,其內涵並未超出《禪源諸詮集都序》之外。

② 禪與淨

眞可主張萬法唯心,萬有不出於一心,他的淨土思想也涵括於心性論內。可從他分析彌陀四十八願得證。

四十八願,彌陀如來因中爲法藏比丘時,對世自在王佛所發之願也。若以眾生有思惟心測度之,虛空之無際、天地之高厚、萬方之廣多,聖凡乎、有知乎無知乎,皆不越我自心者也。故曰:空生大覺中如海一漚發,有漏微塵國皆依空所生。漚滅空本無,況復諸三有。以此觀之,則法藏所

〔註213〕《紫柏尊者全集》,《續藏經》,第一二六冊,頁692。
〔註214〕《大正藏》,第四八冊,頁400。
〔註215〕《紫柏尊者全集》,《續藏經》,第一二六冊,頁691。
〔註216〕同上。

發之願，如來印證之辭，證之於理即之於事，皎如日星夫何疑。〔註217〕

真可的淨土是唯心淨土，不同於淨土宗的淨土思想，是禪與淨土融合的產物。

> 心淨佛土淨，心穢此土穢，淨穢既在心，如何別尋理？但觀心未生，
> 淨穢在何處？此觀若透徹，眾罪自消滅。不待蓮花開，香光從口發。南無
> 阿彌陀佛，佛即自心覺，覺即情不生，情生成殺佛，殺佛墮地獄，難生蓮
> 花國。能使情不生，彌陀自來迎。蓮花為胞胎，永不作眾生。〔註218〕

這是宗密「心生則種種法生」的真心的發揮，真可進一步將心性思想與淨土結合，
但不改以禪為主。將禪與淨土融合，收淨土法門於禪，本是宗密的想法：

> 故三乘學人，欲修聖道，必須修禪。離此無門，離此無路。至於念佛
> 求生淨土，亦須修十六觀禪，及念佛三昧、般舟三昧。〔註219〕

真可也贊同念佛，但他站在禪的角度念佛，念佛結合了禪的修證：

> 然念佛心真不真，勘驗關頭，直在懼喜、煩惱兩處取證，其真假之心，
> 歷然可辨。大抵真心念佛人，於懼喜煩惱中，必然念念不間斷，是以煩惱
> 也動他不得，歡喜也動他不得；煩惱、歡喜既不能動，死生境上自然不驚
> 佈。〔註220〕

念佛念到一心不亂的境地，「煩惱、歡喜既不能動」，在生死上自然獲得自在解脫，
這和禪宗的境界相通。又念佛的目的在於心性的頓然轉化，而不在於往生見佛，所
以他主張不在心外覓佛。但凡夫欲習太重，無法專心念佛，何況臨終之時？真可認
為先要教人去除對身心的執著再念佛，去除身上的妄執，最好的方法在持偈及靜坐：

> 破身心之方，莫若毗舍浮佛傳心前半偈最為捷要。或先持千萬遍、五
> 百萬遍、三百萬遍，持數完滿，除為持偈者開解之，自然身心橫計便大輕
> 了，此計既輕，即以持偈之心持阿彌陀佛專想西方，至捨命時，則娑婆欲
> 念不待著力然後始空。〔註221〕

真可將「毗舍浮佛偈」當成禪法源頭，持頌佛偈是禪修的基本功夫，是破除身心執
著的最佳藥方。

靜坐則分三品：

> 靜坐有三品。曰下劣坐、平等坐、增上坐。下劣坐者，但能舌柱齦顎，

〔註217〕《紫柏尊者全集》，《續藏經》，第一二六冊，頁814。
〔註218〕《紫柏尊者全集》，《續藏經》，第一二六冊，頁990。
〔註219〕《禪源諸詮集都序》，《大正藏》，第四八冊，頁399。
〔註220〕《紫柏尊者全集》，《續藏經》，第一二六冊，頁768。
〔註221〕《紫柏尊者全集》，《續藏經》，第一二六冊，頁674。

齒關緊密，雙手握拳夾背，天柱挺豎不欹，以信力爲主，或持半偈，或持佛號及咒，上有嚴師慈護，下有法侶夾輔，是謂下劣坐也。平等坐者，初以識破根塵識三界爲主，於三界始末洞悉無疑，臨坐時視身如雲影，視心如網風，別無作手，若能堅勁，昏散痛癢自然剝落。或一坐半日，或兩三日，飲食不進氣力仍舊，是謂平等坐也。增上坐者，是以洞徹本心爲事，或以古德機緣關拽癢者，自然凝結不化，若負戴天不共之仇。我不欲瞑悶而瞑悶塞破虛空，直得依正聖凡合下盡翻窠窟，有此等志氣力量累足蒲團以劫超劫，而無超劫之心。到此時昏散無渠棲泊處，盡十方三世都盧是一個話頭，迥迥然在前塞煞眉眼，忽然心地有爆苣之機，不生欣喜，何以故？

渠我故有，今適相逢有何奇特？是謂增上坐也。〔註222〕

屬靜坐初階的「下劣坐」，功用在增強「信力」；進階的「平等坐」在於「識破根塵三界」，最上的「增上坐」則與禪的境界相合，等於禪修「洞明白心」，「不生欣喜」的境界，正是他「萬法唯心」心性論中「心物本然廓如」的狀態。

綜上所述，可發現真可的禪淨合一基於心性論，禪與淨土有濃烈的融合傾向，可視爲禪教會通的發展。而由心的層次進行和會，是來自宗密的影響。

不論禪教合一或禪淨合一，真可始終未將禪與教或禪宗與淨土的地位並列，而是將教或淨土置於禪之下，經教與淨土思想皆是禪法的翼助而已，這和宗密禪教合一的置禪於教上的精神一致。

（3）三教合一

明末佛教衰微，又受到宋明理學的壓抑，處境艱難，故明四大師皆有三教同源的說法，一以減低儒學壓力，一以吸引士子。真可的三教合一思想因此產生。

① 以佛統道儒

其時，程朱、陸王之學極盛，真可隨其潮流，常運用理學語言及論證，例如用性、心、情、理論說「萬法唯心」的心性論，及用儒家五常解釋佛家五戒：

不殺即孔之仁，不盜即孔之義，不邪淫即孔之禮，不妄語即孔之信，不飲酒即孔之智。〔註223〕

立「仁、義、理、智、信」五常爲佛名，推廣佛教：

南無仁慈佛，愛人如愛己，此心常不昧如來即出世。

南無義氣佛，愛人必得所，臨事不苟且立地成正覺。

南無禮節佛，事事要明白，長幼序不亂世尊即是你。

〔註222〕《紫柏尊者全集》，《續藏經》，第一二六冊，頁690。
〔註223〕《紫柏尊者全集》，《續藏經》，第一二六冊，頁748。

> 南無智慧佛，變通無停礙，扶正不扶邪化苦而爲福。
>
> 南無信心佛，眞實無所改，一念語萬年始終常若一。〔註224〕

雖藉儒家以爲用，但思想內涵始終不離佛，純粹以理學達佛學：

> 究性靈之極，設不學佛終難徹了。……蓋窮靈極數之學，苟非滿證自
> 心事理無礙者，終末易明也。〔註225〕

指儒釋道皆有「教眾生離身心」之說：

> 吾有大患爲吾有身，及吾無身吾有何患。又曰：介然有知行於大道唯
> 施是畏。又顏子心齊坐忘，則越墮（墮爲隳之誤）肢體黜聰明。墮肢體得
> 非老氏以身爲患之意。黜聰明得非老氏以心爲畏之意哉。三教聖人皆教眾
> 生離身心，寧唯釋氏乎？〔註226〕

熟讀三教聖言，不如「自悟本心」，完全一派禪宗之言。

> 中國微言不越乎六經，西來大法寧出乎三藏，至於老莊之書，亦不可
> 不讀者，此古人博達君子之所務也。是以白首窮經然燈精法代不關人，雖
> 求之於紙墨十年之功，不若求之於心性一朝可敵也。〔註227〕

故眞可是以佛融儒道。

　② 三教同源於一心

　　眞可的三教合一，主要是三教同源於一心的理論。

　　眞可認爲深究儒釋道三家內蘊，及仲尼、伯陽、釋迦的境界，就能體會
三教本同一心，而此一心就是己心：

> 我得仲尼之心而窺六經，得伯陽之心而述二篇，得佛心而始了自心。
> 雖然，佛不得我心不能說法，伯陽不得我心二篇悉作，仲尼不得我心則不
> 能集大成也。且道末後一句如何播弄：自古群龍無首去，門牆雖異本相同。
>
> 〔註228〕

不只三教同源，三教衍出的種種派別亦同於一心：

> 夫身心之初，有無身心者，湛然圓滿而獨存焉。伏羲氏得之而畫卦，
> 仲尼得之而翼《易》，老氏得之二篇乃作，吾大覺老人得之，於靈山會上，
> 拈花微笑，人天百萬，聖凡交，獨迦葉氏亦得之。自是，由阿難氏乃至於

〔註224〕《紫柏尊者全集》，《續藏經》，第一二六冊，頁978。
〔註225〕《紫柏尊者全集》，《續藏經》，第一二六冊，頁696。
〔註226〕《紫柏尊者全集》，《續藏經》，第一二六冊，頁757。
〔註227〕《紫柏尊者全集》，《續藏經》，第一二六冊，頁719。
〔註228〕《紫柏尊者別集》，《續藏經》，第一二七冊，頁100。

於達磨氏、大鑒氏、南嶽氏、青原氏、並相繼而得之。於是千變萬化，世
出世法，交相造化。〔註 229〕

三教都依心而立：

儒也，釋也，老也，皆名焉而已，非實也。實也者，心也。心也者，
所以能儒、能佛、能老者也……知此，乃可與言三家一道也，而有不同者，
名也，非心也。〔註 230〕

真可主張三教同源一心，用一心證三教合一，這和密宗觀點相同。又，以佛會
歸儒道，立場也和宗密同。

三、憨山德清的禪淨性相合一

（一）生　平

憨山德清生平資料最直接、完整的就屬《憨山老人自序年譜實錄》。以下的撰寫
主要依據此書。

德清（西元 1546～1623 年）字澄印、別號憨山。全椒（安徽省全椒縣）人，姓
蔡。七歲面臨叔父死亡以及孀母得子，「由是生死去來之疑，不能解於懷矣」〔註 231〕，
十二歲入金陵報恩寺，從學於永寧禪師。十四歲「流通諸經，皆能誦」〔註 232〕。十
五歲「習舉子業」〔註 233〕及《四書》。十七歲就能講授《四書》，並「讀《易》，並
時藝及古文辭詩賦」。〔註.234〕十九歲面臨儒、佛之抉擇，得雲谷大師（西元 1500～
1579 年）開示「出世參禪、悟明心地之妙」，且指導他讀中峰明本（西元 1263～1323
年）《廣錄》，書未閱畢即嘆：「此予心之所悅也」，〔註 235〕於是「決志做出世事」。
〔註 236〕自敘：

貧道一入空門，即抱向上志。十九披緇遂棄筆硯，單究己躬下事。〔註 237〕

〔註 229〕《紫柏尊者全集》，《續藏經》，第一二六冊，頁 840。
〔註 230〕《紫柏尊者全集》，《續藏經》，第一二六冊，頁 797。
〔註 231〕《憨山老人自序年譜實錄》，《憨山大師夢遊集》（臺北：法爾，1987），第四冊，頁
2875。
〔註 232〕同上。
〔註 233〕同上。
〔註.234〕《憨山老人自序年譜實錄》，《憨山大師夢遊集》（臺北：法爾，1987），第四冊，頁
2881。
〔註 235〕《憨山老人自序年譜實錄》，《憨山大師夢遊集》（臺北：法爾，1987），第四冊，頁
2882。
〔註 236〕同上。
〔註 237〕〈答李湘州太史〉，《憨山大師夢遊集》（臺北：法爾，1987），頁 900。

「己躬下事」即求了脫生死及明心見性等事。同年受具足戒,並從無極明信習《華嚴》,
聽講至十玄門,海印森羅常住處,恍然了悟,法界圓融無礙之旨。〔註238〕
「切慕清涼之為人,因自命其字曰:澄印。」〔註239〕二十六歲後參訪諸山,愛好憨
山秀美,遂自號憨山。三十歲卜居五臺山北台龍門,專心修習。一日經行,突然悟入:

> 予獨往此,單提一念,人來不語,目之而已。久之視人如杌,直至一
> 字不識之地。……溪上有獨木橋,予日日坐立其上。初則水聲宛然,久之
> 動念即聞,不動及不聞。一日坐橋上,忽然忘身,則音聲寂然,自此眾響
> 皆寂,不復為擾矣。……一日粥罷經行,忽立定,不見身心,唯一大光明
> 藏,圓滿湛寂,如大圓鏡,山河大地影現其中。及覺則朗然,自覓身心了
> 不可得,及說偈曰:瞥然一念狂心歇,內外根塵俱洞徹,翻身觸破太虛空,
> 萬象森羅從起滅。自此內外湛然,無復音聲色相為障礙,從前疑會,當下
> 頓消。〔註240〕

無人可為印證,自展《楞伽經》印證:

> 初聞講此經,全不解文,故今但以現量照之,少起心識,即不容思量,
> 如是者八閱月,則全經旨趣了然無礙。〔註241〕

三十三歲夜夢清涼大師開示:

> 初入法界圓融觀境,謂佛刹互入,主伴交參,往來不動之相。隨說其
> 境,即現睹於目前。自知身心交參涉入,示畢,妙師問曰:此何境界?大
> 師笑曰:無境界境界。及覺後,自見心境融徹,無復疑礙。〔註242〕

三十七歲講《華嚴玄談》。四十一歲著《楞嚴懸鏡》,三年後開始講《華嚴》、《起信
論》。四十五歲作三教合一思想的大作《觀老莊影響論》。後因私創寺院下獄,流放
雷陽。他流放邊地時仍隨心自在,甚至講經說法,籤注《楞嚴》、《楞伽》。

五十六歲重修曹溪祖庭,予僧人受戒,設義學、教沙彌、立清規、查初課、理
寺產、收復土地,頓時曹溪氣象一新,之後更重修殿宇,恢復曹溪門風。五十九歲
因憶真可,感:

〔註238〕《憨山老人自序年譜實錄》,《憨山大師夢遊集》(臺北:法爾,1987),第四冊,頁
2883。
〔註239〕同上。
〔註240〕《憨山老人自序年譜實錄》,《憨山大師夢遊集》(臺北:法爾,1987),第四冊,頁
2903~2905。
〔註241〕《憨山老人自序年譜實錄》,《憨山大師夢遊集》(臺北:法爾,1987),第四冊,頁
2905~2906。
〔註242〕《憨山老人自序年譜實錄》,《憨山大師夢遊集》(臺北:法爾,1987),第四冊,頁
2911。

《楞嚴》說七趣因果，世書無對解者。〔註243〕

故作《春秋左氏心法》，以明「春秋乃明明因果之書也」。六十二歲爲《道德經》作注。六十六歲作《大學決疑》。六十七歲再講《起信論》及《八識規矩》，翌年講《圓覺經》。七十歲講《楞嚴通議》、著《法華通義》及《起信略疏》。七十二歲再講《楞嚴經》，越明年

　　　　開堂啓諷《華嚴》，長期爲眾講《法華》、《楞嚴》、《金剛》、《起信》、

　　《唯識》諸經論。〔註244〕

且恐華嚴宗失傳，爲作《華嚴經綱要》。再講《楞伽經》，《起信論》。七十五歲「重述《起信》、《圓覺》、《莊子內七篇注》」。〔註245〕隔年又講《楞伽經》、《肇論》、《起信論》。七十七歲又講《楞嚴經》、《起信論》，《金剛經》。七十八歲示寂前仍「爲眾說戒，講《楞嚴》，《起信》等經論」。〔註246〕

　　綜觀德清生平，發現他雖是禪僧，但極重視經教。幼年習儒典，後著力於經論的註解及講述，數度講述《起信論》、《楞嚴經》，《華嚴》、《圓覺》等經。又他很重視華嚴，說自己與《華嚴經》因緣厚植：

　　　　……講《圓覺經》方半，即發背疽，此疽蓋自初坐禪時所發，知是冤

　　債，以誦《華嚴經》，告假者，每向於書寫，讀誦作《華嚴》則竊發，隨

　　禱而止。〔註247〕

又爲會通三教，替儒、道外典作注。晚年結庵廬山五乳峰下，修六時淨業，晝夜課佛號六萬聲，直到七十八歲圓寂。是個極力主張融和會通的思想家。

　　他的思想融合各宗，著作豐富並兼攝內外典籍，重視《起信論》、《華嚴經》等經教都類似於宗密。分析其思想內涵更發現：在佛教內部主張禪教合一，禪淨合一及性相融合，在修行實踐上採頓悟漸修；對外強調三教合一，三教合一的基礎爲「一心」，這些皆可追溯至宗密的禪教合一、三教合一學說，明顯受其影響。

（二）思　想

〔註243〕《憨山老人自序年譜實錄》，《憨山大師夢遊集》（臺北：法爾，1987），第四冊，頁
　　　　2956。

〔註244〕《憨山老人自序年譜實錄》，《憨山大師夢遊集》（臺北：法爾，1987），第四冊，頁
　　　　2974。

〔註245〕《憨山老人自序年譜實錄》，《憨山大師夢遊集》（臺北：法爾，1987），第四冊，頁
　　　　2975。

〔註246〕《憨山老人自序年譜實錄》，《憨山大師夢遊集》（臺北：法爾，1987），第四冊，頁
　　　　2928。

〔註247〕《憨山老人自序年譜實錄》，《憨山大師夢遊集》（臺北：法爾，1987），第四冊，頁
　　　　2965。

1、禪教合一

（1）禪教合一

德清《憨山老人夢遊集》卷六說「持經而不悟心，與參禪而不見性者，總非眞行」，而「心」與「性」皆自佛出，「持經與參禪，豈有二耶？」故「持經即參究，參究即持經」。

> 是知經乃佛所開示之路，禪乃欲人循路而行。持經不悟心，與參禪而不見性者，總非眞行。六祖云：心迷法華轉，心悟轉法華，持經與參禪豈有二耶？是在學人堅持久長不拔之志，持經即參究，參究即持經，所以經中佛意。〔註248〕

持經與參禪不二的說法《禪源諸詮集都序》也有：

> 今時弟子彼此迷源，修心者以經論爲別宗，講說者以禪門爲別法。聞談因果修證，便推屬經論之家。不知修證正是禪門之本事，聞說即心即佛，便推屬胸襟之禪，不知心佛正是經論之本意。〔註249〕

筆者以爲德清持經要悟心，參禪要見性，是以佛性統合禪、教。這思想源自宗密《禪源諸詮集都序》經是佛語，禪是佛意，禪、教皆源自佛的主張。

禪、教同源於佛，悟心、見性都是悟入佛性，這佛性自佛心流出，落實於人心體上的眞心。這眞心亦是宗密思想的核心，德清此理路正是宗密一心思想一脈。

德清理解禪宗「教外別傳」、「不立文字」，是要人跳脫文字窠臼去「悟言外之旨」，而非反對經教。禪宗人動不動就呵斥經教，實是不瞭解「教詮一心乃禪之本」的道理。

> 佛祖一心，教禪一致。宗門外別傳，非離心外別有一法可傳，祇是要人離卻語言文字，單悟言外之旨耳。參禪人動即呵教，不知教詮一心乃禪之本也。〔註250〕

《憨山老人夢遊集》卷十二〈示黃淮恆〉一文，引延壽《宗鏡錄》說明禪教一心：

> 《宗鏡》云：心爲宗照法萬法爲鏡。特由吾人不能知一心，故佛說教以指之，吾人不能見自心，故祖假禪以示之。……殊不知教乃佛眼，禪乃佛心，二非兩般，豈有彼此？〔註251〕

〔註248〕〈示靈圓覺禪人〉，《法語》，《憨山大師夢遊集》（臺北：法爾，1987），第一冊，頁278。

〔註249〕《大正藏》，第四八冊，頁400。

〔註250〕〈示徑山堂主幻有海禪人〉，《法語》，《憨山大師夢遊集》（臺北：法爾，1987），第一冊，頁300。

〔註251〕〈示董智光〉，《法語》，《憨山大師夢遊集》（臺北：法爾，1987），第一冊，頁295～296。

解被視爲禪宗源由的「拈花微笑」公案，爲佛「爲遣執言說之習氣」，以令學人離相，是「佛化度衆生之方便」，而後人卻各執禪教爲一端，彼此互非，實是「不知教禪一心之旨」。

> 佛業已說了一大藏教，至若一心法門，何所不具，而必以拈花爲心要者，以一心之旨離言說相離名字相，離心緣相。以從前聞者雖悟本心，然有未能離相，故假末後拈花，爲遣執言說之習氣，乃治執名言之病，以此爲金篦耳。今人不知教禪一心之旨，乃吾佛化度衆生之方便，各人妄執一端，以爲必當。故執教者非禪、執禪者非教。然執教非禪者，固已自誤，而執禪非教者，又誤之更甚也。〔註252〕

顯然地，德清把禪教和會於一心，而一心本是宗密禪教合一思想的主體，德清「教詮一心是禪之本」以及「教禪一旨」、「教乃佛眼，禪乃佛心，二非兩般」都是以這一心和會禪教，思想、理論完全來自宗密，至於他說禪和教皆是佛教化的方法，不可偏執，也同於宗密「但自隨病對治，不須讚此毀彼」。

德清爲禪僧，但極重視經教，他開悟時自閱《楞嚴經》印證，一生數度抄誦《華嚴經》，且多次講《楞嚴》、《華嚴》、《起信》等經論，曾說經教乃佛陀教化根鈍者的「施權接引」：

> 在佛豈不要人頓悟自心，當下成佛？但衆生根鈍不得不施權接引耳。
> 古人云：僧徒不能了悟自心，且於教法留心，時光亦不空過。予則謂令之僧徒，縱不能恭禪看教，有能持戒誦經作福護法者，亦說勝尋常魔種萬萬矣。〔註253〕

如不能一時頓悟，「且於教法留心」，也能日起有功。並以自己爲例，勉後人持「經論爲般若之正因種子」來「離文字悟言外之旨」。

> 予蚤年即棄講義，初聽諸經，不知爲何物。切志參究，即性地一開，回視文字，眞似推問落白。於《楞伽》則有《筆記》。於《楞嚴》則有《懸鏡》，是皆即教乘而指歸向上一路。奈何世之習教者，概以予爲不師古；參禪者概以予爲文字師，予雖舌長拖地，莫可誰何。無怪乎視馬鳴、龍樹、圭峰、永明爲門外漢，謂一大藏經爲揩膿涕紙也。且斥發明一心之說爲文字，而執諸祖機緣爲向上，機緣豈非文字耶？予謂固守妄想，增長我慢爲參禪。又不若親持經論，爲般若之正因種子也。且參禪動以離心意識，既

〔註252〕〈化生儀軌〉，《憨山大師夢遊集》（臺北：法爾，1987），第四冊，頁2530。
〔註253〕〈化生儀軌〉，《憨山大師夢遊集》（臺北：法爾，1987），第四冊，頁2534～2535。

能離心意識求上，豈不能離文字悟言外之旨乎？〔註254〕

《憨山老人夢遊集》中講述禪教合一思想者主要有以上數處。德清陳述禪教合一時用的大多是宗密的理論，思想內涵皆不出宗密《禪源諸詮集都序》的範疇，故可得證德清的禪教合一思想來自於宗密。

（2）性相融合

德清指出，不論禪、教二門或性、相二宗都源於一心，都是佛為攝化眾生所立的方便，彼此本應相容，不應矛盾。

> ……只有八個字包括無餘，所謂三界唯心，萬法唯識。以唯心故，三界寂然，了無一物。以唯識故，萬法縱然，蓋萬法從唯識變現耳。求之自心自性了不可得，所以佛祖教人但言心外無片事可得。即黃梅夜半露出，本來無一物，即此一語十方三世諸佛，歷代祖師盡在裏許掙不破故衣鉢止之。即二派五宗都從此一語衍出，何曾有性相之分那？〔註255〕

然佛滅後，後人執權為實，故有性相，禪教之別：

> 以佛滅後，西域唱導諸師，以唯心、唯識立性、相二宗，冰炭相攻，以致分河飲水，破壞正法。及大教東來，不三百年而達摩西來，不立文字，直指人心，見性成佛，是為禪宗。於是遂有教外別傳之道，六傳至曹溪而下，南嶽、青原，次為五宗，由唐至宋，其道大盛。於是禪、教相非。如性、相相抵，是皆不達唯心、唯識之旨而各立門戶。〔註256〕

前有馬鳴力破性相之別，繼之宗密倡導教禪合一，後永明延壽更以一心和會性相、教禪：

> 西域性相之執，馬鳴既力破之，即此方教禪之偏執，圭峰著《禪源詮》以一之，永明又集《宗鏡》百卷，發明性相一源之旨，如白日麗天，而後學竟不一覷，此豈真究大事者哉！〔註257〕

及

> 以一心為宗，照萬法為鏡。攝三宗之藩籬，顯一心之奧義。其猶縣義象於性天，攝殊流而歸法海，不唯性相雙融，即九流百氏，技藝資生，無

〔註254〕〈刻起信論直解後序〉，《憨山大師夢遊集》（臺北：法爾，1987），第二冊，頁1025～1026。

〔註255〕〈示周暘孺〉，《法語》，《憨山大師夢遊集》（臺北：法爾，1987），第一冊，頁193～194。

〔註256〕〈西湖淨慈寺宗鏡堂記〉，《憨山大師夢遊集》（臺北：法爾，1987），第二冊，頁1308～1309。

〔註257〕〈刻起信論直解後序〉，《憨山大師夢遊集》（臺北：法爾，1987），第二冊，頁1025。

不引歸實際又何教禪之不一？知見之不泯哉，良以眾生之執迷久矣，雖性

相教禪，皆顯一心之妙。〔註258〕

德清自許上承宗密、延壽，本「無一物不是佛心，無一法而非佛事，無行而非佛行」

的觀點，持續以一心涵攝禪、教、性、相：

無一物不是佛心，無一法而非佛事，無一行而非佛行。一切諸法，安

有纖毫出於唯心之外者乎？是知《宗鏡》之稱，以一心照萬法，泯萬法歸

一心，則何法而非祖師心印？又何性相教禪之別乎？是則毀相者不達法

性，斥教者不達佛心，不知佛祖之妙用，而執爲實法。〔註259〕

德清的性相合一，承襲自宗密，更進一步指出性相會通的新方向。慈恩宗的傳承

不遠，晚唐後逐斷式微，但法相思想卻成爲中國佛學的理論基礎之一。德清性相合一，

相即「法相」，性是「法性」，亦即天臺、華嚴。性宗、相宗的學說常有扞格，學人常

以二者互相矛盾。宗密曾嘗試會通，雖然他禪教合一思想的主要著作《禪源諸詮集都

序》只比較了空宗和性空的差異，但《圓覺經大疏》分析了相宗和性宗的十大差異〔註

260〕，《禪源諸詮集都序》並將相宗判入「將識破境教」，歸於第一「密意依性說相教」，

與第二「密意破相顯性教」空宗、第三「顯示真心即性教」性宗會通，指相、空、性

三宗雖於「義」上「三義全殊」，但就法言「一法無別」，本質相合。

上之三教，攝盡佛一代所說之經，及諸菩薩所造之論。細尋法義，便

見三義全殊，一法無別。〔註261〕

德清會通性相，融性相於一心，取自宗密思想。宗密曾說：

性相二宗，互相非者，良由不識眞心。〔註262〕

及

性相無礙，都是一心。〔註263〕

宗密性相一心的理論根據爲《大乘起信論》心有不變，隨緣二義。

不變是性，隨緣是相。當知性相皆是一心上義。〔註264〕

性相融合是宗密禪教合一思想的一環，他以《大乘起信論》「一心二門」及心的

〔註258〕〈西湖淨慈寺宗鏡堂記〉，《憨山大師夢遊集》（臺北：法爾，1987），第二冊，頁1310。

〔註259〕〈西湖淨慈寺宗鏡堂記〉，《憨山大師夢遊集》（臺北：法爾，1987），第二冊，頁1312

　　　～1313。

〔註260〕《圓覺經大疏》，《大藏經》，第十四冊，頁227～228及本書，第三章，第三節105

　　　頁。

〔註261〕《大正藏》，第四八冊，頁408。

〔註262〕《禪源諸詮集都序》，《大正藏》，第四八冊，頁401。

〔註263〕同上。

〔註264〕同上。

不變隨緣二義爲性相應融合的理論根據，並用華嚴法界觀說「性相圓融，一心自在」，萬法皆融攝在重重無盡法界（一心）中。德清承續宗密以一心融性、相的思路，說萬法一心，故性、相亦應涵於一心，全是宗密法味。傳統思想中，「法相」以爲眞如、如來藏凝然不動，無法受薰；而「法性」則說爲不變而隨緣，可以受薰，由此兩說相背。德清注《百法明門論》及《八識規矩頌》，合此兩注爲《性相通說》，具體指出以一心二門爲溝通性相的途徑〔註265〕。德清對《大乘起信論》的運用，也依循宗密的思路，但更爲深刻。

由以上可得：德清性相融合是依宗密發展而成。

（3）禪淨合一

德清針對明代狂禪輕視淨土的流弊，發出不僅須禪淨兼重，更要禪淨合一的主張。

> 而參禪，乃此方從前諸祖創立悟心之法：而念佛一門，乃吾佛開示三
> 賢、十地菩薩，總以念佛爲成佛之要……十地聖人，已証眞如，尚不離念
> 佛，而末法妄人，乃敢謗念佛爲劣行……是闞多聞，不知佛意，妄生分別
> 耳……故初參禪末悟之時，非念佛無以淨自心，然心淨即悟心也。菩薩既
> 悟，而不舍念佛，是則非念佛無以成正覺。安知諸祖不以念佛悟心耶？若
> 念佛念到一心不亂，煩惱消除，了明自心，即名爲悟。如此念佛，即是參
> 禪……參禪乃生淨土……而禪、淨分別之見，以此全消。即諸佛出世，亦
> 不異此說，若舍此別生妄議，皆是魔說，非佛法也。〔註266〕

最能表現德清禪淨融合思想的：一是唯心淨土，一是念佛禪。

① 唯心淨土

根據徐頌鵬的研究，德情淨土思想有二層次：

> 首先，是較爲現實與大眾化的層次，以西方極樂世界爲中心；其次，
> 是較爲唯心和習禪者的層次，以念佛作爲公案參究的一種。〔註267〕

前者是淨土宗的西方淨土，後者是融合了參禪的「唯心淨土」。他鼓勵根機淺者，念佛往生西方淨土；修習層次較高或根利者，則求得「唯心淨土」。對初機者，示以持名念佛及觀想國土清淨莊嚴的法門，指導他們往生彌陀淨土。

> 其修行之方，亦有節次，如僧家功課之法，不必拘套，但以念佛爲主。

〔註265〕此四行引自呂澂，《中國佛學思想概論》（臺北：天華，1991.05），頁297。

〔註266〕〈示慧鏡心禪人〉，《法語》，《憨山大師夢遊集》（臺北：法爾，1987），第一冊，頁454～456。

〔註267〕引自 Sungpeng Hsu. A Buddhist Leader in Ming China：The Life and Thought of Han-san Tech'ing（Univerity parkThe Pennsylvania U.P.1979）p 132

每日早起禮佛，即誦《彌陀經》一卷，或《金剛經》一卷，即持數珠，念
阿彌陀佛名號，或三、五千聲，或一萬聲。完即對佛回向，發願往生彼
國。……於二六時中，單將一聲阿彌陀佛橫在胸中，念念不忘，心心不昧，
把一切世事都不思想，但只將一句佛作自己命根，咬定牙關，決不放捨，
乃至飯食起居，行住坐臥，此一聲佛時時現前。……更有一妙法，請爲言
之。其法就在念佛心中，時時默下觀想，想目前坐大蓮華，不拘青黃赤白，
狀如車輪之大。觀想華狀分明，仍想自身坐在華中，鬚臺之上，端然不動，
想佛放光明來照其身。作此想時，不拘行往坐臥，亦不記歲月日時，只要
觀境分明，開眼合眼，了了不昧；乃至夢中，亦見阿彌陀佛，與觀音、勢
至，同在華中，如白日明見。若此華想成就，便是了生死之時節也。直至
臨命終時，此華現前，自見已身坐蓮華中，即有彌陀、觀音、勢至同來接
引，一念之頃，即得往生西方極樂世界，居不退地，永不復來受生死之苦，
此實修行一生了辦之實效也。〔註268〕

再以「唯心淨土」提升他們的層次：

> 然佛者覺也，即眾生之佛性，以迷之而爲眾生，悟之即名爲佛。今所
> 念之佛，即自性彌陀；所求淨土，即唯心極樂。諸人苟能念念不忘，心心
> 彌陀出現，步步極樂家鄉，又何必遠企於十萬億國之外，別有淨土可歸耶？
> 所以道心淨則土亦淨，心穢則土亦穢。〔註269〕

迷悟在於一心，悟，眾生心即佛心，所念的佛即是「自性彌陀」，又「心淨則國土淨」，
當下的清淨心就是淨土，所以淨土就在一心中，即「唯心淨土」。故念佛念到最後「即
花開見佛」、「如從夢覺」。這一覺不僅了脫生死，更悟得淨土如幻。

> 是知一念信心，即開佛知見，一切佛土，應念現前，故諸佛淨土，皆
> 從金剛心地建立。禪人果能了知此法門，從此向前，日用頭頭，一切運爲，
> 明明了知，皆從自心流出，則法法皆爲淨土眞因。更能將一聲阿彌陀佛，
> 念念不忘，心心不昧，念至動靜無二，寤寐如一，則現前步步皆踏淨土，
> 寶地經行，即此身心，已坐蓮華胎中。直至臨命終時，才捨此身，即花開
> 見佛，如從夢覺，始知生死如夢，淨土如幻，一念之間，永居不退。〔註270〕

〔註268〕〈答德王問〉，《法語》，《憨山大師夢遊集》（臺北：法爾，1987），第一冊，頁499
　　　　～520。
〔註269〕〈示優婆塞結念佛社〉，《法語》，《憨山大師夢遊集》（臺北：法爾，1987），第一冊，
　　　　頁109～110。
〔註270〕〈示新安仰山本源覺禪人〉，《法語》，《憨山大師夢遊集》（臺北：法爾，1987），第
　　　　一冊，頁478～479。

德清明白建構出西方淨土與唯心淨土的會通橋樑。他在〈答湖卅僧海印〉，將淨土分成「常寂光淨土」、「實報莊嚴土」、「方便有餘土」：

> 淨土有三，謂常寂光土，實報莊嚴土，方便有餘土。若諸佛菩薩，與從上單傳悟心諸祖，皆受自性法樂，無一不歸常寂光土者，是謂惟心淨土。若塵塵剎剎皆淨土者，乃華藏莊嚴實報土耳，亦惟心所現。至若求西方淨土者，名方便有餘土，乃華藏塵剎中一土耳，此是欲求往生者，論云：眾生初學懼信心難成，怠欲退者，當知如來有勝方便，攝護信心謂以專念西方極樂世界阿彌陀佛，所修善根回向。願求即得往生常見皈依佛，故終無有退，此乃未悟而修者。〔註271〕

「方便有餘土」為下根者立，是真實存在的清淨佛土，念佛往生的西方淨土即是。至於修禪悟入或利根者，因了達「唯心淨土」之理，故得「常寂光淨土」或「莊嚴實報土」，此二者存在清淨心中。西方淨土與唯心淨土都在一心，德清以唯心淨土來會通禪與淨。以唯心淨土的角度看，禪宗的參禪和淨土的念佛，目的都在了悟一心，「念佛即參禪，參禪乃生淨土」，故參禪、念佛，本質並無不同。

> 若約唯心淨土，則心淨土淨。故初參禪未悟之時，非念佛無以淨其心，然心淨即悟心也。菩薩既悟，不捨念佛，是則非念佛無以成正覺，安知諸祖不以念佛而悟心耶？若念佛念到一心不亂，煩惱消除，了明自心，即名為悟。如此念佛即是參禪。若似菩薩，則是悟後不捨念佛，故從前諸祖，不捨淨土，如此則念佛即是參禪，參禪乃生淨土。此是古今未決之疑，此說破盡，而禪淨分別之見，以此全消。〔註272〕

參禪、念佛無非「了悟一心之行」，這是用「心」作基礎結合禪與淨。與宗密一貫以「心」會通禪與教相同。而且德清的唯心淨土思想明顯置禪於淨土上，也與宗密置禪於教上一致。又德清三個層次的淨土，雖主要在以「一心」會通禪與淨土，但其為不同根機者立三淨土，頗有宗密「法無頓漸，頓漸在機」的精神。

② 念佛禪

德清將念佛與參禪同列為所有法門中最精要者，並說「念佛即是參禪」、「參禪乃生淨土」，用參禪與念佛會通禪淨。德清的念佛禪，並非只念佛求達禪定三昧的境地，而是參禪（參究公案）與念佛結合的一種行法。

〔註271〕〈答湖州僧海印〉，《法語》，《憨山大師夢遊集》（臺北：法爾，1987），第一冊，頁517～518。

〔註272〕〈示慧鏡心禪人〉，《法語》，《憨山大師夢遊集》（臺北：法爾，1987），第一冊，頁455～456。

德清〈答湖卅僧海印〉指參禪的念佛和求往生西方淨土的念佛不同：

> 參禪貴在一念不生是已。若言念佛貴淨念相繼者，此將四字佛放在心中爲淨念耳。殊不知四佛號相繼不斷者，是名繫念，非淨念也，乃中下根人專以念佛求生西方，正屬方便淨土一門耳。今雲參究念佛意在妙悟者，乃是以一聲佛作話頭參究，所謂念佛參禪公案也。〔註273〕

求生淨土的佛念以念佛代替妄念，心心都在佛號上，還是有念，德清說是「繫念」，非淨念。而參禪在於「一念不生」的淨念：

> 念佛審實公案，與參究話頭原無兩樣，畢竟要參到一念不生之地，是爲淨念。《止觀》云：若心馳散，應當攝來歸於正念。正念者，無念也，無念乃爲淨念。只是正念不昧，乃爲相繼，豈以聲聲念佛不斷爲參究淨念耶？〔註274〕

「無念乃爲淨念」，這「無念」非斷絕一切思念的空寂，亦非連正念都無的枯禪，而是《金剛經》「應無所往而生其心」與《六祖壇經》「無者無二相，無諸塵勞之心；念者念眞如本性」〔註275〕。德清釋爲：

> 若論參究提話頭，堵截意根，要他一念不生。如此雖是參的功夫，古人謂抱樁搖櫓，只者要他不生的一念是生也。豈是眞不生耶？若將一句佛號掛在心頭，念念不忘，豈是眞一心不亂？古人教人參活句，不參死句，正在生處見不生意，如經雲：見刹那者，方悟無生。此即一語，則參究念佛當下可成一條矣。〔註276〕

他將禪的無念用在念佛參究公案上。此念佛不同於求往生淨土的念佛，而是念阿彌陀佛，卻不斷參究念頭起處，直到「見刹那者，方悟無生」，參禪與念佛實成一體。故念佛與參究法案的結合在心的「方悟無生」，故仍是在「心」的基礎上進行的會通。

　　無論「唯心淨土」或「念佛禪」，德清都以「一心」會通禪淨。故筆者以爲德清的禪淨合一，外則承續宗密各宗和會的精神，內則是宗密一心思想體系的延續，故可視爲宗密禪教合一思想的發展。

2、頓悟漸修

　　德清將悟分爲證悟及解悟。解悟是「相似般若，非眞參也」，

〔註273〕〈答湖州僧海印〉，《法語》，《憨山大師夢遊集》（臺北：法爾，1987），第一冊，頁519～520。

〔註274〕〈答湖州僧海印〉，《法語》，《憨山大師夢遊集》（臺北：法爾，1987），第一冊，頁520～521。

〔註275〕《大正藏》，第四八冊，頁353。

〔註276〕〈示沈大潔〉，《法語》，《憨山大師夢遊集》（臺北：法爾，1987），第一冊，頁469。

> 凡修行人，有先悟後修者；有先修後悟者。然悟有解證之不同，若依
> 佛祖言教明心者解悟也。多落知見於一切境緣，多不得力，以心淨角立，
> 不得混融觸途成滯，多作障礙，此名相似般若，非眞參也。〔註277〕

證悟「一念頓歇，徹了自心」，才是眞參實悟，親切「如十字街頭見親爺」。

> 若證悟者，從自己心中樸實做將去，逼拶到水窮山盡處，忽然一念頓
> 歇，撒了自心，如十字街頭見親爺一般，更無可疑。如人飲水，冷暖自知，
> 亦不能吐露向人，此乃眞參實悟。然後即以悟處融會心境，淨除現業流，
> 識妄想情慮皆鎔成一味眞心，此證悟也。〔註278〕

不過，「以悟處融會心境」一句，說明德清的證悟包含悟後去業、去妄等功夫，亦即悟後的漸修。他解釋頓悟漸修：

> 所言頓悟漸修者，乃先悟已徹，但有習氣未能頓淨，就於一切境緣上
> 以所悟之理，起觀照之力，歷境驗心，融得一分境界，証得一分法身；消
> 得一分妄想，顯得一分本智。〔註279〕

承認悟後仍有習氣未淨，須以「所悟之理」來「起觀照之力」，以去餘習。這完全和宗密的主張一致。宗密主張先解悟後修證的頓悟漸修。強調頓悟後依悟漸修，以去凡息。他認爲禪法最佳典型荷澤禪法所屬的逐機頓就是頓悟漸修。〔註280〕

德清與宗密頓悟漸修內涵完全一致，故可證德清頓悟漸修思想來自於宗密。

3、三教合一

德清少年即讀儒家《四書》、《易》、《左傳》等典籍，十七歲講述《四書》，並旁涉理學、道學及陽明心學，推崇孔子

> 百王之師，千聖之命。萬古綱常，群生正性，一力擔當，全無餘剩。
> 不是吾師沒量人，誰能永使人倫正？〔註281〕

及濂溪，

> 無我之學，必從法中參究功夫，將身心世界大破一番。……廓然大公，
> 斯則人心自正，世道可淳，而致君澤民之效，無越於此矣。諦觀宋濂溪之

〔註277〕〈答鄭崐巖中丞〉，《法語》，《憨山大師夢遊集》（臺北：法爾，1987），第一冊，頁75。

〔註278〕〈答鄭崐巖中丞〉，《法語》，《憨山大師夢遊集》（臺北：法爾，1987），第一冊，頁75～76

〔註279〕〈答鄭崐巖中丞〉，《法語》，《憨山大師夢遊集》（臺北：法爾，1987），第一冊，頁76。

〔註280〕宗密頓悟漸修見本書，第四章第二節。

〔註281〕〈孔子贊〉，《憨山大師夢遊集》（臺北：法爾，1987），第三冊，頁1880。

學，實出於此，故能羽翼聖祖，開萬世太平之業。〔註282〕

對道家亦有所得：

予幼讀老子，以文古意幽，切究其旨，有所得。〔註283〕

三十一歲即從事三教會通。他闡述三教合一最早的著作是《緒言》，較完整有系統的是《觀老莊影響論》。另外還有《三教論》一書，可惜已亡佚。德清提出三教合一的動機在矯正禪病：

無宗末學，安於孤陋，昧於同體，視為異物，不能融通教觀，難於利俗。〔註284〕

他以為佛教學人應能融通各宗，了知自宗、他教同為一體，才能「利俗」。任何學人皆應三教兼備：

為學有三要，所謂不知《春秋》不能涉世，不精《老》《莊》不能忘世，不參禪不能出世。此三者，經世、出世之術備矣。缺一則偏，缺二則狹，三者無一而稱人者，則肖之而已。〔註285〕

而三教必須會通的理由是三教本「同源於一心，同本於一理」：

古之聖人無他，特悟心之妙者。一切言教皆從妙悟心中流出，應機而示淺深者也。故曰無不從此法界流，無不還歸此法界。〔註286〕

及

一切聖人，乃影之端者：一切言教，乃響之順者。由萬法唯心現，故治世語言資生業等，皆順正法，以心外無法，故法法皆真；迷者執之而不妙，若悟自心，則法無不妙。心法俱妙，唯聖者能之。〔註287〕

又

若以三界唯心，萬法為識而觀，不獨三教本來一理，無有一事一不從此心之所建立。而若平等法界而觀，不獨三聖本來一體，無有一人一物不

〔註282〕〈答錢受之太史〉，《書問》，《憨山大師夢遊集》（臺北：法爾，1987），第二冊，頁951～952。

〔註283〕《憨山老人自序年譜》，《憨山大師夢遊集》（臺北：法爾，1987），第四冊，頁2959。

〔註284〕〈敘意〉，《觀老莊影響論》，《憨山大師夢遊集》（臺北：法爾，1987），第四冊，頁2403。

〔註285〕〈學要說〉，《憨山大師夢遊集》（臺北：法爾，1987），第三冊，頁2082～2083。

〔註286〕〈論教源〉，《觀老莊影響論》，《憨山大師夢遊集》（臺北：法爾，1987），第四冊，頁2406。

〔註287〕〈論心法〉，《觀老莊影響論》，《憨山大師夢遊集》（臺北：法爾，1987），第四冊，頁2407。

是毗盧遮那海印三昧威神所現。〔註288〕

如以「唯心識觀」，三教諸法皆「不出影響閒也」〔註289〕

　　既然三教同源一心，同本一理，爲何還有三教之別呢？德清以爲雖三教「無我之體、利生之用」〔註290〕都相同，但「用處大小不同」，〔註291〕他用體用相同而深淺有別來解釋三教的關係，將孔子列爲「人乘之聖」，老子「天乘之聖」，佛則是「超聖凡之聖」，

　　　　孔子，人乘之聖也，故奉天以治人；老子，天乘之聖也，故清淨無欲，

　　離人而入天；……佛則超聖凡之聖也，故能聖能凡，在天而天，在人而人，

　　乃至異類分形，無往而不入。〔註292〕

三者就跡而言有別，就心而言無異，故應相融。

　　　　三教聖人所同者心，所異者跡也。以跡求心，則如蠡測海；以心融跡，

　　則芥含空。心跡相忘，則萬派朝宗，百川一味。〔註293〕

　　德清會通三教的方法可由三點來談：

（1）判　教

　　德清會通三教，主要採用傳統的判教方式。他將佛教分爲人、天、聲聞、緣覺、菩薩五乘，佛最上乘，儒列人乘、道入天乘。就「圓融」觀點看，五乘之法皆佛法，五乘之行皆佛行；三教同源於一心，萬法亦皆此心。就「行布」角度論，眾生根機不同，五乘教法因而有深有淺，各有修養進程和因果位差。而圓融與行布彼此相容無礙〔註294〕：

　　　　圓融不礙行布，十界森然；行布不礙圓融，一際平等，又何彼此之分，

　　是非之辨哉？〔註295〕

故三教亦相容無礙，理應會通。

（2）歷史發展

〔註288〕〈學要說〉，《憨山大師夢遊集》（臺北：法爾，1987），第三冊，頁2083。

〔註289〕〈敘意〉，《觀老莊影響論》，《憨山大師夢遊集》（臺北：法爾，1987），第四冊，頁2404。

〔註290〕同上。

〔註291〕同上。

〔註292〕同上。

〔註293〕〈道德經解發題〉，《憨山大師夢遊集》（臺北：法爾，1987），第四冊，頁2452。

〔註294〕〈論教乘〉，《觀老莊影響論》，《憨山大師夢遊集》（臺北：法爾，1987），第四冊，頁2413～2421。

〔註295〕〈論教乘〉，《觀老莊影響論》，《憨山大師夢遊集》（臺北：法爾，1987），第四冊，頁2416。

德清以三教在中國出現的時間先後，由儒而道而佛，三教的教法亦是道深於儒，佛深於道，然而「三教之學皆防學者之心」〔註296〕，且「三教無非聖人」，孔子「豈非據菩薩乘，而說治世之法者邪？」，老莊亦可視為「現婆羅門身而說法者」，如此，孔子、老子「豈非吾佛密遣二人而為佛法前導者邪？」〔註297〕故德清以儒、道、佛三教出現的時間「由近以遠」，教法內涵「緣淺而深」來推出孔、老皆為佛說法，並以此說三者理應會通，不該分別。

（3）修養功夫

德清以為五乘三教皆以止觀修心：

> 吾教五乘進修功夫，雖各事行不同，然其修心，皆以止觀為本。〔註298〕

儒家《大學》「知止而後有定」、「自誠明」是止觀。道家老子「常無欲以觀其妙；常有欲以觀其徼。」、「萬物並作，吾以觀其復。」；莊子「人莫鑑於流水，而鑑於止水。惟止，能只眾止也。」亦是止觀。只不過儒家的定靜功夫只斷前六識的分別邪妄，而以第七識為依歸；道家雖破前六識分別之執，伏前七識生滅之機，但仍認取第八識精明之體，以為妙道之源，此是儒道不如（佛）之處。〔註299〕德清認為儒道不足之處在未徹一心，然而這是就「跡」而言，執著儒道的人天二乘以為究竟，是學者之過。事實上，孔、老之心就是佛心，三教同源於一心。

德清曾透過注釋《春秋》、《論語》、《中庸》、《大學》、《道德經》、《莊子內七篇》等會通儒道佛三教。例如：〈春秋左氏心法序〉以《春秋》借史事彰顯善惡賞罰，和佛法善惡報應輪迴作用相似。〔註300〕《中庸彙函》宗密荷澤禪「知之一字，眾妙之門」解「格物致知」之「知」；《大學綱目決疑》「知止而後有定，定而後能靜」一句，引禪宗「定慧等持」的「定」來解：

> 自性本體寂然不動，湛然常定，不待習而後定者。…苟能了達本體，當下寂然，此是自性定，不是強求得的定。…但善惡都莫思量，然得見心

〔註296〕〈論教乘〉，《觀老莊影響論》，《憨山大師夢遊集》（臺北：法爾，1987），第四冊，頁2417

〔註297〕以上四則同引自《觀老莊影響論》，《憨山大師夢遊集》（臺北：法爾，1987），第四冊，頁2416～2424。

〔註298〕〈論功夫〉，《觀老莊影響論》，《憨山大師夢遊集》（臺北：法爾，1987），第四冊，頁2421。

〔註299〕此部份參見王開府，〈憨山德清儒佛會通思想述評一兼論其對《大學》、《中庸》之詮釋〉，《國文學報》，第二八期（臺北：國立台灣師範大學，1992），頁82。

〔註300〕〈左氏春秋心法序〉，《憨山大師夢遊集》（臺北：法爾，1987），第二冊，頁1015～1023。

體，此便是知止的樣子，所以學人貴要知止，知止自然定。〔註301〕

更以《大乘起信論》「一心開二門」之架構，詮釋大學之道「心意之辨」（即「眞妄之辨」）的迷悟之源。〔註302〕

綜上，德清會通三教實以佛爲宗攝儒道，佛爲「實」，儒道爲「權」，會歸的基礎在於一心。甚者，德清要會通的不只三教，所有文化皆可攝於一心中，這一心的確得「萬派朝宗，百川一味」。

爬梳德清三教合一思想的過程中，筆者發現不論學思背景、會通基礎、會通方法甚至以何爲宗的立場，都有宗密的影子，可推知德清三教合一思想的確得宗密的啓發。宗密學思容內外典籍，德清亦是，二人皆深入剖析內外典，以充實三教合一的理論，這一點，德清又甚於宗密。再者，宗密專作《原人論》談三教合一，德清亦有《三教論》（已佚）、《諸言》、《觀老莊影響論》爲三教合一作有系統論述。更直接的證據是德清承襲宗密以「一心」爲核心的方法會儒、道歸佛。又宗密《原人論》判教爲儒道、人天、小乘、大乘法相、大乘破相、一乘顯性等六個層次，首創用判教方式歸儒道入佛，再進一步行儒道釋三教的和會，終將三教合一在一心。德清的五乘判教近似宗密《原人論》判教模式，且以佛爲實，儒、道爲權，會權於實、收儒道於佛宗，手法亦同於宗密。最後，德清運用了華嚴的方法，例如：

> 古之聖人無他，特悟心之妙者。一切言教皆從妙心中流出，應機而示淺深者也。故曰無不從法界流，無不還歸此法界。

及

> 圓融不礙行布，十界森然：行布不礙圓融，一際平等，又何彼此之分，是非之辨哉？

皆是華嚴法味。宗密的禪教合一後，華嚴的理事圓融廣被運用，德清只是例證之一。

四、蕅益智旭的禪教律淨合一

（一）生 平

智旭生平，筆者以其自撰的〈八不道人傳〉，及弘一大師《蕅益大師年譜》爲主要參考資料。前者爲智旭自傳，乃第一手資料；後者考證詳實，可信度亦高，故採之。

智旭（西元 1599～1655 年）古吳木瀆（江蘇省吳縣）人，俗姓鍾，名際明。七

〔註301〕〈大學綱目決疑題辭〉，《憨山大師夢遊集》（臺北：法爾，1987），第四冊，頁 2381。

〔註302〕此二行見陳星運，《儒道佛三教調和論之研究—以憨山德清的會通思想爲例》，央大哲研所碩論，（1991），頁 231。

歲茹素。十二歲學儒，以聖學自任，「誓滅釋老」，作闢佛論數十篇。十七歲閱讀雲棲袾宏〈自知錄序〉、《竹窗隨筆》，乃不謗佛。二十歲「詮《論語》」，「大悟孔顏心法」。二十歲適父喪，聞《地藏菩薩本願經》生出世之心。二十三歲聽《楞嚴經》，未解「世界在空、空生大覺」之理，困惑於「何故有此大學，致爲空界張本」，因而「決意出家」，「體究大事」。

釋見曄〈以蕅益智旭爲例探究晚明佛教之「復興」內涵〉〔註303〕一文，推測智旭改變闢佛態度的原因是袾宏《竹窗隨筆》等書對儒釋和會、出家學道等論題作了辨析、澄清，智旭因而改變觀點，筆者認同其推測，並以爲這是智旭和會思想的啓蒙。至於智旭所悟的「孔、顏心法」，由王陽明「致良知」承續，智旭認爲是「佛法階漸」。

二十四歲，從雪嶺峻師剃度，授名智旭，字蕅益，又字素華。此時，智旭致力參禪，對戒律不加依規，對教理亦不感興趣。只是一味「猛志參究，視佛祖果位猶掇之，冀欲以此報父母不報之恩」〔註304〕，「雖數發悟解」〔註305〕，但卻「剋證無期」〔註306〕。「數發悟解」包括解決了古德「性相不許和會」的疑惑。這是智旭首次理會性相本相融，互不矛盾。〈八不道人傳〉描述：

> 因知此身從無始來，當處出生，隨處滅盡，但是堅固妄想所現之影，剎那剎那念念不住，的確非從父母生也。從此性相二宗一齊透徹，知其本無矛盾。〔註307〕

此時智旭已得反省：

> ……末世禪病，正坐無知無解，非關多學多聞。〔註308〕

從此他的修學由猛志究禪而兼教、律。

二十六歲受菩薩戒，三閱律藏，爾後一生學戒、持戒、弘戒，且作《毘尼事義集要》。後並有《梵網經玄義》、《梵網經合詮》、《菩薩戒本經箋要》等多種律學著作。

二十八歲掩關於吳江松陵，「關中大病，乃以參禪工夫，求生淨土」〔註309〕：

> 始知念佛三昧，實無上寶王，方肯死心執持名號，萬牛莫挽也。〔註310〕

〔註303〕《中華佛學研究》，第三期，中華佛教研究所，1999.03。
〔註304〕《靈峰宗論》，《蕅益大師全集》（佛教出版社，1975.08），第十六冊，，頁10582。
〔註305〕〈梵網合註緣起〉，《蕅益大師全集》（佛教出版社，1975.08），第一一冊，頁7048。
〔註306〕同上。
〔註307〕〈八不道人傳〉，《蕅益大師全集》（佛教出版社，1975.08），第十六冊，頁10222～10223。
〔註308〕《閱藏知津》，《蕅益大師全集》（佛教出版社，1975.08），第二冊，頁1138～1139。
〔註309〕〈八不道人傳〉，《蕅益大師全集》（佛教出版社，1975.08），第十六冊，頁10223。
〔註310〕《彌陀要解》，《蕅益大師全集》（佛教出版社，1975.08），第四冊，頁2269。

智旭持名念佛「發意西歸」，仍伴隨著閱律藏和對教理的研究。三十一歲與博山無異禪師

　　　　盤桓百日，深痛末世禪病，方一意研窮教眼，用補其偏。〔註311〕

批判禪林多弊，不知學教、律，自認「宿因力薄」〔註312〕故以持戒、看教薰修。三十二歲起專研天台教理，但不肯成為台家子孫，原因在：

　　　　以近世台家與禪宗、賢首、慈恩、各執門庭，不能合故也。〔註313〕

選擇天台教理深究，有一過程：

　　　　　　……擬註《梵網》，作四鬮問佛：一曰宗賢首、二曰宗天台、三曰宗慈恩、四曰自立宗，頻拈得台宗鬮，於是究心台部。〔註314〕

由此推測，智旭當時應已對各宗教理廣有涉獵，對教乘具相當程度的理解。

三十八歲大病，「決志行遁，畢此殘生」〔註315〕。後致力著述，三十九歲完成《梵網合註》，晚年念念求生西方。《蕅益大師全集》：

　　　　吾昔年念念思復比丘戒法，邇年念念求西方耳。」因為智旭力以戒、教匡救近世禪者之病，尤志求五比丘如法共住，令正法重興。後決不可得，遂一意西馳。冀乘本願輪，仗諸佛力，再來與拔。〔註316〕

智旭一生由儒而參禪、弘律、研教、終歸淨土。綜觀他一生行誼，厭棄名利、出世離俗，以嚴謹克己的律師自持，全力閱藏及著述，內涵廣含禪、律、教、淨土；遍及性、相及大小戒律。除佛教內典，亦作《周易禪解》、《四書蕅益解》等外典為儒、佛融通之道。

智旭畢生對教理闡揚不遺餘力，著作豐富，依釋聖嚴考查，總計五十八種。重要著作十五種，共一百三十九卷，涵蓋智旭思想的整體。計有《梵網》、《楞嚴》、《法華》、《占察》、《楞伽》諸經以及《唯識》、《起信》二論的釋論，其宗教實踐的基礎，是《重治毘尼事義集要》，教理立論的思想基礎，是《大佛頂首楞嚴經》，而《唯識》與《起信》，則是智旭為性相融會撰著的釋論。至於《閱藏知津》和《法海觀瀾》二書，則是智旭貢獻畢生的藏經提要與閱藏指導之著作。但從智旭思想的整體而言，應該把《阿彌陀經要解》一卷、《大乘止觀釋要》四卷，以及《教觀綱宗》一卷，也

〔註311〕《靈峰宗論》，《蕅益大師全集》（佛教出版社，1975.08），第十六冊，頁10442。

〔註312〕《靈峰宗論》，《蕅益大師全集》（佛教出版社，1975.08），第十七冊，頁11104。

〔註313〕《靈峰宗論》，《蕅益大師全集》（佛教出版社，1975.08），第十六冊，頁10224。

〔註314〕同上。

〔註315〕同上。

〔註316〕《蕅益大師年譜》，《蕅益大師全集目錄》（佛教出版社，1975.08），頁21。

包括在他的重要著作之中。〔註317〕

　　智旭上承宗密、延壽，主要學說在於融合的佛學思想，包括禪教律合一、性相融合、禪教律淨同歸淨土以及三教合一等，以下將一一論述其思想內涵，並指出受宗密、延壽影響的部份。

（二）思　想

1、禪教律合一

　　智旭修學由參禪而入，但旋即發現，當時禪門弊端深植：

> 達磨一宗，超情離見：迥出格量，近世各立門庭，競生窠臼，認話頭為實法，以棒喝作家風，穿鑿機緣，杜撰公案，謗讟古人，增長戲論。不唯承虛接響，且類優俳說，言之可恥，思之可傷。〔註318〕

又

> 如來謂出家三種事業：坐禪、讀誦、營眾福業。隨修一種皆超生脫死，成就菩提。……今時喪心病狂無恥禪和，影響掠虛，聽其言超佛祖之先，稽其行落狗彘之下。〔註319〕

又

> 今之學者，不惟分門別戶，縱發心遍學，曾不知其一以貫之。所以，一入律堂，便將衣缽錫杖為標榜；一入講席，便將消文貼句為要務；一入禪林，便將機鋒轉語為茶飯。迨行腳十、廿年，築得三種習氣飽滿。〔註320〕

又

> 末世禪和，不為生死大事。裝模做樣，詐現威儀，不真學禪教律，徒記兩則公案，辨幾句名相，受三衣一缽，以為佛法盡在此矣！嗚呼此何心哉。〔註321〕

又

> 宗門一著，本為上上根點鐵成金，今但作門庭施設，道理商量，不墮狂罔無知，便墮漭毒知見；更有去施設掃道理者，多落闇證窠臼，盲修瞎鍊，實是險塗，無上妙法流弊至此。〔註322〕

〔註317〕智旭著作詳細目錄請參閱釋聖嚴，《明末中國佛教之研究》（台北：學生，1988.01），頁332～343。以上智旭重要著作之介紹亦參考自同上書之頁351。

〔註318〕《靈峰宗論》，《蕅益大師全集》（佛教出版社，1975.08），第十六冊，頁10409。

〔註319〕《靈峰宗論》，《蕅益大師全集》（佛教出版社，1975.08），第十六冊，頁10411。

〔註320〕《靈峰宗論》，《蕅益大師全集》（佛教出版社，1975.08），第十六冊，頁10478。

〔註321〕《靈峰宗論》，《蕅益大師全集》（佛教出版社，1975.08），第十六冊，頁10422。

〔註322〕《靈峰宗論》，《蕅益大師全集》（佛教出版社，1975.08），第十七冊，頁10912。

智旭指出的禪林之病，多為不守戒律，不研教理，但作門庭施設，無知囿見等。智旭的禪教律合一思想就是針對此弊而發。

（1）重視教典

智旭修學由參禪而入，是一禪僧，然他的禪與傳統禪宗不同。唐末以後的禪宗，主要是參究公案的祖師禪，但智旭的禪法卻是以經典為中心的如來禪。〔註323〕他並不反對祖師禪，但對固執公案而不重教典的禪者，卻異常反對。

禪者常持《楞伽經》卷四「法離文字」及「依文字者，自壞第一義」〔註324〕拒斥經典。智旭提出三點辨駁：一以「解脫不離文字」〔註325〕發揚《楞伽經》卷二的「如來禪」思想，二舉「初祖傳道《楞伽》印心」〔註326〕的史實，證明經典存在之必要。三以《楞伽經》卷三的「宗通」、「說通」，闡明「宗」與「說」二者宜並存。所謂「宗通」，是遠離言說、文字、妄想；「說通」則說示九部經的種種教法。〔註327〕禪宗求直下悟入真如佛性，故坐禪與參究是「宗」，不需一切文字、言說施設。著重誦經或教義研究的「說」，對直下悟入無濟於事，甚至引生障礙，故一般禪者反對經教。但智旭以為：約自行的修證而言是「宗通」；約他化方便是「說通」，宜「宗說俱通，解行雙到」〔註328〕，不應分而為二。〔註329〕

智旭一生多次閱大藏經〔註330〕，亦注疏經典無數，這些經典的範圍涵蓋了禪、教、律、淨各門，充份顯示他融通的思想，及對教典的重視。《靈峰宗論》：

> 今欲遍通一切法門，雖三藏十二部，言言互攝互融，然必得其要緒，
> 方能勢如破竹，為聖賢者，以六經為楷模，而通六經，必藉註疏開關鑰，
> 為佛祖者，以《華嚴》、《法華》、《楞嚴》、《唯識》為司南，而通此諸典，
> 又藉天台、賢首、慈恩為準繩，蓋悉教網幽致，莫善《玄義》而《釋籤》
> 補之，闡圓觀直修，莫善《止觀》，而《輔行》成之，極性體雄詮，莫善
> 《法華》，而《疏鈔》、《懸談》悉之，辨法相差別，莫善《唯識》，而《相
> 宗八要》佐之，然後融入《宗鏡》，變極諸宗，並會規於淨上，以此開解，

〔註323〕他所依的經典最主要是《楞嚴經》。

〔註324〕《大正藏》，第十六冊，頁506。

〔註325〕《靈峰宗論》，《蕅益大師全集》（佛教出版社，1975.08），第十七冊，頁11121。

〔註326〕《靈峰宗論》，《蕅益大師全集》（佛教出版社，1975.08），第十八冊，頁11337。

〔註327〕《楞嚴經》，《大正藏》，第十六冊，頁499。

〔註328〕《靈峰宗論》，《蕅益大師全集》（佛教出版社，1975.08），第十七冊，頁10492。

〔註329〕此部份參考釋聖嚴，《明末中國佛教之研究》（台北：學生，1988.11），頁451～452。

〔註330〕根據釋聖嚴，《明末中國佛教之研究》（台北：學生），頁481～482。釋聖嚴統計，智旭自三十歲至五十六歲共閱《大藏經》六回。

即以此成行，教觀齊彰，禪淨一致。〔註331〕

就成佛這終極目標言，一切經論和宗派都是方便，皆異途同歸，都有其價值，應予重視。

重視經教這點，智旭與宗密一致。智旭的「宗說俱通」與宗密的「藉教悟宗」、「辨諸教而解修心」精神也相通。

上述，智旭著述涵蓋禪、教、律、淨各門，宗密著作亦廣合禪、教、律、淨。二人所註的經典，重複處有《盂蘭盆經》、《金剛經》、《唯識論》、《起信論》、《圓覺經》、《普賢行願品》等等。

以上是以本書第二章第二節中宗密的著作與《明末中國佛教之研究》第四章所列智旭的著作相比較所得。其中《圓覺經》及《普賢行願品》的註疏，根據聖嚴的說法，是智旭擬作但未完成的作品。

（2）重視戒律

〈靈峰蕅益大師宗論序說〉：

> 出家一意宗乘，徑山大悟後，徹見近世禪者之病，在絕無正知見，非在多知見；在不尊重波羅提木叉，非在著戒相也。故抹倒禪之一字，力以戒教匡救。〔註332〕

智旭認為禪家之病不在執戒相，而在不持戒；不在多知見，而在無知見，故他以弘揚戒、教來匡救禪弊。

他認為戒律是「三學初基、出世根本」，感嘆學人不予重視，「罕有師承」、「多諸為謬」，致「正法墜地」：

> 毗尼法，三學初基，出世根本，僧寶所由得名，正法賴以住世，而罕有師承，多諸為謬。遂令正法墜地，僧倫斷絕，一可痛也。〔註333〕

指出當時僧人持戒的問題在「於理不明，不能依四念處行道」：

> 五夏以前，專精戒律。專精者，豈徒著衣持缽而已。律中第一要務，在常其心，念無錯亂，謂依四念處行道也。四念處慧，佛法總關，無念處慧，著袈裟如木頭幡，禮拜如碓上下，六度萬行皆同外道苦行，無與真修。……。第二要務，在洞明二百五十戒開遮持犯之致，否則二六時，既掛比丘名，當結無量罪。言之駭聞，思之膽喪。此二不明，與邪戒何異？〔註334〕

〔註331〕《靈峰宗論》，《蕅益大師全集》（佛教出版社，1975.08），第十六冊，頁10396。

〔註332〕《蕅益大師全集》（佛教出版社，1975.08），第十六冊，頁10202。

〔註333〕《靈峰宗論》，《蕅益大師全集》（佛教出版社，1975.08）第十七冊，頁10911。

〔註334〕《靈峰宗論》，《蕅益大師全集》（佛教出版社，1975.08）第十七冊，頁10913。

直陳僧人究禪不能「頓明佛心源」之因，不在「看經尋論」，而在對「世間利、名、
煩惱、我慢、慳嫉」等習氣放不下。

> 欲坐斷凡聖情解，頓明佛心源，不可絲毫夾然。所謂夾漢，正不在
> 看經尋論，乃在世間利、名、煩惱、我慢、慳嫉放不下。嘗見主宗乘者，
> 動以經論為漢毒，反置習氣於不訶。豈知古英傑凡情先盡，故但掃其聖
> 解。今人濁智流轉，不向痛處加錐，云何出得生死？且如婆子燒菴公案，
> 須向自己腳跟下理會。可笑世人欲代轉語，望婆子供養，面皮厚多少哉！
> 〔註335〕

斷除名、利、貪、瞋、痴的方法，正在於持戒工夫。

智旭深知持戒的切要，初出家即發三願與三拌，《蕅益大師年譜》：

> 一未證無生法忍，不收徒眾；二不登高座；三寧凍餓死，不誦經、
> 禮懺及化緣，以資身口。又發三拌：拌得餓死；拌得凍死；拌與人欺死。
> 〔註336〕

後三閱律藏，有多種律學著作，一生皆以律師苦行克己，可見其對戒律之重視。

宗密於戒律雖未特別弘揚，但著有《圓覺經大道場修證儀》、《四分律藏疏》、《四
分律鈔玄談》、《四分律藏疏科文》等數種，亦顯他對律學之重視。智旭弘律，常將
律與教合論，充份顯現融合的特質，例如《梵網合詮》〈緣起〉：

> 大哉《梵網經》〈心地品〉之為教也！指點真性淵源，確示妙修終始。
> 戒與乘並急，頓與漸同收。約本跡則橫豎俱開，兼《華嚴》《法華》之奧
> 旨，約觀行則事理俱備，攬五時八教之大綱。文雖僅傳一品，義實統貫全
> 經。緬惟智者大師之時，人根尚利，既廣宣教觀法門，乃僅疏下卷戒法。
> 而大師精諳律藏，文約義廣，點示當年之明律者則易，開悟今時之昧律者
> 則難。〔註337〕

智旭以心為「真性淵源」。戒與乘、頓與漸、本與跡、《華嚴》與《法華》、理與事皆
貫通於一心。筆者以為智旭此說源自宗密《禪源諸詮集都序》，宗密曾說眾生與佛同
一真心，教法由世尊真心流出，遍一切處及一切眾生，眾生如能「自心靜念」、「如
理思惟」，真如一心即能顯現：

> 且推窮教法從何來者？本從世尊一真心體流出，展轉至於當時人之
> 耳，今時人之目，其所說義，亦只是凡聖所依一真心體，隨緣流出，展轉

〔註335〕《靈峰宗論》，《蕅益大師全集》（佛教出版社，1975.08）第十六冊，頁 10391～10392。
〔註336〕《蕅益大師全集目錄》（佛教出版社，1975.08），頁 5。
〔註337〕〈梵網合註緣起〉，《蕅益大師全集》（佛教出版社，1975.08），第一一冊，頁 7047。

遍一切處，遍一切眾生身心之中。但各於自心靜念，如理思惟，即如是如
是而顯現也。〔註338〕

既然生佛同一真心，此真心又是萬法本源，所以修習一切法，要「先開本心」，繼而
「通理事」，再「勸戒修習」，依對治的方便，施以頓、漸等門。

據入道方便，即合先開本心，次通理事，次讚法勝妙、呵世過患，次
勸戒修習，後示以對治方便，漸次門戶。〔註339〕

宗密和智旭都主張一切教法乃至一切修習都在一心。智旭強調在心的基礎上，律的
重要性。他以為修行由此心始，也至此心終，這一步一腳印的實踐工夫就在「律」
上。智旭先談戒乘合於一心，再突顯律的重要。

除戒、教相融外，智旭本身的戒律思想亦主張大小乘混融。聖嚴《明末中國佛
教之研究》以為智旭的戒律與中國的律宗學者不同。他的戒律思想基於《梵網經菩
薩戒》，屬大乘立場。大乘菩薩戒含攝律儀戒、善法戒、眾生戒，即所謂的三聚淨戒，
然小乘的七眾律儀只有大乘戒中的律儀戒而已。因此大乘戒律必兼具小乘戒律，而
小乘戒律卻不攝大乘菩薩的戒律。〈法海觀瀾自序〉：

夫大小兩乘，皆首戒律，而大必兼小，小不兼大。南山不敢自稱大乘，
不應以南山名宗。〔註340〕

指南山四分律宗不是完整的律宗，智旭以為既稱律宗，就必須包含大小戒律才是。
故作《重治毗尼事業集要》批評南山道宣《四分律刪繁補闕行事鈔》，主張任何比丘
戒條文的註解，皆必須與菩薩戒相對比、對釋。所以智旭戒律思想的特色在於大小
乘戒相混融。聖嚴並考察得：

從三十一歲到三十九歲，歷經八年之間，智旭的思想特色，一方面
鼓吹小乘律儀；另一方面，致力於大乘菩薩戒。並且在此一時段的著書，
有七卷的《毗尼事義集要》、一卷的《重定授菩薩戒法》、《梵網經懺悔行
法》、《占察經行法》、《大小持戒犍度略釋》、《消災經略釋》、《盂蘭盆經
新疏》，以及八卷《梵網經合註》等。這些著作，幾乎都是與大小乘的戒
律有關。〔註341〕

基於律、教相融與大小乘戒混融的理由，筆者將重視戒律括入智旭融合思想中，
並視為與宗密禪教合一的融合精神相通。

〔註338〕《禪源諸詮集都序》，《大正藏》，第四八冊，頁408。
〔註339〕《禪源諸詮集都序》，《大正藏》，第四八冊，頁412。
〔註340〕《靈峰宗論》，《蕅益大師全集》（佛教出版社，1975.08），第十七冊，頁11232。
〔註341〕釋聖嚴，《明末中國佛教之研究》（台北：學生，1988.11），頁412～415。

（3）禪教律合一

① 禪教並重：

前文提及智旭因深痛禪病，故一心研窮教眼，以補其弊，這是他由專宗到攝教的主因。強調禪與教並重，二者是一體兩面，不可分離，宗意如離開教意，無異魔說：

> 禪與教如何可分？以上諸祖，未有敢離經一字……，宗意果離教意，不意同魔說事？〔註342〕

及

> 試觀外道，亦出家求生死，不知正法，求昇反墜，故不留心教典，饒勇猛精進，定成魔外。〔註343〕

欲成佛作祖，唯有以大乘經典為指南而已。

> ……為佛祖者，以《華嚴》、《法華》、《稜嚴》、《唯識》為司南……。〔註344〕

又說「離教觀心者闇」〔註345〕，意即離教參禪者，難以得道。

以上得證，智旭的確主張禪、教並重，禪不離教，這完全是《禪源諸詮集都序》的意旨。他自身依《楞嚴經》而悟宗，曾說「每遇靜中諸境，罔不藉此金碑」〔註346〕，明白指自己以教作為禪的印證。這不異宗密「辨經教而解修心」的「藉教悟宗」。事實上，智旭《靈峰宗論》論禪教關係時，常持宗密《禪源諸詮集都序》的觀點，例：

> 夫禪者教之綱，教者禪之網也；禪者教之領也，教者禪之襟裾袖襬也；禪者教之根本，教者禪之枝葉花果也。……禪與教如何可分？〔註347〕

及

> ……宗者珍言之教，教者有言之宗。〔註348〕

② 禪教律合一

智旭稱己「八不」，〈八不道人傳〉自述：

> 八不道人，震旦之逸民也。古者有儒、有禪、有律、有教，道人既跐然不敢；今亦有儒，有禪、有律、有教，道人又艴然不屑，故名八不也。〔註349〕

〔註342〕《靈峰宗論》，《蕅益大師全集》（佛教出版社，1975.08），第十七冊，頁11203～11204。
〔註343〕《靈峰宗論》，《蕅益大師全集》（佛教出版社，1975.08），第十六冊，頁10411。
〔註344〕《靈峰宗論》，《蕅益大師全集》（佛教出版社，1975.08），第十六冊，頁10396。
〔註345〕《靈峰宗論》，《蕅益大師全集》（佛教出版社，1975.08），第十七冊，頁10434。
〔註346〕《靈峰宗論》，《蕅益大師全集》（佛教出版社，1975.08），第十七冊，頁11120。
〔註347〕《靈峰宗論》，《蕅益大師全集》（佛教出版社，1975.08），第十七冊，頁11203。
〔註348〕同上。
〔註349〕《靈峰宗論》，《蕅益大師全集》（佛教出版社，1975.08），第十六冊，頁11203。

他分宗爲儒、禪、律、教，除儒外，餘三者皆指佛教。古代四教不敢當之；今之四教又不屑爲之，他不願畫入諸宗之一，隱約可見諸宗融合的思想。

他對當時佛教混亂，各執門庭不知和會的狀況甚感痛心，

> 別忽三載，反躬無似，莫報師恩，方今像季，有三可痛哭，三可哀愍。
> 毗尼法，三學初基，出世根本，僧寶所由得名，正法賴以住世，而罕有師
> 承，多諸僞謬。遂今正法墜地，僧倫斷絕，一可痛也。三藏教，修行之徑，
> 出苦之要，而依文解義，罔知觀心，廢先哲舊章，塗一時口耳，遂令禪門
> 訶爲葛藤糟粕，二痛也。宗門一著，本爲上上根點鐵成金，今但作門庭施
> 設，道理商量，不墮狂罔無知，便墮溪毒知見，更有去施設掃道理者，多
> 落闍證窠臼，盲修瞎鍊，實是險塗，無上妙法流弊至此，三痛也。〔註350〕

深切主張禪、教、律三者理應合一：

> 禪教律三，同條共貫，非但春蘭秋菊也，禪者佛心，教者佛語，律者
> 佛行，世安有有心而無語無行，有語而無行無心者乎。〔註351〕

智旭以禪、教、律是佛心、佛語、佛行。而心、語、行是一體之呈現：心是語、行之源，語是心、行之表達，行是心、語之踐跡。三者本一貫，故禪、教、律理應兼修並重。

禪是佛心，教是佛語，二者皆自佛流出，本是宗密的語言，智旭再加入律是佛行，將宗密的禪教合一擴大成禪教律合一。至於宗密有無律與禪教和會的思想？筆者細究《禪源諸詮集都序》雖未見有禪教律合一的語句，但宗密講禪教皆源於釋迦，理應和會時，明顯將律與教合一，說二者皆爲佛語，皆是佛親付，迦葉至踘多，「傳皆兼三藏」，至提多迦以下才分流。推其意，宗密以爲教、律本合而一，且與禪相通，意思很顯著。

宗密還主張「設實頓悟終須漸修」〔註352〕的漸修工夫，以及修心要修至「都無貪瞋受惡」〔註353〕才是得道，隱約都可見持戒、律行於其間。姑且不論此，智旭的禪教律三教同源於佛心由宗密來，是無庸置疑的。

又智旭的禪教律合一，以禪立場，融天台、華嚴、唯識、戒律等於其中，這和宗密以禪融合天台、三論、華嚴、唯識等宗相同。不同的是宗密禪用荷澤、教取華嚴，智旭教採的卻是天台，他曾號召禪與天台二宗消解對立，相互融合：

〔註350〕《靈峰宗論》，《蕅益大師全集》（佛教出版社，1975.08），第十七冊，頁10911。
〔註351〕《靈峰宗論》，《蕅益大師全集》（佛教出版社，1975.08），第十六冊，頁10477。
〔註352〕《禪源諸詮集都序》，《大正藏》，第四八冊，頁411。
〔註353〕同上。

> 道不在文字，亦不在離文字，執文字爲道，講師所以有說食數寶之譏
> 也。執離文字爲道，禪士所以有暗證生盲之禍也。達磨大師，以心傳心，
> 必藉《楞伽》爲印，誠恐離經一字，即同魔説。智者大師，九旬談妙，隨
> 處結歸《止觀》，誠恐依文解義，反成佛冤。少室。天臺，本無兩致，後
> 世禪既謗教，教亦謗禪，良可悲矣。〔註354〕

智旭私淑於天台教觀，目的在矯正禪宗時弊，《靈峰宗論》：

> ……目擊時弊，始知非台宗，不能糾其紕。〔註355〕

又

> 予二十三歲，即苦志參禪，今輒自稱，私淑天臺者，深痛我禪門之
> 病，非臺宗不能救耳。奈何臺家子孫，猶固拒我禪宗，豈智者大師本意
> 哉〔註356〕。

智旭教取天台，除了矯正禪病，還在於融合禪、教、性、相。智旭對天台教理特別
推崇，陳英善推究其因與智旭主張性、相和會有關：

> 眞正促使智旭究心於天台，其主要原因可能來自於天台教理有助於智
> 旭對問題的解決，如前述中，提及智旭深受《楞嚴經》性相衝突的困擾，
> 而天台實相論思想可說是釐清南北朝長久以來所存在的空有問題及地論
> 攝論師們所爭論的法性與阿賴耶識等問題，亦可說對佛教自印度長期以來
> 中觀唯識之爭及阿賴耶識染淨之問題的釐清。〔註357〕

聖嚴認爲智旭受天台思想影響並不大，最主要的影響在於天台治學的方法論上：

> 智旭在青年期儘管有《白牛十誦》，四十年代有《妙玄節要》與《法
> 華綸貫》，晚年則有《法華經台宗會義》與《教觀綱宗》等著作。但智旭
> 受自天台思想的影響，就一般所見到的，則較爲稀少。就智旭從學於天台
> 教學而言，可能就是天台註疏的方法論。所謂天台註疏方法論者，就是採
> 五重各說、七番共解的形式。……註釋《盂蘭盆經》時，才開始採用五重
> 玄義的方法論，而且於七番共解之中，最爲智旭所重視，就是「明觀心」
> 的一科。由此可以看出他之所以提出「隨文入觀」、「隨文入證」或者「解
> 行相須」等的主張。例如在《盂蘭盆經新疏》以五重玄義來分科解釋，只

〔註354〕《靈峰宗論》，《蕅益大師全集》（佛教出版社，1975.08），第十六册，頁 10577～10578。
〔註355〕《靈峰宗論》，《蕅益大師全集》（佛教出版社，1975.08），第十八册，頁 11470。
〔註356〕《靈峰宗論》，《蕅益大師全集》（佛教出版社，1975.08），第十六册，頁 10578。
〔註357〕陳英善，〈蕅益大師修學心路歷程之探索（下）〉，《獅子吼》等 33 卷，第 2 期（1994.02），
頁 17。

設有「就事」與「觀心」的兩科。而且，他在四十九歲時，所作成的《成唯識論》註釋書中，只以觀心釋來註釋《唯識論》，所以才名之爲《成唯識論觀心法要》。〔註358〕

而援天台方法主要目的在矯禪病與達成性相融合：

> 因爲他之所以應用這項方法論，即如先前所述，他想要強調「隨文入觀」這一點，可能也是用以矯正禪宗的「暗證無聞」與一般習教者的「數他家寶」的兩種弊病爲目的，更進一步，是站在他的現前一念心思想，爲了調合相宗與性宗的矛盾，必須以他這種「心」爲中心，而取得平衡。相宗是在於心相的層面；而性宗則在於心性的層次，現象界的心相與本體界的心性，都是不離於這現前一念心的。爲了達成性相融會論的目的，智旭則大事依用天台教學中的「觀心」說。〔註359〕

此外，智旭許多論著也採天台結構組織表達，例如四教、三觀、三諦、實相、五重玄義、四悉檀、六即等觀念都常被引用。雖則智旭援引天台教學，但他並非天台的傳承者，思想也未以天台宗爲中心。應說他是以天台的方法融合禪教、性相各宗，這和宗密教用華嚴，且用華嚴理事、事事皆圓融無礙的方法融會各宗各教相同。

③ 融合的基礎在一心

主張禪教合一的智旭，以禪者立場，依據《楞嚴經》、《梵網經》行悟修。他將《楞嚴經》「常住眞心」與《梵網經》「梵網心地」，理解爲《華嚴》「心、佛及眾生，是三無差別」〔註360〕的一心。此心迷爲眾生，悟即成佛。佛陀演說一代時教，就在引導眾生開悟此心。《楞嚴經》「背覺合塵」、「滅塵合覺」即說此心有轉迷成悟之可能。

智旭將禪、教、律理解爲佛心、佛語、佛行。佛心是禪宗；佛語是天台、華嚴、唯識等宗；佛行即是戒律。佛語、佛行源於佛心；禪、教、律亦以「佛心」一貫之。此佛心在佛爲無上菩提心，在眾生是凡夫心。迷即眾生，悟則成佛的心就宗密而言是「眞如一心」，落實在己身，智旭稱它「現前一念心」。宗密將禪教和會於「眞如一心」，智旭則融合禪、教、律於「現前一念心」。

2、性相融合

智旭二十四歲聽古德講《唯識》，對「性相不許和會」的說法深自懷疑。隔年禪坐徹悟性相二宗本不乖違，故有性相互融的理念。而他最早找到支持性相融合理論

〔註358〕釋聖嚴，《明末中國佛教之研究》（台北：學生，1988.11），頁 461～462。
〔註359〕釋聖嚴，《明末中國佛教之研究》（台北：學生，1988.11），頁 412。
〔註360〕《大正藏》，第九冊，頁 465。

之經典應是《占察經》。他將《占察經》的唯心識觀配合相宗的唯識思想；將眞如實觀配合性宗的唯心思想，性宗唯心與相宗唯識得以整合，

> 唯心是性宗義，依此立眞如實觀。唯識是相宗義，依此立唯心識觀。
> 科簡二觀，須尋《占察行法》。〔註361〕

他因而盛讚《占察經》概括一代時教：

> 此二卷經，已收括一代時教之大綱，提挈性相禪宗之要領，曲盡佛祖
> 爲人之婆心矣。〔註362〕

除《占察經》外，他亦注解《楞嚴經》、《楞伽經》、《唯識論》、《大乘止觀》、《起信論》等，藉以闡述性相融合的理論。其中《大乘止觀》同時具有如來藏和三性三無性兩種思想。前者屬性宗，後者是相宗，故智旭特別看重此書。他直言此書價值在於「闡性相幽祕」：

> 南嶽思大禪師，《大乘止觀》一書，出識論未來之前，具闡性相幽祕，
> 蓋深證無師智耳。〔註363〕

他拿《大乘止觀》和他的著作《楞嚴經玄義》、《楞嚴經文句》及《唯識觀心法要》並論，

> 《大乘止觀》，性相總持，與《佛頂玄義》、《唯識心要》二書，相爲
> 表裡。苟留心既久，得其血脈，一代時教，思過半矣。〔註364〕

《楞嚴經玄義》和《楞嚴經文句》以性宗角度闡述性相融合；《唯識觀心法要》以相宗角度談性相和會。然而《大乘止觀》同具性、相二理，故說其「性相總持」，已得一代時教過半矣。

聖嚴認爲智旭獨讚《大乘止觀》是性相總持的原因在於：

> 此書是以如來藏緣起觀，來調和《起信論》的心識思想，以及《攝大
> 乘論》的三性三無性說，而具備其獨特性相融會論的濃厚色彩。在中國方
> 面，能明顯地標示出性相調和的論書，當以此書爲始。〔註365〕

他作《唯識觀心法要》主要依據的經論非印度傳入的《法華經》、《智度論》、《中論》，而是充滿融合思想的《楞嚴經》、《大乘止觀法門》、《宗鏡錄》等書，明白可見《唯識觀心法要》是爲融合性、相而作。最明顯的是書中卷八調和《起信論》眞如受薰

〔註361〕《靈峰宗論》，《蕅益大師全集》（佛教出版社，1975.08），第十六冊，頁10741。

〔註362〕《靈峰宗論》，《蕅益大師全集》（佛教出版社，1975.08），第十八冊，頁11348。

〔註363〕《靈峰宗論》，《蕅益大師全集》（佛教出版社，1975.08），第十七冊，頁11166。

〔註364〕《靈峰宗論》，《蕅益大師全集》（佛教出版社，1975.08），第十七冊，頁10981。

〔註365〕釋聖嚴，《明末中國佛教之研究》（台北：學生，1988.11），頁449。

說及《唯識論》眞如不受薰說之歧異。

至於《楞伽經》性相融合的運用，聖嚴說：

> 智旭對《楞伽經》的因應與理解，將之與禪宗及《占察經》的兩種觀道相聯結，並且說它是調和唯心與唯識或性宗與相宗論理的經典。解釋《楞伽經》的「唯心直進」與「自覺聖智」的理念，認爲屬於性的；另於「妄想無性」妄想的八識與我、法二執，認爲是屬於相的。並且理解於五法、三自性、八識、二無我的教義言說，一切都屬於相的範疇。佛陀之說示這些法相的目的，爲的是令人理解其無性的妄想，悟得無我如來藏的自覺聖智。總而言之，《楞伽經》的立論方式與《起信論》的立論方式，都是站在性相融會與性修不二的觀點……。〔註366〕

智旭《大乘起信論裂網疏》亦是性、相會通之作，此書從心性上融通二宗。《大乘起信論》的眾生心，是具隨緣、不變二義的眞如一心，有眞如、生滅二門，往眞如門是常住清淨的心性，往生滅門是隨緣變異的心相。淨化相還歸清淨心性是還滅門；清淨心性隨無明而顯現隨緣變異的心相是流轉門。性、相二宗分流於此，而其同源一心亦明矣。

宗密也以一心作爲性相相融的根源，融合的理論架構也是《大乘起信論》。《禪源諸詮集都序》言心有四：肉團心、慮緣心、集起心、眞實心。前三爲相；第四是性，四者同爲一心，照應《大乘起信論》一心開二門，則不變是性、隨緣是相，眞如心是清淨不變的性體；生滅門是隨緣生滅的相用，眞如、生滅同是一心，故性與相亦同源一心。

智旭性相融合的基礎及理論根據都同於宗密，智旭性相融合的思想淵源於宗密，此是例證之一。

智旭以天台、華嚴爲性宗，唯識爲相宗，性、相相融具體的呈現在天台與唯識的互釋互融，

> 欲善唯識玄關，須善臺衡宗旨，欲得臺衡心髓，須從唯識入門。……嗚呼，臺衡心法，不明久矣。蓋彼不知智者《淨名疏》，純引天親釋義故也。《疏》流高麗，莫釋世疑。而南獄《大乘止觀》，亦約八識，辯修證門。正謂捨現前王所，別無所觀之境，所觀既無，能觀安寄。辯境方可修行止觀，是臺衡眞正血脈，不同他宗泛論玄微。法爾之法，道不可離。彼拒法相於山外，不知會百川歸大海者，誤也。〔註367〕

〔註366〕釋聖嚴，《明末中國佛教之研究》（台北：學生，1988.11），頁453。

〔註367〕《靈峰宗論》，《蕅益大師全集》（佛教出版社，1975.08），第十六冊，頁10576～10577。

天台與唯識二宗的融通正是「會百川歸大海」。

智旭性相融合的基礎在一心。事實上，不止性、相，智旭的融合思想皆以一心為基礎，他曾就性相禪教的調和說：

> 心性無法不具，無法不造，而所具所造一切諸法，皆悉無性。明此無性之法，一一皆非實我實法者，謂之慈恩宗。明此諸法無性，言皆能偏具偏造者，謂之法性宗。直指現前妄法妄心，悉皆無性，令見性成佛者，謂之禪宗。是故臨濟痛快直捷，未嘗不精微。曹洞精細嚴密，未嘗不簡切。唯識存依圓，未嘗不破偏計。般若破情執，未嘗不立諦理。護法明真如不受熏，未嘗謂與諸法定異。馬鳴明真如無明互熏，未嘗謂定一。〔註368〕

萬法皆由心性衍生，而心所生諸法又都是虛妄無自性的，智旭以此融合慈恩、天台，也由此會通禪宗之臨濟、曹洞，進而將禪教性相都融合在心性之下。至於以一心作為融合論基礎的具體內涵，聖嚴解釋的很清楚：

> 在原則上，智旭的現前一念心與《摩訶止觀》的介爾一心，同樣都是當下第六意識的剎那變異妄念心。天台大師的介爾心，是當下一念心之中，具足十法界的性質。這就是所謂十界互具之心，又是具足三千性相的心。此一思想的源流，是以《法華經》和《華嚴經》為中心的。而智旭的「現前一念心」，固然是繼承於天台大師之說，卻是依《起信論》的「一心真如」說，甚至《楞嚴經》的「如來藏妙真如性」說與之互有關聯，而構築成的：即真即妄、非真非妄、亦真亦妄、亦非真亦非妄的心說。這是因為我們的第六意識，雖然是剎那變易的妄心，但卻是妄心無體，而體即真如的。因此，妄念若有自性，即是如來藏的妙真如性，也是法性、佛性，或自性清淨的實相與實性。準此，這一現前一念心的性，是非相、非無相的，只是統括百界千如而依然存在的意思。如果，認為第六意識只是單純的妄心，那就是唯識宗的解釋，假若理解到真如心只是單純不變的真實心，這又成了性宗的觀念。但就智旭的現前一念心而言，認為以往的妄念心，是真如實性的不變隨緣，反而，真如實性猶是妄念心的隨緣不變的，或許有此可能的限定。〔註369〕

依照上述理論來理解一心，則禪與教，性與相皆能和會，無有衝突了。

智旭思想廣受延壽影響，曾說延壽《宗鏡錄》以唯一真心為本，「辨台、賢、性、相旨趣」，是「釋迦末法第一功臣」。

〔註368〕《靈峰宗論》，《蕅益大師全集》（佛教出版社，1975.08），第十六冊，頁10564～10565。
〔註369〕釋聖嚴，《明末中國佛教之研究》（台北：學生，1988.11），頁424。

> 永明大師……睹末運宗教分張之失，爰集三宗義學沙門，於宗鏡堂，
> 廣辨台賢性相旨趣，而衡以心宗，輯爲《宗鏡錄》百卷，不異孔子之集大
> 成也。……自禪教分門，佛冤魔說遍海内，非古佛現身，實未易救！細讀
> 《宗鏡》問答引證，謂非釋迦末法第一功臣，可乎？〔註370〕

　　延壽的思想主要是以「唯一眞心」爲核心的融合思想，他以萬法源於一心來會
通各宗，令禪教、性相皆會於一心。《宗鏡錄》的性相和會以水和波喻性相二宗，水
與波雖異，但本質密不可分。亦即相宗所呈現之萬法，必有一眞心本體，否則萬法
無從依附。而性宗的眞性也要由萬法的呈現來顯示其存在。延壽以此調合性相二宗。

> 性相二門，是自心之體用。若具用而失恆常之體，如無水有波。若
> 得體而闕妙用之門，似無波有水。且未無波之水，曾無不濕之波。以波
> 徹水源，水窮波末。如性窮相表，相達性原。須知體用相成，性相互顯。
> 〔註371〕

智旭承續延壽一心爲基礎的性相、禪教融合的理路。而延壽「唯一眞心」、「心爲萬
法之源」的思想又來自於宗密，故可說智旭的性相融合思想源頭是宗密。除融合基
礎一心及以《大乘起信論》一心開二門爲理論根據外，宗密《禪源諸詮集都序》，也
以華嚴重重無盡、圓融無礙的法界觀講性相圓融：

> 性相圓融一多自在，故諸佛與眾生交徹，淨土與穢土融通，法法皆彼
> 此互收，塵塵悉包含界。相入相即無礙鎔融，具十玄門重重無盡，名爲無
> 障礙法界。〔註372〕

宗密的性相合一是禪教合一思想的一部份，目的在增進教門内部的統一，智旭性相
相融也在天台與唯識的會通，二人相同。此外，智旭與宗密都以性宗融合相宗，基
礎都爲一心，立場也相同。

　　綜上所論，筆者以爲智旭的性相融合源頭來自宗密，内涵則依延壽《宗鏡錄》
性、相、禪、教合一及一心思想建構，並援《楞嚴》、《楞伽》、《大乘止觀》、《起信》、
《唯識》等經論尋求理論根源而完成。

　　智旭思想主體的根據爲《楞嚴經》。此經包括廿五種圓通法門，内容含括甚廣：
〈彌勒菩薩圓通章〉爲唯識思想；〈大勢至菩薩圓通章〉講淨土念佛；〈觀音菩薩
圓通章〉是大悲救世的觀音信仰；〈大佛頂如來放光悉怛多鉢怛囉菩薩萬行品〉以
及〈中印度那蘭陀曼荼羅灌頂金剛大道場神咒〉是密教信仰；卷九、十主講禪定；

〔註370〕《靈峰宗論》，《萬益大師全集》（佛教出版社，1975.08），第十八冊，頁11313～11315。
〔註371〕《宗鏡錄》，《大正藏》，第四八冊，頁416。
〔註372〕《大正藏》，第四八冊，頁407。

卷六與卷八是戒律思想，可說包含了禪、教、律、密、淨土各門各宗的思想。智旭的學說主在禪、教、律、淨合一及性相合一等融合思想，故他重視《楞嚴經》可說其來有自。

中國佛教自宗密提倡禪教合一、三教合一後，融合思想漸盛，到延壽《宗鏡錄》出，融合思想成為思想主流。而《楞嚴經》在中國的流布是：

> 《楞嚴經》是在中唐以後開始出現在佛教界的一部最新的經典文字，是由居士房融所筆受，以華、天、密、禪的融合為架構，兼以文章的絕妙，以致流布甚為廣泛。在唐代的註釋，雖然不過三種，但是到了宋朝，研究之士則急遽增多，華嚴、天台、禪宗的三家學者，各自依據本宗的義理，加以解釋，逐漸地被視為禪家的經典，尤為禪門大眾所玩味。宋儒學說想要加以適當理解者，至少須閱讀《楞嚴經》才能濟事。〔註373〕

故具融合性格的《楞嚴經》恰好為宗密，以至延壽而下的禪教合一思想所用，由中唐後，成為佛學界極重視的經典，它與宗密、延壽的關係：

> 《楞嚴經》於中唐以後，是調和華嚴、天台、密教、禪宗的骨幹，但其具體論證，該是宗密的《禪藏》等著作，以及延壽的《宗鏡錄》。〔註374〕

《楞嚴》是中唐後佛教融合論的骨幹，宗密《禪藏》與延壽《宗鏡錄》為其血肉。故智旭承續宗密、延壽的融合思想，以《楞嚴經》為主要經論，道理非常明白。

宗密和智旭都致力於佛教的融合，智旭主要依據具廿五種圓通法門的《楞嚴經》，宗密則重視由止、觀、禪那三種觀法擴充成廿五種觀法，再將廿五種觀法融攝於圓覺妙心的《圓覺經》。宗密重《圓覺》，智旭轉以《楞嚴》，依上文看有其時代性。此外，《楞嚴經》更直接融合華嚴、天台、密教、禪宗、淨土等思想是更佳的選擇。智旭以《楞嚴經》為主要依據，目的在禪教性相的融合，仍在宗密禪教會通思想範疇內。

3、禪教律淨合一

（1）智旭的淨土思想

聖嚴將智旭的淨土信仰分為四期：

> 第一、二十二歲時期，是「專志念佛」的初期淨土行者。
>
> 第二、從二十八歲開始，是「有禪有淨」禪宗的淨土行者。

〔註373〕釋聖嚴，《明末中國佛教之研究》（台北：學生，1988.11），頁433。而釋聖嚴引自常盤大定，《常盤大定支那に於ける佛教上儒教》（東洋文庫，昭和四十一年八月），頁194。

〔註374〕釋聖嚴，《明末中國佛教之研究》（台北：學生，1988.11），頁434。

第三、自三十一歲以後，以「棄禪修淨」、「窮研教眼」、「決意弘律」的教
　　　與律爲中心，實際上是持律的淨土行者。

第四、在四十七歲以後，則是只以「決生極樂」、「念念求西方」的專志純
　　　粹的淨土行者。〔註375〕

並分析各時期思想的差異：

　　　在他三十年代期間，認爲理持的參究念佛是觀想念佛，認爲事持的持
　　名念佛爲稱名念佛，並且也很贊成中峰明本的「禪者淨土之禪、淨土者禪
　　之淨土」之說。但是到了四十年代，對於參究念佛之說，則有「是權非實、
　　是助非正」的見解，及至五十年代時，又變化成爲「淨不須禪」，並且主
　　張「禪決須淨」的理念。〔註376〕

　　智旭《淨然沙彌化念佛疏》敘述三種念佛法門，依序是：以阿彌陀佛的果德莊
嚴爲所念之境，憶念其名號、相好、勝功德，乃至一心不亂的三昧功德的念他佛。
善自觀想己身的現前一念心是無體無相、離過絕非，又能證悟百界千如，法爾具足
不可思議環境的念自佛。理解心、佛、眾生三無等差，認識眾生是諸佛心內的眾生，
諸佛是眾生心內的諸佛，了達「是心作佛，是心是佛」的自他俱念佛。這三種念佛
法門近似於禪觀的念佛三昧。智旭以爲念佛三昧「事難功漸」，而依阿彌陀佛的本誓
願力，往生西方極樂世界的稱名念佛，才是「事易功頓」的不思議勝異方便。智旭
曾爲禪、教、律合一主張念佛三昧，但晚年則全力鼓吹持名念佛。然不論是自力的
念佛三昧或他力的持名念佛，念佛同是淨土法門，同是智旭信持的最後依歸。

　　智旭禮讚念佛法門，認爲「念佛三昧」是一切佛法源頭，一切偏、圓、權、實
之教皆「從此三昧流出」，皆是「念佛法門」，所以念佛法門實最「圓頓」。且持名念
佛看似中下，實最圓頓，因「一句阿彌陀佛，該羅八教，圓攝五宗」，故特要「深信
力行」。

　　　念佛三昧，名寶王三昧，三昧中王。凡偏、圓、權、實，種種三昧，
　　無不從此三昧流出，無不還歸此三昧門。蓋至圓頓之要旨，亦三根普利之
　　巧便也。眾生心性，一而已矣。……權實四教，無非念佛法門。〔註377〕

及

　　　念佛法門，別無奇特，只深信力行爲要耳。佛云：若人但念彌陀佛，
　　是名無上深妙禪。天台云：四種三昧，同名念佛：念佛三昧，三昧中王。

〔註375〕釋聖嚴，《明末中國佛教之研究》（台北：學生，1988.11），頁312～313。
〔註376〕釋聖嚴，《明末中國佛教之研究》（台北：學生，1988.11），頁443。
〔註377〕《靈峰宗論》，《蕅益大師全集》（佛教出版社，1975.08），第十七冊，頁10808～10809。

雲棲云：一句阿彌陀佛，該羅八教，圓攝五宗。〔註378〕

及

　　超生脫死、捨淨土決無直捷橫超方便。而生淨土、捨念佛一法決無萬
修萬去功夫。〔註379〕

及

　　持名則一稱一念、頓圓無上菩提。〔註380〕

及

　　若持名號，……是謂勝異方便，無上法門。《文殊般若經》、《般舟三
昧經》、《觀無量壽佛經》等，皆明此圓頓了義，而《妙宗鈔》，中之爲詳。
〔註381〕

以上可證智旭極力推崇念佛法門，又以持名念佛爲最易行的無上法門。智旭思想也
由禪教律合一，轉至禪教律同歸淨土，然同是和會的態度，和會的基礎在「現前一
念心」：

　　殊不知現前一念能念之心，本自離過絕非，不消作意離絕。即現前一
　　句所念之佛，亦本自超情離計，何勞說妙談玄？〔註382〕

能「離過絕非，不消作意離絕」的「現前一念心」，就是《大乘起信論》去妄顯眞的
眞如一心。智旭以念佛爲一切法門之指歸，而念佛又在轉化此「現前一念心」。這思
想承接延壽一心體系，本自宗密。宗密雖未特別重視念佛法門，但《禪源諸詮集都
序》將修十六觀禪與念佛三昧同列於淨土，由此略可見禪、淨合一的思想，由此約
可推出由宗密而延壽、袾宏到智旭，禪淨合一乃至獨重持名念佛的軌跡。

（2）禪教律淨同歸淨土

　　智旭由參禪、弘律、研教至求西歸淨土，《蕅益大師年譜》載：

　　吾昔年念念思復比丘戒法，邇年念念求西方耳。成時師大駭，謂何不
　　力復佛心芳規耶？久之，始知師在家發大菩提願以爲之本，出家一意宗
　　乘，徑山大悟後，徹見近世禪者之病，在絕無正知見，非在多知見。在不
　　尊重波羅提木叉，非在著戒相也。故抹倒禪之一字，力以戒教匡教，尤志
　　求五比丘如法共住，令正法重興。後決不可得，遂一意西馳。冀乘本願輪，

〔註378〕《靈峰宗論》，《蕅益大師全集》（佛教出版社，1975.08），第十七冊，頁10805。
〔註379〕《靈峰宗論》，《蕅益大師全集》（佛教出版社，1975.08），第十六冊，頁10462。
〔註380〕《靈峰宗論》，《蕅益大師全集》（佛教出版社，1975.08），第十七冊，頁10812。
〔註381〕《靈峰宗論》，《蕅益大師全集》（佛教出版社，1975.08），第十七冊，頁11017。
〔註382〕《靈峰宗論》，《蕅益大師全集》（佛教出版社，1975.08），第十七冊，頁10806。

　　　　仗諸佛力，再來與拔。〔註383〕

由一生修學的變化，可見出他禪教律同歸淨土的趨勢。教學上他傾慕永明延壽，以延壽後繼者自任：

　　　　馬鳴、龍樹雖難企，智覺芳跡庶可尋。〔註384〕

鑽研《宗鏡錄》三遍之多：

　　　　藉天台、賢首、慈恩爲準繩。蓋悉教網幽致，莫善《玄義》，而《釋籤》輔之。闡圓觀真修，莫善《止觀》，而《輔行》成之。極性體雄詮，莫善《雜華》，而《疏鈔》、《玄談》悉之。辨法相差別，莫善《唯識》，而《相宗八要》佐之。然後融入《宗鏡》，變極諸宗，並會歸於淨土。以此開解，即以此成行，教觀並彰，禪淨一致。〔註385〕

智旭思想深受《宗鏡錄》影響，尤其《宗鏡錄》整合天台、華嚴、唯識三宗，使性相融合，並令各宗同歸淨土，深受智旭贊揚。他說此書「教觀並彰，禪淨一致」，更以此書爲教學的最高指導叢書，且依書中和會諸宗、歸於淨土的概念建構自己禪教淨律合一的思想體系。他持「會歸淨土」的態度，批評中峰明本「密咒如春，教乘如夏，南山律如秋，禪宗如冬」〔註386〕的禪教律密合一的說法，主張以淨統括禪、教、律、密。

　　　　達摩、六祖之禪與台宗之圓妙止觀，共如秋，密教如冬，而淨土者，可謂三德祕藏、常樂我淨、究竟安穩之境，天台、賢台、慈恩諸教如夏，律則猶應如春。〔註387〕

智旭禪教律同歸淨土思想受《宗鏡錄》影響來，而《宗鏡錄》融合思想的源頭則是宗密《禪藏》。

4、三教合一

　　　智旭透過判教將儒道納入佛教體系中。他接續德清，將儒列人乘、道列天乘、佛教爲最上乘。因佛法機緣未到，人又固著於我執，所以佛以儒道爲跡、爲權引導眾生。

　　　　儒於五乘禪法，屬人乘；……老屬天乘。然直約跡、約權耳。若約實、約本融合者，此方聖人，是菩薩化現，如來所使。……蓋機緣未至，不得

〔註383〕《蕅益大師全集目錄》（佛教出版社，1975.08），頁26～27。
〔註384〕《靈峰宗論》，《蕅益大師全集》（佛教出版社，1975.08），第十八冊，頁11760。
〔註385〕《靈峰宗論》，《蕅益大師全集》（佛教出版社，1975.08），第十六冊，頁10396。
〔註386〕〈法海觀瀾序〉，《靈峰宗論》，《蕅益大師全集》（佛教出版社，1975.08），第十七冊，頁11231。
〔註387〕同上。

不……權智垂迹，不得不示同凡外。〔註388〕

事實上，儒、道的爲跡爲權，正是佛法「實」、「本」的體現。例如《易經》「易有太極」，這派生天地萬物的「易」，就是人人本具的「本源佛性」，也就是「隨緣不變，不變隨緣」的「眞如之性」，因眾生不了「佛性眞我」的道理，故「密說爲易」；《老子》「道生天地」的「道」也是「即生自性」，所以儒典的「易」，道典的「道」和佛的「眞如之性」三者「名相稍異，而大體宛同」〔註389〕。又儒、道、佛三教本同源一心，「大道之在心，古今唯此一理」，不同的只是形式和途徑：

> 大道之在人心，古今唯此一理，非佛祖、聖賢所得私也。統乎至異，匯乎至同，非儒、釋、老所能局也。克實論之，道非世間，非出世間。眞與俗，皆跡也。跡不離道，而執跡以言道，則道隱。……夫嘗試言之：道無一，安得執一以爲道？道無三，安得分三教以求道？特以眞俗之跡，姑妄擬焉。則儒與老，皆乘眞以御俗，令俗不逆眞者也。釋乃即俗以明眞，眞不混俗者也。故儒與老主治世，而密爲出世階；釋主出世，而明爲世間佑。〔註390〕

就途徑而言，佛教「以道入眞」出世、孔老「以道入俗」入世，但不論「眞」、「俗」皆同一「道」。就作用而言，孔老主張「治世」，而實爲「出世階」；佛主張「出世」，卻又「佑世」，所以三者實相統一。

智旭更指出三教合一的理論根據在三教同源於一心：

> 三教深淺，未暇辯也。而仁民愛物之心則同。儒以之保民，道以之不疵癘於物，釋以之度盡眾生。如不龜手藥，所用有大小耳，故吾謂：求道者，求之三教，不若求於自心。自心者，三教之源。三教，皆從此心施設。〔註391〕

三教只是深淺不同而已，儒以心保民；道以心愛物；佛以心度生，都是一心之顯現，都是一心的施設。

智旭談三教的融合，先通過判教將儒道歸於佛，方法和宗密《原人論》將佛教系統判爲儒道（迷執之教）、人天教、小乘教、大乘法相教、大乘破相教、及一乘顯性教六個層次，而將儒道納入佛教系統相同，再者，智旭三教合一的理論基礎也和宗密

〔註388〕《靈峰宗論》，《蕅益大師全集》（佛教出版社，1975.08），第十六冊，頁10709～19710。
〔註389〕以上引文皆出於同上。
〔註390〕《靈峰宗論》，《蕅益大師全集》（佛教出版社，1975.08），第十七冊，頁11026。
〔註391〕《靈峰宗論》，《蕅益大師全集》（佛教出版社，1975.08），第十八冊，頁11378。

> 今將本末會通，乃至儒道亦是，謂初唯一眞靈性。……所起之心，展
> 轉窮源，即眞一之靈心也，究實言之心外的無別法。〔註392〕

相同，故證明宗密以「唯一眞心」爲三教之源，並以之和會三教，影響了延壽，又爲智旭所承接。

如再深究智旭的三教融合，會發現智旭著重於儒與佛的融合，對道則批評多於融合，這有其時代意義，此處不深究。此方要探究的是智旭融儒入佛，將儒歸佛的特質，藉以突顯智旭仍沿續宗密攝儒道而歸佛的融合精神。

智旭爲融會儒、佛二教，曾著《周易禪解》和《四書蕅益解》二書，並在〈周易禪解序〉言明其目的在「以禪入儒、務誘儒以知禪」〔註393〕，以佛融儒的動機明矣。書中他以周敦頤的太極無極解釋《楞嚴經》「妙眞如性」，以易理闡述眞如不變隨緣和隨緣不變，亦曾以天台的方法論解釋《周易》八卦六十四爻；也以易學解天台圓教的「一實一切實，一權一切權」。

> 馬太昭自幼留心《易學》，獨不以先入之言爲主。客冬，聞臺宗一切
> 皆權、一切皆實、一切皆亦權亦實、一切皆非權非實之語，方知《周易》
> 亦權亦實、亦兼權實、亦非權實。又聞現前一念心性，不變隨緣、隨緣不
> 變之妙，方知不易之爲變易、變易之爲不易。〔註394〕

比較過儒、佛二教的優劣，指明儒乃佛的「出世階」，再以華嚴「事事無礙」說儒、佛同源本應融合〔註395〕，最後歸於佛的一心。

> 提綱契領之道，不可不講。綱領者現前一念心性而已。〔註396〕

第四節　宋明理學的發展

隋唐是中國佛教的黃金時期，尤其唐代各宗門互相競爭，不論宗風或義理的發展都璀璨耀眼。相較下，儒、道頗有壓抑。唐後期，韓愈闢佛引發儒佛的爭論，長期下來儒佛由相抗，進而不自覺地相合。其中，宗密曾著《原人論》闢韓愈〈原人〉、〈原道〉，且根據眞心思想，對儒、道「虛無大道」、「元氣生成」、「自然生化」、「天命賦之」等概念提出問難。在儒佛相爭相合的過程中佔有舉足輕重的位子，最明顯

〔註392〕《原人論》，《大正藏》，第四五冊，頁710。
〔註393〕《靈峰宗論》，《蕅益大師全集》（佛教出版社，1975.08），第十七冊，頁11120。
〔註394〕《靈峰宗論》，《蕅益大師全集》（佛教出版社，1975.08），第十六冊，頁10589。
〔註395〕《靈峰宗論》，《蕅益大師全集》（佛教出版社，1975.08），第十七冊，頁10813。
〔註396〕《靈峰宗論》，《蕅益大師全集》（佛教出版社，1975.08），第十六冊，頁10567。

的是，他的眞心思想影響了宋明理學的發展。

宋明理學對元氣、心、性、理等命題特別重視，明顯受華嚴理事觀及禪宗心性論的影響。而宗密學說最主要是以融合了華嚴理事觀及禪宗心性論的眞心作爲禪教合一的基礎。此點不僅影響了後代佛學，更影響了新儒學，由宋明理學較唐宋儒學更重視心性論可證明。

歷代學者對宗密思想影響了儒家，對宋明理學有啓發之功，多表贊同。首先提出理學受宗密學說影響的是清代學者毛奇齡（西元 1632～1716 年），他指出周敦頤《太極圖說》許多詞語，與宗密《原人論》相似，這說法廣受近代學者認同。〔註397〕錢穆〈讀宗密原人論〉也說：

> 此書通論全部佛說，又兼及於中國儒道兩家與佛法之異同，實已遠啓此下宋代理學諸儒之所探討。雖宋代理學家亦絕少稱引此書，而書在唐宋之際中國思想史上，要當有其一加注意之價值也。〔註398〕

李世傑更認爲宗密學說對中國哲學功績甚炳，他提出三項：

> 在中國學術思想史看，他將佛教的心識論導入於中國思想，將佛教主體的心性思想打進於中國哲學史上，這是他的功績之一。其次，他一方面主張佛教的優越性，同時又對於儒道二教保留一席地位，這是開拓了後來三教融合說之基礎的，是爲其功績之二。他的思想，對於宋明時代的「宇宙即是心」的理學思想，亦有很大的影響力。〔註399〕

冉雲華的說法更明白：

> 新儒家想要回答宗密對傳統思想的批判，必須先要作兩件最要緊的事：第一，建立一個新的實體論，對現象世界的根源，作出新的有力的解釋。宋、明新儒家所講的理、氣、心、性、太極等概念，都是在建立新的實體論。第二，這種新的絕對概念，一定要有一套實踐的方法，才能不會被佛家譏笑爲「要之何用」的空話。宋、明新儒家所講的「主敬功夫」，「致良知」，和「知行合一」等問題，目的都在於要把儒家所說的眞理，變成一種可修而致的哲學。〔註400〕

又

〔註397〕例如日本學者常盤大定、荒木見梧，中國的馮友蘭、李世傑、邱漢生、冉雲華等。

〔註398〕錢穆，〈讀宗密《原人論》〉，《華嚴典籍研究》，《現代佛教學術叢刊》，第四四冊，頁364。

〔註399〕李世傑，《華嚴哲學要義》（台北：佛教，1990.05），頁172。

〔註400〕冉雲華，《宗密》（台北：東大，1988.05），頁254。

　　　　他對宋明新儒家的啓後作用，源於他對中國古典儒道的哲學批評。他
那些思路清楚。觀察銳敏，措辭簡鍊，富於邏輯性的質詢，一方面刺激了
儒家思想家，逼得他們不能不對那些問題，作出回答；另一方面也不得不
從佛學裏面找尋原始儒學中所沒有的新因素。新儒家思想家們一方面從中
國儒家的固有傳統中，重新發現自身的力量和根據；另一方面又從佛道兩
家吸取新的養分，從之形成了理學和心學的儒家主流思想。並且使這些主
流思想有一套修之可致的實踐方法。這一新的主流思想的態度是入世的，
所以就在這一點上，反而超越過宗密所持的出世態度，使絕對眞心、理、
性等最高概念，生根下達，直與人生社會，結成一體，形成一種更廣泛、
更深刻、更積極的、更新的大和會哲學。〔註401〕

此外，呂澂說理學受《華嚴》的影響，主要是透過華嚴禪而來：

　　　　理學之受《華嚴》影響這是大家共認的，不過他們是通過禪學特別
　　是所謂華嚴禪而間接受到的影響，並非是直接研究而得之《華嚴》的。
　　〔註402〕

此言甚是。而華嚴禪就是宗密禪教合一的產物，所以理學多有《華嚴》印跡，主要
是宗密禪教合一的影響。

　　由以上資料，大略可見宗密對理學的影響主要在心性論和方法論上。以下將以
宗密《禪源諸集詮集都序》的主要思想：眞心、寂知、如來藏、頓悟漸修等爲主題，
探討宗密思想對宋明理學的具體影響。

一、眞心的影響

　　陸王心學由陸象山創立，王陽明集大成，主要以心作爲世界本源。他們對「心」
的理解，某些部份近似宗密對眞心的解釋，分析如下：

（一）陸象山

　　陸象山心學主要主張「心即理」，和宗密眞心內涵相近者有三：

1、心理不二

　　　　心，一心也，理，一理也，至當歸一，精義無二，此心此理實不容有
　　二。……「先知」者，知此理也，「先覺」者，覺此理也。……此吾之本
　　心也。〔註403〕

〔註401〕冉雲華，《宗密》（台北：東大，1988.05），頁263。
〔註402〕呂澂，《中國佛學思想概論》（台北：天華，1991.05），頁274。
〔註403〕《與曾宅之》，《陸九淵集》（北京：中華，1980.01），頁4～5。

象山「心理不二」的說法近似宗密《禪源諸詮集都序》的

> 至道歸一，精義無二，不應兩存。〔註404〕

2、萬法唯心

陸象山「萬法唯心」的思想完全和宗密相同，他說：

> 萬物森然於方寸之間，滿心而發，充於宇宙，無非此理。〔註405〕

既是「萬法唯心」，那麼

> 宇宙便是吾心，吾心即是宇宙。……人心至靈，此理至明，人皆有是
> 心，心皆具是理。〔註406〕

心即是理，亦是全宇宙的本源，先覺者就是覺此心。這全是宗密真心的本體論。「宇宙便是吾心，吾心即是宇宙」正是宗密所發揮的，華嚴一即一切、一切即一的理事觀。

（二）王陽明

王陽明也以心為本體：

> 天下又有心外事，心外之理乎？〔註407〕

強調心外無物，心為物本。由「岩中花」的問答可得。

> 問：天下無心外之物，如此花樹，在深山中自開自落，於我心亦何相
> 關？答：你未看此花時，此花與汝心歸於寂，你來看花時，則此花顏色一
> 時明白起來。便知此花不在你的心外。〔註408〕

王陽明的說法和宗密「心生則種種法生，心滅則種種法滅」相同。此外，陽明又強調心物互相依存的關係，

> 天地、鬼神、萬物離卻了我的靈明，便沒有天地、鬼神、萬物了；我
> 的靈明離卻天地、鬼神、萬物，亦沒有我的靈明。〔註409〕

正是華嚴理事觀。

另，王陽明講心有覺知義。以心的「虛靈明覺」解釋良知，這正是宗密的寂知。綜上：王陽明的心頗似於宗密的本覺真心。

〔註404〕《大正藏》，第四八冊，頁400。
〔註405〕《語錄》，《陸九淵集》（北京：中華，1980.01），頁422。
〔註406〕《雜著》，《陸九淵集》（北京：中華，1980.01），頁273。
〔註407〕《傳習錄》，《王陽明全集》（上海：古籍，1992），第一冊，頁2。
〔註408〕《傳習錄》，《王陽明全集》（上海：古籍，1992），第一冊，頁107～108。
〔註409〕《傳習錄》，《王陽明全集》（上海：古籍，1992），第一冊，頁124。

二、寂知的影響

宗密心的「知」對理學和心學多有影響，呂澂說：

> 「知之一字，眾妙之門」這樣，知字就為宗密所特別突出來了。當然，禪宗思想的變化是與他們接受《起信》有關係的。《起信》的根本思想是「本覺」之說，把本覺作為心體，所以用知來解釋本覺也很合適。因此宗密把它特別提出來，不外乎說明神會的思想來源於《起信論》。他能這樣明確的指出這一點來，仍然值得重視。因為禪宗的思想對於後來中國的理學和心學都有影響，而影響的重點就在於這個以「知」為心體上。〔註410〕

至於宗密「知」的概念對新儒學產生的作用，董群說：

> 宗密的佛學，突出了知的意義，並對此作出了詳盡的證明。以宗密的方法和觀點作為借鑒，新儒學對知的問題重新引興趣並提出各自的觀點，儒學的認識論也由此而得以深化。將知引入認識論，突破了傳統的中國哲學僅以善惡論心性的範圍，強調了心具有認識善惡的先天能力，是對心性論的新發展，而這種發展，無疑地吸取了宗密的思想資源。〔註411〕

以下具體地從朱熹理學及陽明心學中對「知」的運用，和宗密心體的「知」作比對，突顯理學和心學的「知」，受宗密影響的痕跡。

（一）對理學的影響－以朱熹為例

朱熹、二程都強調心有知的特徵。朱熹：

> 物莫不有理，人莫不有知。〔註412〕

程顥將知與如來藏理論相合：

> 人心莫不有知，惟蔽於人欲，則亡天德也。〔註413〕

程頤「進學在致知」強調內省，內求自心的知，說「知為本」：

> 知至則當至之，知終則當終之，須以知為本。〔註414〕

三者中又以朱熹的心具有「虛靈覺知」，最近似宗密。朱熹：

> 知者，吾自有此知，此心虛明廣大，無所不知，要當極其至耳。〔註415〕

又

> 虛靈自是心之本體。〔註416〕

〔註410〕呂澂，《中國佛學思想概論》（台北：天華，1991.05），頁274。

〔註411〕董群，《融合的佛學》（北京：宗教文化，2000.06），頁320。

〔註412〕朱熹，《朱子語類》（北京：中華，1990），頁291。

〔註413〕《程氏遺書》卷15，《二程集》（北京：中華，1981.07），第二冊，頁123。

〔註414〕朱熹，《朱子語類》（北京：中華，1990），頁164。

〔註415〕朱熹，《朱子語類》（北京：中華，1990），頁293。

正是宗密心體空寂「靈靈不昧，了了常知」的寂知。宗密分心爲四，以區別具有寂知的眞實心，不同於肉團等心的層次。朱熹也說他虛靈不昧之心不同於五臟之心：

> 如肺肝五臟之心，卻是實有一物。若今學者所論操舍存亡之心，則自是神明不測。故五臟之心受病，則可用藥補之。這個心，則非菖蒲茯苓所可補也。〔註417〕

朱熹、宗密的心同樣皆是虛靈覺知之心，不同在於朱熹以爲心除「虛靈不昧」之本體外，又有「具眾理而應萬事」〔註418〕的作用，以理爲心之性。

> 靈處只是心，不是性，性只是理。〔註419〕

這是理學不同於宗密心學之處。

（二）對心學的影響－以王陽明爲例

王陽明對良知的描述如下：

> 良知者，心之本體，即前所謂恒照者也。心之本體，無起無不起，雖妄念之發，而良知未嘗不在，但人不知存，則有時而或放耳。〔註420〕

又

> 良知明白，隨你去靜處體悟也好，隨你去事上磨煉也好，良知本體，原是無動無靜的。〔註421〕

又

> 心者身之主也，而心之虛靈明覺，即所謂本然之良知也，其虛靈明覺之良知，感應而動者，謂之意。〔註422〕

又

> 良知常覺常照。常覺常照，則如明鏡之懸，而物之來者自不能遁其妍媸矣。〔註423〕

陽明以良知爲心的本體，具「無起無不起」、「無動無靜」、「未嘗不在」特質，正等同於宗密超越一切對待之義、恆常不變的眞心。宗密以寂知爲心的本體，此本體又有自性體和自性用兩義，自性體是寂，自性用是知。王陽明對良知本體的描述正是

〔註416〕朱熹，《朱子語類》（北京：中華，1990），頁25。
〔註417〕朱熹，《朱子語類》（北京：中華，1990），頁87。
〔註418〕朱熹，《朱子語類》（北京：中華，1990），頁266。
〔註419〕朱熹，《朱子語類》（北京：中華，1990），頁85。
〔註420〕《傳習錄》，《王陽明全集》（上海：古籍，1992），第二冊，頁61。
〔註421〕《傳習錄》，《王陽明全集》（上海：古籍，1992），第三冊，頁105。
〔註422〕《傳習錄》，《王陽明全集》（上海：古籍，1992），第二冊，頁47。
〔註423〕《傳習錄》，《王陽明全集》（上海：古籍，1992），第二冊，頁74。

宗密「堅固常定,不喧不動」,具「不變異」義的心的自性體〔註424〕;「常覺常照」、「感應而動」、「虛靈明覺」的「良知」則等同於宗密心的自性用—「知」。宗密自性用的「知」,「炳煥靈明」,能鑑照空寂心體,亦能照生萬法,「知之一字,眾妙之門,恆沙佛法,因此成立」。〔註425〕

王陽明的「良知」也能生起一切事物,沒有一物在良知外:

> 人的良知,就是草木瓦石的良知。若草木瓦石無人的良知,不可以爲草木瓦石矣。豈惟草木瓦石爲然?天地無人的良知,亦不可爲天地矣。
> 〔註426〕

又

> 天地萬物,俱在我良知的發用流行中,何嘗又有一物超於良知之外,能作得障礙?〔註427〕

三、如來藏的影響

如來藏理論解決了人性善惡的問題。宗密引《大乘起信論》一心開二門,將心分爲真如門與生滅門,真如與生滅二門結合爲阿賴耶識,此識覺爲聖人、不覺是凡夫。真心本清淨自在,但受妄識染污,故要頓悟漸修回復心的清明自在。理學家們受此理論影響,呈現在人性本善的善惡議題上。

張載將人性分爲天地之性與氣質之性。天性之性先天即具、不生不滅,是善的;氣質之性後天形成、有生有滅,是惡的。這正似宗密所引《大乘起信論》一心開二門的理路。

朱熹認爲人性是上天賦予:

> 性者,人所稟於天以生之理也,渾然至善,未嘗有惡。〔註428〕

及

> 性即天理,未有不善者也。〔註429〕

內容是智、義、禮、智:

> 性中只有個仁、義、禮、智四者而已。〔註430〕

〔註424〕《圓覺經大疏鈔》,《續藏經》,第十四冊,頁213。
〔註425〕《禪源諸詮集都序》,《大正藏》,第四八冊,頁412。
〔註426〕《傳習錄》,《王陽明全集》(上海:古籍,1992),第二冊,頁117。
〔註427〕《傳習錄》,《王陽明全集》(上海:古籍,1992),第二冊,頁106。
〔註428〕朱熹,《四書集注》(台北:藝文,1999),頁591。
〔註429〕朱熹,《四書集注》(台北:藝文,1999),頁784。
〔註430〕朱熹,《四書集注》(台北:藝文,1999),頁121。

故人性本善，任何人在先天上即德性本具，

> 道不難知，若歸而求之事親敬長之間，則性分之內，萬理皆備，隨處
> 發見，無不可師。〔註431〕

既然人天生德性完備，爲何有惡？朱熹以爲是「氣質之稟」導致人不知其性。所以「聰明睿智能盡其性者」，要對因「氣質之稟」而不知本性的人「治而教之」，

> 無教則亦放逸怠惰而失之，故聖人設官而教以人倫，亦因其固有者而
> 道之耳。〔註432〕

換句話說，依天理賦予的性，人本善，沒有惡，但因「氣質」、「氣習之染」〔註433〕而變惡。人受教學習，就爲去「氣習之染」，回復本性。朱熹云：

> 新者，革其舊之謂也。言既自明其明德，又當推以及人，使之亦有以
> 去其舊染之污也。〔註434〕

朱熹人性的闡述類似宗密的佛性，皆先天本具，又人性被「氣質」所蔽，正如「如來藏」妄心會隨緣起迷情，遮蔽眞心。而雖有「氣質」、「妄心」所障，本性、佛性仍不失其本有具足之性，經後天的存天理、滅人欲及頓悟漸修等實踐工夫，就能回復「昭明靈覺」的人性，以及「靈明不昧，了了常知」的佛性。朱熹的理路雷同於宗密，受宗密影響的成份很大。尤其，他說聖人因不受「氣習之染」，能保全本性，是先覺者，凡夫是後覺者，後覺者要學習效法先覺者，以「明善」、「復性」，

> 人性皆善，而覺有先後。後覺者必效先覺之所爲，乃可以明善而復其
> 初也。〔註435〕

則是《禪源諸詮集都序》眞如門與生滅門和合的阿賴耶識，所分生的覺與不覺。

> 此識在凡，本來有覺與不覺二義，覺是三乘賢聖之本，不覺是六道凡
> 夫之本。〔註436〕

此外，朱熹以「寶珠在水」爲喻，講存天理，去氣質，也是宗密常用的摩尼寶珠之喻：

> 人性本明，如寶珠沈溷水，明不可見；去了溷水，則寶珠依舊自明。〔註437〕

及

〔註431〕朱熹，《四書集注》（台北：藝文，1999），頁821。
〔註432〕朱熹，《四書集注》（台北：藝文，1999），頁614。
〔註433〕朱熹，《四書集注》（台北：藝文，1999），頁385。
〔註434〕朱熹，《四書集注》（台北：藝文，1999），頁7～8。
〔註435〕朱熹，《四書集注》（台北：藝文，1999），頁119。
〔註436〕《大正藏》，第四八冊，頁409。
〔註437〕朱熹，《朱子語類》（北京：中華，1990），頁207。

理者，如一寶珠，在聖賢，則如置在清水中，其輝光自然發見；在愚不肖者，如置在濁水中，須是澄去泥沙，則光方可見。今人所以不見理，合澄去泥沙，此所以須要克治也。〔註438〕

四、頓悟漸修的影響

佛法的實踐上，宗密主張頓悟漸修爲禪教合一思想的方法論。此方法論和理學主張的知行觀及存天理、滅人欲等方法論內在上多有關聯：

（一）知行觀

二程主張知本行末、知先行后。

須以知爲本，知之深則行之必至，無有知之而不能行者，知而不能行，只是知的淺。〔註439〕

宗密頓悟漸修講求悟後漸修、依悟而修，二者相當。

朱熹知行觀強調知的本體地位，也是先知後行，「論先後，知爲先」〔註440〕。但又以行對知有驗證作用，故說「論輕重、行爲重」〔註441〕。這類似於宗密先解悟後漸修，解悟加證悟，強調悟修合一的想法。

王陽明對執著於行者講知；執著知者講行：

知是行的主意，行是知的功夫，知是行之始，行是知之成。〔註442〕

又

我今說個知行合一，正要人曉得一念發動處便即是行了，發動處有不善，就將這不善的念克倒了。〔註443〕

「一念發動處便即是行」，指知爲行。這近似宗密無修之修。宗密解釋頓悟漸修：

若得善友開示，頓悟空寂之知，知且無念無形，誰爲我相人相？覺諸相空，心自無念，念起即覺，覺之即無。修行妙門，唯在此也。〔註444〕

（二）存天理，滅人欲

理學以天理存於每個人心中，但由於人欲覆蓋，故人不自覺其存在，須通過聖賢教化才能理解。這理路正是宗密引自《大乘起信論》的心有眞、妄兩義理論，天

〔註438〕朱熹，《朱子語類》（北京：中華，1990），頁375。
〔註439〕《程氏遺書》，《二程集》（北京：中華，1981），第二冊，頁164。
〔註440〕《程氏遺書》，《二程集》（北京：中華，1981），第二冊，頁148。
〔註441〕同上。
〔註442〕《傳習錄》，《王陽明全集》（上海：古籍，1992），第一冊，頁61。頁4。
〔註443〕《傳習錄》，《王陽明全集》（上海：古籍，1992），第一冊，頁61。頁96。
〔註444〕《禪源諸詮集都序》，《大正藏》，第四八冊，頁403。

理本有正是心真如本體清淨不變；人欲覆蓋就如妄識令心不覺；需要聖賢教化才能了解天理本有，正如要善知識開示才能悟入真心本覺。所以理學的修習方法「去人欲」，等同於宗密頓悟後的漸修。

第五節　高麗普照國師的會教歸禪

　　西元四世紀，朝鮮正值高句麗、百濟、新羅三國鼎立。《三國史紀》載，高句麗小獸林王二年（西元 372 年），中國前秦符堅遣使者送來佛像及經書，高句麗王爲建佛寺，佛教正式傳入韓國。朝鮮三國中，佛教最晚傳入新羅，但發展卻最盛，新羅首都慶州是佛教中心。新羅統一朝鮮半島前，即遣僧圓光、慈藏等參學中國，並遣僧遠赴印度求法，故教理及典籍上大有發展。後新羅文武王藉唐高宗之力統一朝鮮，佛教更受中國影響，大乘各宗紛紛傳入，華嚴、法相、淨、密、禪等先後而至。其中元曉、義湘所傳的華嚴宗及圓測、太賢的法相宗最盛行，加上涅槃、戒律、法性等宗合稱五教。至於禪宗在新羅後期至高麗初期，已發展成九派：實相山派、迦智山派、曦陽山派、桐里山派、鳳林山派、聖住山派、闍崛山派、師山派、須彌山派，是爲禪門九山。其中一傳北宗禪，一傳南宗石頭門下的曹洞，此外全傳馬祖禪法。此時韓國佛教，禪內部九山分立，外部禪教對立，韓國佛教史上，「五教九山」即指禪教對立的時期。對立期間，元曉（西元 617～686 年）撰《十門和諍論》企圖平息各宗之爭。曾入宋求法的大覺義天（西元 1055～1101 年）亦以兼學華嚴、戒律、法相、涅槃、法性、禪宗，並精研儒學的學思背景，主張調和各宗，並傳入天台宗，可惜仍未能促進佛教內部的統合。直至高麗時代中、後期，普照知訥（西元 1158～1210 年）創立曹溪宗，綜理九山，並吸收中國臨濟禪，當時各宗僧眾欽仰其禪風，雲集門下，成爲高麗最大的宗派，延綿至今。

　　知訥的曹溪宗統合九山禪門，汲取華嚴、淨土等教義，本身就是佛教融合的呈現，而他大倡禪教合一、頓悟漸修，皆是宗密的主張。他的思想和宗密相通處甚多，例如他很重視華嚴，曾熟讀華嚴宗人李通玄《新華嚴經論》，並著《華嚴論節要》。更甚的是，他爲宗密《禪源諸詮集都序》及《禪門師資承襲圖》作注，且讀宗密《法集別行錄》後，作《法集別行錄節要并入私記》，此書後來成爲韓國佛教界必讀課本，而宗密的著作，也因他的重視成爲韓國佛教界重要的思想論集。更直接的證明是，他吸收宗密禪教合一思想，並大加鼓吹，且在《修心訣》、《真心直說》等著作一再闡述宗密頓悟漸修、真心、禪教合一等思想，讓宗密的禪教合一理論融入韓國佛教中。直到李朝中葉，西山大師出，而倡禪教兼修、禪主教從等主張，宗密的禪教合一思想落實於

韓國佛教中。知訥的提倡、推行、吸收、融入宗密禪教合一思想，居功厥偉。

以下將知訥主要著作《眞心直說》、《修心訣》、《法集別行錄并入私記》的思想加以剖析，證明他的眞心、頓悟漸修、禪教合一、會教歸禪等主張來自宗密。

一、眞　心

知訥思想的核心是眞心，他有《眞心直說》一書，專門論說眞心的意涵。細究《眞心直說》對眞心的闡述，將會發現其內涵幾與宗密眞心雷同，以下列舉他眞心與宗密相同之處，證明其思想受宗密影響。

（一）真心異名

知訥說眞心的異名有心地、菩提、法界、如來、涅槃、如如、法身、眞如、佛性、總持、如來藏、圓覺、妙心……等等：

> 或曰：但名眞心別有異號耶？曰：佛教祖教立名不同，且佛教者菩薩戒呼爲心地，發生萬善故；《般若經》喚作菩提，與覺爲體故；《華嚴經》立爲法界，交徹融攝故；《金剛經》號爲如來，無所從檢故；《般若經》呼爲涅槃，眾聖所歸故；《金光明》號曰如如，眞常不變故；《淨名經》號曰法身，報化依止故；《起信論》名曰眞如，不生不滅故；《涅槃經》呼爲佛性，三身本體故；《圓覺》中名曰總持，流出功德故；《勝鬘經》號曰如來藏，隱覆含攝故；《了義經》名爲圓覺，破暗獨照故；有時號曰妙心，虛靈寂照故。〔註445〕

宗密《禪源諸詮集都序》說眞心是法性、如來藏、佛性、心地；裴休〈圓覺經大疏序〉，認爲宗密一心含有心地、菩提、法界、涅槃、清淨、眞如、佛性、總持、如來藏、密嚴、圓覺等意：

> 況此眞性非唯是禪門之源，亦是萬法之源，故名法性；亦是眾生迷悟之源，故名如來藏藏識（出《楞伽經》）；亦是諸佛萬德之源，故名佛性（《涅槃》等經）；亦是菩薩萬行之源，故名心地。〔註446〕

及

> 夫血氣之屬必在知，凡有知者必用體。所謂眞淨明妙，虛徹靈通，卓然而獨存者也。是眾生之本源，故曰心地。是諸佛之所得，故曰菩提。交徹融攝，故曰法界。寂靜常樂，故曰涅槃。不濁不漏，故曰清淨。不妄不

〔註445〕《眞心直說》，《大正藏》，第四八冊，頁999。
〔註446〕《禪源諸詮集都序》，《大正藏》，第四八冊，頁399。

變，故日眞如。離過絕非，故日佛性。護善遮惡，故日總持。隱覆含攝，故日如來藏。超越玄閟，故日密嚴。國統眾德而大備，爍群昏而獨照，故日圓覺。其實皆一心。〔註447〕

相較知訥與宗密眞心闡述，二者完全相同，可見知訥眞心的異名完全取自宗密。

（二）萬法之源

知訥〈重刻眞心直說序〉說心是萬法之源：

心者人人之本源，諸佛之覺性，一切萬法盡在一心之內，八萬四千法門從此而出。〔註448〕

釋「眞心妙體」時，也說心體是「一切世界生發的根源」，佛陀、善現、達摩等諸佛諸祖發明闡述的皆是此心。

此體是一切眾生本有之佛性，乃一切世界生發之根源。故世尊鷲峰良久，善現嚴一忘言，達磨少室壁觀，居士毘耶杜口，悉皆發明此心妙體。〔註449〕

知訥以心爲萬法之源。宗密《禪源諸詮集都序》就有萬法源於一心的說法：

況此眞性非唯是禪門之源，亦是萬法之源，故名法性；亦是眾生迷悟之源，故名如來藏藏識（出《楞伽經》）；亦是諸佛萬德之源，故名佛性（《涅槃》等經）；亦是菩薩萬行之源，故名心地。〔註450〕

宗密談萬法源於一心，不僅運用諸佛德行都同源此心，更說此心之外，別無一法。

諸法是全一心之諸法，一心是全諸法之一心。〔註451〕

及

三界虛僞，唯心所作，離心則無六塵境界，乃至一切分別。〔註452〕

至於知訥〈誡初心學人文〉後跋，說心是萬法總相，萬法是心的別相，更分心爲肉團、緣慮、集起、賴耶、眞如五心，指前四是妄，第五方眞。這統合了延壽和宗密的說法。延壽《宗鏡錄》：

心是總相者，法界染淨萬類萬法不出一心。是心即攝一切世間出世間法，故名總相。〔註453〕

〔註447〕〈圓覺經大疏序〉，《續藏經》，第十四冊，頁108。
〔註448〕《大正藏》，第四八冊，頁999。
〔註449〕《眞心直說》，《大正藏》，第四八冊，頁1000。
〔註450〕《大正藏》，第四八冊，頁399。
〔註451〕《禪源諸詮集都序》，《大正藏》，第四八冊，頁407。
〔註452〕《禪源諸詮集都序》，《大正藏》，第四八冊，頁405。
〔註453〕《大正藏》，第四八冊，頁460。

宗密《禪源諸詮集都序》：

> 汎言心者。略有四種。梵吾各別翻譯亦殊。一紇利陀耶，此云肉團心。
> 此是身中五藏心也具如《黃庭經五藏論》說也。二緣慮心，此是八識，俱
> 能緣慮自分境故色是眼識境，乃至根身種子器世界是阿賴耶識之境，各緣
> 一分云自分，故此八各有心所善惡之殊諸經之中，目諸心所總名心也，謂
> 善心惡心等。三質多耳，此云集起心，唯第八識，積集種子生起現行故《黃
> 庭經・五藏經》，目之爲神，西國外道，計之爲我，皆是此識。四乾栗陀
> 耶，此云堅實心亦云貞實心，此是眞心也。然第八識無別自體，但是眞心，
> 以不覺故，與諸妄想有和合不和合義。和合義者，能含染淨，目爲藏識：
> 不和合者，體常不變，目爲眞如。都是如來藏。……然雖同體，眞妄義別，
> 本末亦殊，前三是相，後一是性。依性起相，蓋有因由。會相歸性，非無
> 所以，性相無礙，都是一心。〔註454〕

（三）虛知不昧

知訥《眞心直說》講眞心「無知而知」，「無知」的知是貪嗔痴等分別心，妄心
對境有分別心，故說「妄心有知」、「眞心無知」。眞心對境不憎不愛，不起分別，卻
有「圓照」、「虛明」本性。這「圓照」、「虛明」他稱爲「無知而知」：

> 若眞心者無知而知，平懷圓照故異於草木，不生憎愛故異於妄心。即
> 對境虛明不憎不愛，無知而知者眞心故。〔註455〕

《修心訣》有二處，更明白直指心體的「知」：

> 諸法如夢亦如幻化，故妄念本寂塵境本空，諸法皆空之處虛知不昧。
> 即此空寂虛知之心，是汝本來面目。〔註456〕

及

> 然諸法皆空之處虛知不昧，不同無情性，自神解此是汝空寂虛知清
> 淨心體。而此清淨空寂之心，是三世諸佛勝淨明心，亦是眾生本源覺性。
>
> 〔註457〕

知訥以心體爲空寂虛知，也就是說在心體清淨空寂上有知的能力，此知「虛知不昧」，
等同三世諸佛的「勝淨明心」，也同是眾生的「本源覺性」，故說心體的知是眾生的
覺。宗密亦說心體寂知：

〔註454〕《大正藏》，第四八冊，頁401。
〔註455〕《眞心直說》，《大正藏》，第四八冊，頁1003。
〔註456〕《修心訣》，《大正藏》，第四八冊，頁1006～1007。
〔註457〕《修心訣》，《大正藏》，第四八冊，頁1007。

> 諸法如夢，諸聖同說。故妄念本寂，塵境本空。空寂之心，靈知不昧。
> 即此空寂之知，是汝眞性。任迷任悟，心本自知。不藉緣生，不因境起。
> 知之一字，眾妙之門。〔註458〕

又宗密以圓覺妙心解釋眞心，「圓」說心圓滿周備，具足一切。「覺」指心有先天本覺，具「虛有靈照」的本質，「虛明靈照」就是心的「空寂寂知」，所以寂知是眞心的本覺，本書第三章第二節中有詳細說明，此處不複述。

> 圓者，滿足周備，此外更無一法；覺者，虛明靈照，無諸分別念想。〔註459〕

比對知訥與宗密心體的知，明白可見知訥完全與宗密相同，可說知訥心體的「虛知不昧」就是宗密「虛靈不昧，了了常知」的「空寂寂知」。

（四）真心妙體

知訥《眞心直說》闡述眞心本體爲：

> 眞心本體，超出因果，通貫古今，不立凡聖，無諸對待，如太虛空遍一切處。妙體凝寂，絕諸戲論，不生不滅，非有非無，不動不搖，湛然常住。……染淨諸法皆從中出。……名爲圓覺，流出一切清淨眞如菩提涅槃及波羅密。〔註460〕

直言乃根據《大乘起信論》眞心自體的描述：

> 《起信論》云：眞如自體者，一切凡夫聲聞緣覺菩薩諸佛，無有增減，非前際生非後際滅，畢竟常恆，從本已來性自滿足一切功德。〔註461〕

並以宗密對心的闡述佐證：

> 圭峰云：心也者，沖虛妙粹，炳煥靈明，無去無來，冥通三際，非中非外洞徹十方，不滅不生，豈四山之可害？離性離相，奚五色之能盲？〔註462〕

以上可見，知訥心體的闡述完全和宗密相同，二人根據的同是《大乘起信論》。將知訥眞心本體的描述，對照本書第三章第二節宗密眞心之特質，兩者一致。例如：知訥眞心本體「超出因果，貫通古今，不立凡聖，無諸對待，如太虛空遍一切處」就是宗密眞心「超越時空」之特質；「不生不滅，非有非無，不動不搖，湛然常住」是宗密的「眞常不變」；「染淨法皆從中出」是宗密眞心「不變隨緣」之眞心不變常眞，

〔註458〕《禪源諸詮集都序》，《大正藏》，第四八冊，頁402～403。

〔註459〕《圓覺經大疏鈔》，《續藏經》，第十四冊，頁121。

〔註460〕《眞心直說》，《大正藏》，第四八冊，頁1000。

〔註461〕《眞心直說》，《大正藏》，第四八冊，頁1000。

〔註462〕《眞心直說》，《大正藏》，第四八冊，頁1000。

而亦能隨緣迷妄，故染淨同源於眞心。知訥從體用兩義解說眞心的不變隨緣：

　　妙體眞常本無生滅，妙用隨緣似有生滅，然從體生用用即是體，何生

滅之可有？達人即證眞體，其生滅可干涉耶？〔註463〕

心體眞常，本無生滅，而妙用隨緣，有生有滅。然體用皆一心，隨緣的生滅不減不
變的眞常。且隨緣生滅無自性，離眞常心體則無。知訥以水的濕性喻心體不變，波
浪喻隨緣，說明二者關係：

　　如水以濕性爲體波浪爲用，濕性元無生滅故，波中濕性何生滅耶？然

波離濕性別無故，波亦無生滅。〔註464〕

宗密曾用銅鏡爲喻，說明心體的不變、隨緣：

　　眞心本體，有二種用：一者自性本用，二者隨緣應用。猶如銅鏡，銅

之質是自性體；銅之明自性用；明所現影，是隨緣用。〔註465〕

眞心不變，如銅的質地；眞心能隨緣妙用現種種相，如銅之影；然二者同一眞心，
隨緣應用離心體則無，如銅鏡去銅就不能現影，且隨緣應用亦不減眞心不變的特質。
知訥心的「妙體生常」、「妙用隨緣」兩義等同於宗密的「不變」、「隨緣」。又知訥以
「圓覺」解眞心，正同宗密「圓覺妙心」，故可證：知訥眞心即是宗密的眞心。

（五）迷妄一心

　　知訥以爲迷妄同源於一心，此心在聖不增、在凡不減，佛與眾生無異。

　　迷悟之有殊，乃本源則一也，所以云：所言法者，謂眾生心，而此空

寂之心在聖而不增在凡而不減。故云：在聖智而不耀，隱凡心而不昧，既

不增於聖不少於凡。〔註466〕

既凡聖同源一眞心，但又有凡夫、聖人之別，就在於聖人悟此眞心，凡夫迷此眞心：

　　或曰：眞心體用人人具有，何爲聖凡不同耶？曰：眞心聖凡本同，凡

夫妄心認物，失自淨性爲此所隔，所以眞心不得現前。〔註467〕

因爲凡聖同源一心，分別亦在一心，所以知訥說悟此眞心，「凡聖交參」；迷此眞心，
「生死無際」：

　　悟此心者，凡聖交參；迷此心者，生死無際。〔註468〕

修行解脫的可能，就在此心。宗密《禪源諸詮集都序》亦說凡聖同源一心：

〔註463〕《誡初心學人文》，《大正藏》，第四八冊，頁1004。

〔註464〕《誡初心學人文》，《大正藏》，第四八冊，頁1004。

〔註465〕《禪門師資承襲圖》，《續藏經》，第一一〇冊，頁336。

〔註466〕《修心訣》，《大正藏》，第四八冊，頁1007。

〔註467〕《眞心直說》，《大正藏》，第四八冊，頁1000。

〔註468〕《眞心直說》，《大正藏》，第四八冊，頁999。

謂六道凡夫，三乘賢聖，根本悉是靈明清淨一法界心。〔註469〕

此心迷爲眾生，悟爲諸佛：

> 但以此心靈妙自在，不守自性，故隨迷悟之緣，造業受報，遂名眾生；
> 修道證眞，遂名諸佛〔註470〕。

宗密以《大乘起信論》一心開二門支持心能轉迷成悟：

> 故此一心，常具眞如、生滅二門，未曾暫缺。但隨緣門中，凡聖無定。
> 謂本來未曾覺悟，故說煩惱無始；若悟修證，即煩惱斷盡，故說有終。然
> 實無別始覺，亦無不覺，畢竟平等。故此一心法爾有眞妄二義，二義復各
> 二義，故常具眞如生滅二門。各二義者，眞有不變、隨緣二義，妄有體空、
> 成事二義。謂由眞不變，故妄體空，爲眞如門。由眞隨緣，故妄成事，爲
> 生滅門。以生滅即眞如，故諸經說無佛無眾生，本來涅槃，常寂滅相。又
> 以眞如即生滅，故經云：「法身流轉五道，名曰眾生。」既知迷悟凡聖在
> 生滅門，今於此門具彰凡聖二相，即眞妄和合，非一非異，名爲阿賴耶識。
> 此識在凡，本來常有覺與不覺二義，覺是三乘賢聖之本，不覺是六道凡夫
> 之本。〔註471〕

因生滅門中有凡聖同源、眞妄和會的阿賴耶識，故透過修行，悟入即覺，爲賢聖；
不覺仍迷妄，就是凡夫。迷妄同源的一心，是修行解脫之所在。

知訥和宗密的說法全然同調，可證知訥迷妄一心的思想與宗密相同，皆來自《大
乘起信論》。

（六）非一非異

知訥將眞心分爲體用二義，眞心妙體是性，此性眞常不變，離一切相。眞心隨
緣妙用，現一切相。因心有體用、性相之別，故二者非一。

> 妙體不動絕諸對待離一切相，非達性契證者，莫測其理也。妙用隨緣
> 應諸萬類，妄立虛相似有形狀，約此有相無相故非一也。〔註472〕

然相用本隨緣所發，沒有自性，離卻本體之性則無，所以說「用從體發，用不離體」；
而本體湛然不動，如沒有相用的顯發不能顯現其存在，所以說「體能發用、體不離
用」，所以性相、體用二者非異。

〔註469〕《禪源諸詮集都序》，《大正藏》，第四八冊，頁409。
〔註470〕《禪源諸詮集都序》，《大正藏》，第四八冊，頁409。
〔註471〕《禪源諸詮集都序》，《大正藏》，第四八冊，頁409。
〔註472〕《眞心直說》，《大正藏》，第四八冊，頁1000。

又用從體發用不離體，體能發用體不離用，約此不相離理故非異也。〔註473〕

知訥援用水的濕性及波浪解釋心的性相、體用：

> 如水以濕爲體，體無動故，波以動爲相，因風起故，水性波相動與不
> 動故非一也。然波外無水水外無波，濕性是一故非異也，類上體用一異可
> 知矣。〔註474〕

水的濕爲體、爲性；波浪爲相、爲用；就波浪的動與不動言，波浪動則相有，不動只有性而相無，二者非一。然就水的本質看，波浪與水都是濕性，不論有波浪與否，濕性都非異。所以知訥說眞心從相而言非一，從性而言非異，故眞心體用非一非異。

> 曰：約相則非一，約性則非異，故此體用非一非異，何以知然，試爲
> 論之。〔註475〕

宗密據《大乘起信論》一心開二門，說心性不生不滅，離一切相爲眞如。此不生不滅的心性與生滅和會，爲阿賴耶識，是生滅門。

> 依一心開二門：一者，心眞如門。即是一切法界大總相法門體。所謂
> 心性不生不滅。一切諸法，唯依妄念而有差別；若離心念，則無一切境界
> 之相乃至唯是一心，故名眞如。二者，心生滅門。謂依如來藏，故有生滅
> 心。所謂不生不滅，與生滅和合，非一非異，名阿梨耶識。〔註476〕

肉團、緣慮、集起三心是相，屬生滅門；眞實心是性，屬眞如門。彼此的關係：

> 依性起相，會相歸性，性相無礙，都是一心。〔註477〕

宗密將心分爲性、相二義；性是不變眞如；相乃眞如與生滅和會而有，故說「依性起相」，如相不依性則無。《禪門師資承襲圖》更明白呈現眞心的自性不變，相用隨緣應現萬象：

> 眞心本體，有二種用：一者自性本用，二者隨緣應用。猶如銅鏡，銅
> 之質是自性體；銅之明自性用；明所現影，是隨緣用。〔註478〕

就所生的萬相而言，非一；就性而言，皆是心體不變的眞如，非異。而性相皆包含在生滅門中的阿賴耶識，故阿賴耶識非一非異。

對照知訥與宗密的思想，二者相合，故可說知訥眞心體用的非一非異由宗密而來。

〔註473〕《眞心直說》，《大正藏》，第四八冊，頁1000。

〔註474〕同上。

〔註475〕同上。

〔註476〕《圓覺經大疏》，《續藏經》，第十四冊，頁116。

〔註477〕《禪源諸詮集都序》，《大正藏》，第四八冊，頁402。

〔註478〕《續藏經》，第一一〇冊，頁336。

二、頓悟漸修

　　《修心訣》一書是知訥探討悟修方法的專論。此書主張頓悟漸修，筆者閱讀此論發現知訥主張的頓悟漸修內涵與宗密相同，也常引宗密言論爲證。以下錄自《修心訣》：

> 　　夫入道多門，以要言之不出頓悟漸修兩門耳。雖曰頓悟頓修，是最上根機得入也，若推過去，已是多生依悟而修漸熏而來至於今生。聞即發悟一時頓畢，以實而論是亦先悟後修之機也。則而此頓漸兩門是千聖軌轍也。則從上諸聖莫不先悟後修因修乃證，所言神通變化依悟而修漸熏所現，非謂悟時即發現也，如經云：理即頓悟乘悟併消事非頓除因次第盡，故圭峰深明先悟後修之義。曰識冰池而全水，借陽氣以鎔消，悟凡夫而即佛，資法力以熏修。水消則水流潤，方呈溉滌之功。妄盡則心虛通，應現通光之用，是如事上神通變化，非一日之能成，乃漸熏而發現也。〔註479〕

引文中說頓悟頓修亦自多生漸修而來，這是宗密《禪源諸詮集都序》的說法：

> 　　斷障如斬一綟絲，萬條頓斷。修德如染一綟絲，萬修頓色也。……然上皆只約今生而論，若遠推宿世則唯漸無頓。今頓見者，已是多生漸熏而發現也。〔註480〕

知訥主張的「先悟後修」、「因修乃證」就是宗密的先頓悟、後漸修，先解悟、後證悟。他用宗密先識得冰全是水，再以陽氣鎔融冰成水的例子，強調漸修薰習之功，全是宗密意旨。

　　知訥另一段頓悟漸修的文字，內涵及舉例亦全取自宗密：

> 　　問：汝言頓悟漸修兩門千聖軌轍也。悟既頓悟何假漸修？修若漸修何言頓悟？頓漸二義更爲宣說令絕餘疑。答：頓悟者，凡夫迷時四大爲身妄想爲心，不知自性是眞法身，不知自己虛知是眞佛也，心外覓佛波波浪走，忽被善知識指爾入路，一念迴光見自本性，而此性地元無煩惱，無漏智性本自具足，即與諸佛分毫不殊。故云頓悟也。漸修者，頓悟本性與佛無殊，無始習氣難卒頓除，故依悟而修，漸熏功成長養聖胎，久久成聖故云漸修也。比如孩子初生之日諸根具足與他無異，然其力未充，頗經歲月方始成人。〔註481〕

凡夫心迷，不識自性爲法身，不知自心是佛心，忽被善知識引導，方頓悟見性。這

〔註479〕《大正藏》，第四八冊，頁1006。

〔註480〕《大正藏》，第四八冊，頁407。

〔註481〕《修心訣》，《大正藏》，第四八冊，頁1006。

「善知識的引導」正是宗密所強調的。頓悟後氣習難斷，故要依悟而修，漸去舊習，也是宗密語言。以「孩子初生諸根具足」喻人頓悟自性，已知佛性具足，「然其力未充」要「頗經年歲」才能長成，比喻要漸修證已悟得之佛性。也來自宗密《禪源諸詮集都序》。

《修心訣》另一處談頓悟漸修：

> 凡夫無始曠大劫來至於今日，流轉五道生來死去，堅執我相妄想顛倒，無明種習久與成性，雖到今生頓悟自性本來空寂與佛無殊，而此舊習卒難除斷，故逢逆順境瞋喜，是非熾然起滅客塵煩惱與前無異。若不以般若中功著力，焉能對治無明，得到大休大歇之地。如云頓悟雖同佛多生習氣深，風停波尚湧，理現念猶侵。又杲禪師云：往往利根之輩，不費多力打發此事，便生容易之心更不修治，日久月深依前流浪未免輪迴，則豈可以一期所悟便撥置後修耶？故悟後長須照察，妄念忽起都不隨之，損之又損以至無為方始究竟，天下善知識悟後牧牛行是也。雖有後修已先頓悟，妄念本空心性本淨，於惡斷斷而無斷，於善修修而無修，此乃眞修眞斷矣。故云：雖備修萬行，唯以無念為宗。圭峰總判先悟後修之義云：頓悟此性元無煩惱無漏智性本自具足與佛無殊，依此而修者，是名最上乘禪，亦名如來清淨禪也。若能念念修習，自然漸得百千三昧，達磨門下轉展相傳者是此禪也，則頓悟漸修之義。如車二輪闕一不可。〔註482〕

此處知訥仍是反覆闡述：因無始以來流轉五道，以至積習深重，故雖頓悟自性與佛無異，仍「舊習卒難斷除」，故一再強調悟後要「長期察照」，令妄念「損之又損」，至無方為究竟，他用「悟後牧牛行」說明頓悟後漸修的必要。接著以宗密無念為宗的頓悟漸修為最上乘禪。再將達摩所傳禪法解為頓悟漸修，由宗密承之，知訥自己正是此脈。

知訥以宗密的頓悟漸修為禪門悟修之正宗，上承達摩下開知訥，故知訥的頓悟漸修來自宗密無疑。

三、禪教合一

知訥的禪教合一思想主要見於《法集別行錄節要》，筆者此處探討他禪教合一思想，主要根據的是高麗本的《法集別行錄節要并入私記》。書中指出，高麗當時禪教二門爭鬥的時弊：

〔註482〕《修心訣》，《大正藏》，第四八冊，頁1009。

子觀教學者，滯於權教所說，真妄別執，自生退屈或口談事事無礙，不修觀行，不信有自心悟入之祕訣。聞禪者，見性成佛，以謂不出頓教離言之理，不知此中，圓悟本心，不變隨緣，性相體用，安樂富貴，同於諸佛之意，豈爲有知慧人也。又見禪學者，但知過量機，不踐階梯，徑登佛地之義，不信此錄中，有悟解後初入十信位之文，以故，才有自心開發處，不知解行之深淺，染習之起滅，多有法慢，所發言句，越分過頭。〔註483〕

教門滯於教說，「不修觀行」、「不信有自心悟入之祕訣」；禪者不信教言，不知依教開發自心，而「多有法慢」，以致於「所發言句，越分過頭」。知訥以爲其弊在於教門不解禪法；禪門不通教理，正是宗密所說的教門不解禪心通於佛意，禪門不知依教而修的弊端，故知訥與宗密同樣主張禪教應和會，不宜偏執，教門禪門要相合、不可相非：

密禪師云：佛教爲萬代依憑，理須委示；師訓在即時度脫，意使玄通。故知禪教爲門、事體各別，何者？佛教委示者，緣起法門，事事無礙，巧辯多端，故於全收門親近，而全揀門且疏。師訓玄通者，對機下語，句能劃意，意能劃句，意句交馳，不留其跡，故於全揀門親近，而全收門且疏。全揀門親近者，在即時度脫故，全收門親近者，爲萬代依憑故，雖兩家皆有二門，然各有所長，不可相非。〔註484〕

根據韓國學者李鍾益的考察，知訥的禪教合一思想主要來自宗密的《禪源諸詮集都序》和《法集別行錄》。

普照（知訥）所倡「禪教融會」或「會教明宗」的原則，是以宗密《禪源諸詮集都序》和《法集別行錄》爲藍本，而確立頓悟漸修、定慧雙修、惺寂等持門的修證體系，其基本理論實源於宗密的禪教一元觀。〔註485〕

最後筆者要提出：知訥的禪教融合思想，雖主張禪與教相資相成，但他持的是「會教明宗」、「會教歸禪」的原則，《法集別行錄并入私記》可證：

……既在即時度脫，撮略爲門故，雖有引教，皆爲明宗，非純教也。不知此意者，但將教義深淺度量禪旨，徒興謗讀，失所多矣。若大量人，

〔註483〕柳田聖山主編，《法集別行錄節要并入私記》，《禪學叢書》之二（京都：中文，1974.02），頁 159。

〔註484〕柳田聖山主編，《法集別行錄節要并入私記》，《禪學叢書》之二（京都：中文，1974.02），頁 179。

〔註485〕李鍾益，〈普照國師的禪教觀〉，漢城《佛學學報》（1972.10），第九輯，頁 89。轉引自趙明淑，《宗密思想初探》，輔大哲研所碩論，（1994.06），頁 147。

放下教義，但將自心現前一念，參詳禪旨，必有所得。〔註486〕

「引教」爲了「明宗」，如能放下教義，以「現前一念」的眞心「參詳禪旨」也能悟入。那麼，經教就是悟入眞心的助緣，不可執著了，所以《眞心直說》說：

一大藏教詮顯，蓋顯此心也。〔註487〕

知訥的會教明宗，顯然是置禪教上，這點也和宗密相同。

〔註486〕柳田聖山主編，《法集別行錄節要并入私記》，《禪學叢書》之二（京都：中文，1974.02），頁179。

〔註487〕《大正藏》，第四八冊，頁1000。

第六章 《禪源諸詮集都序》的 歷史地位與影響

第一節 《禪源諸詮集都序》的歷史地位

後人對宗密思想的評價有褒有貶。他的思想受人批評最多的是寂知、以荷澤統禪門的禪宗史觀，以及學說繁瑣，爲一般禪門所不容等等。至於宗密闡述禪教合一思想的專著《禪源諸詮集都序》，除狹隘宗派主義者，持門戶之見予以抨擊外，後代學人多持正面評價，例如天台宗的知禮（西元960～1028年）對宗密雖有不少批評，但對《禪藏》、《禪源諸詮集都序》等書卻很肯定，稱揚宗密學術思想得「帝王問道、相國親承」，而此二書「爲世所貴」。

> 而況有唐圭峰禪師，帝王問道，相國親承。和會諸宗，集成《禪藏》，
> 製《禪源詮都序》兩卷，及茲《後集》，爲世所貴。〔註1〕

元代無外〈重刻禪源詮序〉：

> 況夫禪教兩宗同出於佛。禪，佛心也。教，佛口也。豈有心口自相矛
> 盾者乎？奈何去聖時遙，師承各異，教者指禪爲暗證，禪者目教爲漸修，
> 明暗未得其公。頓漸固知攸定，迭爲詆毀殆若仇讎。非但鼓之空言，抑且
> 筆之簡冊，世道日下，弊將何如。〔註2〕

無外陳述的禪教互相詆毀，視對方如仇讎，與宗密時禪教互鬥情形相似，可見雖宗密於唐代已倡禪教合一論，並作《禪藏》、《禪源諸詮集都序》等書流傳於世，但直

〔註1〕《四明尊者教行錄》，《大正藏》，第四六冊，頁895。
〔註2〕《大正藏》，第四八冊，頁397。

至元代禪教間的爭論並未止息，故無外對宗密《禪源諸詮集都序》一書崇景，冀望透過此書的和會思想，弭平禪教間長期的惡鬥，統一佛教內部，使禪教二家「言歸於好，永無敗盟」，如此則《禪源諸詮集都序》一書的功用無可稱量。

> 昔圭峯禪師患之，遂將教禪諸祖著述章句旨意相符者，集為一書，名曰：《禪源諸詮》。以訓于世，將使兩家學者知一佛無二道，四河無異味，言歸于好，永無敗盟。《源詮》之功，豈易量哉？予每見南方此弊，尤甚，安得人有是書一洗舊習，咸與惟新？興念至此，未嘗不廢食而歎也。〔註3〕

根據冉雲華對元代佛教環境的分析，元統治中國後，決定信仰西藏佛教，並任命八思巴為帝師，壓制中國僧侶。在外患迫切，內憂未弭的狀況下，原本自相攻訐的中國佛教宗派感受到生存的壓力，轉而力求團結自救，而宗密的禪教合一論正是尋求佛教內部團結的最好理論〔註4〕。故元代僧人相當重視《禪源諸詮集都序》一書，無外是一例，此外還有鄧文原、賈汝舟等人亦非常推崇此書。

鄧文原（西元1259～1328年）作〈重刻禪源詮序〉，文中先說明《禪源諸詮集都序》全書要旨，並指出此書主要貢獻在禪教合一，及融會性空、頓漸：

> 於是以教三種證禪三宗，謂依性說相，即息妄修心。破相顯性，即泯絕無寄。顯示真心，即直明心性，江漢殊流而同歸智海，酸醎異調而共臻禪味。至於空宗性宗之別，頓修漸修之殊，莫不會其指歸開示正覺。〔註5〕

接著說元世祖曾在廣寒殿「問禪教要義」，當時「帝師及諸耆德」引《禪源諸詮集都序》作答，世祖大悅，令此書刻板行世。突顯出《禪源諸詮集都序》得帝王倡行，故在元朝應極受注重。

> 國朝至元十二年，世祖御廣寒殿，顧問禪教要義，帝師及諸耆德，以《禪源詮》對，上意悅，命板行於世。

賈汝舟為《禪源諸詮集都序》作的序，也記載了這段元世祖與眾人論禪教，而引《禪源諸詮集都序》相資的歷史：

> 昔至元十二年春正月，世祖皇帝萬機之暇，御瓊華島，延請帝師。太保文貞劉公亦在焉。乃召在京耆宿，問諸禪教乖互之義。先師西菴賢公等八人，因以圭峯《禪源詮》文為對，允愜宸衷。〔註6〕

賈文說《禪源諸詮集都序》「其文博雅」、「其旨切當」，並說書中圖解具三大意義：

〔註3〕同上。
〔註4〕冉雲華，《宗密》（台北：東大，1988.05），頁247。
〔註5〕同上。
〔註6〕冉雲華，《宗密》（台北：東大，1988.05），頁398。

> 幸得圭峯所述《禪源詮》。其文博雅，其旨切當。悉敘前所患者，道
> 其所以然，且作圖示心，一真實諦含三大義，無明緣染，諸相妄起，依修
> 斷法，獲證入理。提綱舉要，如指諸掌。〔註7〕

修行的必要在去妄證真，就是「依修斷法，獲證入理」。而妄心的根源在「無明緣染，
諸相妄起」。「提綱舉要，如指諸掌」是對《禪源諸詮集都序》中圖表的評價。賈序
對《禪源諸詮集都序》十分推崇，圖表的三大意義更是中肯、客觀地揭示出宗密去
妄證真的根源與歷程之價值。

　　明代居頂（西元 1404 年卒）對《禪源諸詮集都序》的評價也很高，他在〈重刊
圭峯禪師禪源諸詮集都序疏〉評論此書「理奧」、「文嚴」、「議論公而正」，對佛教深
有助益，呼籲佛教界應以流傳：

> 其理奧、其文嚴、其議論公而正。擲大千於方外，納須彌於芥中，深
> 有補於吾教。……凡我同志，宜相其成，以永流播。庶幾祖燈並耀於佛日，
> 而教苑同茂於禪林也。〔註8〕

　　居頂贊同禪教和會，以為偏執一家之言是見識狹隘者所為，而真理廣含一切法，
「無不含攝」，只有通達之士，才能「悟其大全」、「會而通之」。宗密正是這樣一位
「達士」，故居頂稱宗密「學該馬龍」、「禪亞能秀」，盛贊他的思想會通空、有、性
宗，也融合了頓、漸，而他的《禪源諸詮集都序》正是會通思想的專著。

> 道絕名言，無不含攝。見之過者，執以為空；見不及者，執以為有。
> 空有相非，異議籍籍。苟無達士，悟其大全，會而通之，則肝膽不相矛盾
> 者幾希矣！……唐圭峯定慧禪師，學該馬龍，禪亞能秀，興大悲智，肆無
> 礙辯〔註9〕。

第二節　禪教合一思想的價值

一、理論與實踐的融合

　　宗密的禪教合一思想，為專擅修行實務的禪者找到教典上的理論根源，也為精
於經論的教家提供具體的修行方法，可說是理論與實踐的融合。《禪源諸詮集都序》
的價值就在理行並重、禪教合一的思想上。黃連忠曾說：

〔註7〕同上。
〔註8〕《續藏經》，第一〇三冊，頁305。
〔註9〕同上。

　　　　理論與實踐的融和，以及表裏的互證，正是宗密禪教一致思想重要的
　　哲學意義。〔註10〕

冉雲華《宗密》一書也說：

　　　　宗密的佛學立場，有一點超越神會的教義，那就是他是理行並重，禪
　　教融合。在宗密的眼光中，所有的禪者都是實踐家，在教理方面所下的功
　　夫不多；他自己的貢獻就是要爲習禪者找出一些經典和理論根據，也爲一
　　些專通教義的人士，找到教義所說的具體實踐辦法。〔註11〕

冉文以爲宗密思想超越荷澤神會之處，就在他的理行並重、禪教融合上。事
實上，宗密促成禪教各派的融合，使禪法和教義互資互證，進而在廣大佛教
體系中得到安頓，成就的確遠超過於荷澤神會的一宗一派之見。

二、調解佛教內外的矛盾與流弊

　　宗密爲調和禪教間的矛盾，設定了「十所以」，以自問自答的論證方式促成了禪
教合一的可能。再利用心性論爲核心，用比較哲學的方法作思想上的辯證，由釐清
禪教各宗各派的分際，進而導致禪教的融合。故宗密禪教合一思想的另一價值，在
調解佛教內部矛盾及流弊。

　　由禪教合一出發，透過心性論，宗密也解決了儒道釋三教的爭論，將儒道安置
於教門內，故佛教外部的矛盾也得以調和。對此，釋惠敏有精到的析論：

　　　　如《弘明集》或《廣弘明集》對儒釋道三家之記載，大體上環繞神滅
　　論、夷夏之防及對政治經濟之影響等立論。至博學之吉藏、智者始從佛教
　　本身之深邃哲理對儒道展開批評，然未有專論。及宗密大師憑其優越的學
　　力和深入之思考，加以其特別看重的比照研究方法，不僅在禪教一致上獲
　　得空前的成就，而且對儒釋道三家長久以來糾纏不清的問題和佛教內部複
　　雜的思想，從一嶄新的立場─心性論之觀點，扼要地指出三家優劣並清教
　　門層次。《原人論》的撰述，擺脫了一切外在不相干如政治經濟等因素，純
　　粹從人如何達到圓滿人格的最高實現來著眼，以類似龍樹中觀論之筆法，
　　就諸教之觀點指出其內部理論之矛盾不通，再逐步引進圓滿之教。〔註12〕

〔註10〕黃連忠，《宗密禪教一致與和會儒道思想之研究》，淡大中研所碩論，（1994.05），頁
　　　　381。

〔註11〕冉雲華，《宗密》（台北：東大，1988.05），頁186。

〔註12〕〈宗密大師《原人論》之研究〉，釋惠敏，《中華佛學研究所論叢》（一），台北：東
　　　　初，1989.05 頁331。

三、和會一代時教進而總結佛教

宗密曾說自己進行禪教和會，目的是爲「顯頓悟資於漸修，證師說符於佛意」。也就是說他禪教合一思想，並非純粹爲綜合比較諸家禪法、教說的異同而設，也並非在勘會各宗思想或實踐方法過程上發掘了和會之可行。而是先立和會爲可行，然後在「顯頓悟於慚修，證師說符於佛意」的前題下，進行各派各宗的判釋、勘會及融合。因此，宗密的和會思想不僅僅是客觀的分析、比較論證、和會的方法而已，而是在分析比較、論證、和會的歷程中形成了一套他自己的哲學理論，這個理論思想超越了被和會的各宗各派原有的思想，是一嶄新的哲學思想。宗密經由和會形成的新思想，對整體佛教作了一個總結。這因和會而爲佛教作一總結的貢獻，得國際學者普洛特的矚目：

> 普洛特教授在他編著的《全球哲學史》（John C. Plott：Global History of Philosophy）第三卷中，曾將宗密列爲世界「教典時代」的總結大師之一，與大馬士革的約翰，及印度佛學大家寂護並肩排立。宗密在世界哲學史上的地位，由此可見端倪。〔註13〕

宗密禪教合一思想除了有總結一代時教的貢獻，他所採的方法深入又周延，類似近代宗教比較哲學的方法論，前所未有，是宗密治學方法的新發明，此發明代表佛教治學方法的成熟，具有劃時代意義，帶給後代學者巨大影響，也樹立起他崇高的學術地位。黃連忠對此方法論有精湛評述：

> 宗密和會哲學思想的建構，在勘會諸家而或評或詰的過程裏，顯然具有濃厚的方法論的特色。當然，我們談方法論，是可以抽離現實內容而專究其理。可是，如此的方法論，容易落入玄虛而不切實際；反之，如宗密比較哲學的方法論，則是深入的分析各家思想的要旨，雖然也夾雜其主觀的判斷與立場的維護，但是呈顯的客觀批判性與史料的分析整理，乃至於宗密禪教史觀的風格，皆可看出其方法論的周延性，以及其「顯理於事」的詮釋進路。因此，宗密會通一代時教的和會理論，正是中國哲學史上一項十方重要的宗教哲學比較方法論，其學術地位的建立及其帶給後世的影響，正是由此開展。〔註14〕

〔註13〕冉雲華，《宗密》（台北：東大，1988.05），序文，頁4。

〔註14〕黃連忠，《宗密禪教一致與和會儒道思想之研究》，淡大中研所碩論，（1994.05），頁398。

四、集佛教判教之大成

　　宗密的判教從傳統華嚴判教出發，涵括了整體佛教，及儒、道二教，對宗密所屬的華嚴宗看，他集華嚴判教之大成。對整個佛教看，他攝儒道佛，是佛教判教史的一大成就。

　　日學者中村元指出，宗密判教在中國思想史上的重大意義，在於他除了教的判釋外，也確立禪的分判，並藉以成立禪教合一思想，開啓唐末之後佛教內部的融合之風，這股融合風潮包含了禪淨雙修，也漸漸導致儒、道、釋三教融合：

> 　　隋到初唐之間，教判樹立了經典的價值體系，到了宗密時代，禪宗諸派的價值體系亦告確立，而展開了禪相判釋；在此過程中，並成立了教禪一致的思想，也帶來了從唐末到宋代盛行一世的教禪一致之學。禪淨雙修的思想與實踐，更成爲開拓儒、佛、道三教思想融合的嚆矢。故宗密所構想的教判，在中國思想史上實在具有十分重大的意義。〔註15〕

五、開啓了後代融合性佛教之先聲

　　聖嚴曾對宗密作以下評價：

> 　　圭峰大師宗密被稱爲華嚴宗的第五代祖師，實際上也是唐末中國佛教史上最偉大的一位高僧，他把佛儒二家思想作了融會的努力，也將中國佛教的禪門與教下的分歧作了融會的努力，分別對於禪宗的各派及教理研究的各宗，作了層次的類列和全盤的肯定。〔註16〕

誠如聖嚴所述，宗密的判教對禪門各宗及教門各派作了層次的類列，及全盤的肯定。筆者以爲這全盤的肯定，正是後代融合性佛教的先聲。宗密肯定了各宗各派禪法教理存在的價值，以此成立禪教合一思想，這禪教合一思想包含了禪宗愈盛、教家漸微的狀況下，教必附禪的現實；以及禪雖日盛，但不立文字、不重經教的狀況下已伏將衰之機。宗密澈具法眼，以禪教並行、相資相融，令佛教永續不絕。再由禪教合一推至三教合一，儒、釋、道三教融合的思想也是以全盤的肯定，收納各種思想於佛教之列。自宋至明清，融合性佛教的發展愈見成熟，於是融合思想成爲佛教思潮主流，直至今。

　　後代融合性佛教思想的源頭來自宗密，本書第五章已作論述，近代學者李世傑和邱敏捷也表達同樣的意見。李世傑指包含延壽、智旭的融合性佛教主張都來自宗密的禪教合一論：

〔註15〕中村元等著，余萬居譯，《中國佛教發展史》（台北：天華，1984.05），頁325。
〔註16〕釋聖嚴，《禪門修證指要》（台北：東初，1987.04），頁89。

從學問性的佛教發展爲實踐性的禪宗教禪一致論對於後代的綜合性
的佛教思想，給與很大的影響，宋代延壽的《宗鏡錄》的思想，明代智旭
的綜合佛教思想等，都是受有宗密思想影響所輻射而成。〔註17〕

邱敏捷則以德清、眞可爲例，說明晚明雖以禪宗爲主，但天台、華嚴、律、淨土等
宗亦參究禪門；禪者亦出入天台、華嚴，明顯是禪教合一思想形成的融合局面：

教禪一致說的觀念，起源於唐代圭峯宗密，到了晚明，佛教雖以禪宗
爲精神支柱，爲思想的精髓，但天台、華嚴、律學、淨土等學者，多曾參
究禪門，而禪者除參禪外，亦多出入於天台、華嚴等。最明顯的例證，如
憨山德清與紫相眞可，一生志在弘禪，然亦提倡刻藏，以促進經典流傳，
又以經論印證自己禪修境地，充分顯示晚明禪門教禪一致的局面。袁宏道
亦爲此風潮人物之一。〔註18〕

第三節　導致華嚴宗與荷澤禪的沒落

宋明佛教呈現融合的基調，體現在禪教合一、禪淨合一、禪密合一、三教合一
上，甚至有融禪教密律淨於一爐的氣象。融合式佛教的形成雖與外在新儒學的壓力
有關，但思想源自於宗密提倡的禪教合一學說無疑。宋明佛教因儒學大興而居劣勢，
爲求生存不得不以融合的新風貌面世，雖然融合式佛教的倡行被動因素居多，不能
全歸於宗密提倡禪教合一上，但宗密禪教合一學說對龐大的佛教做一全面的梳理，
不論在理論或實務修證上都提供了合理、完整的說明，甚至還包含了系統化論證和
邏輯式說明的方法論。故宋明佛教自然而然的自宗密學說中擷取所需，宗密的禪教
合一思想也因而在宋明後的佛教中紮根茁長，進而枝繁葉茂。影響所及，今日佛教
仍是融合式佛教的風貌。故宗密學說對佛教內部產生的影響不可說不鉅。

至於宗密禪教合一思想對後世禪教合一、禪淨合一、禪教律淨的融合，以至於
三教合一思想的影響，本書論述法眼文益、永明延壽以及明朝四大師的學說與宗密
禪教合一思想的關係中已作深入的呈現。此外，受宗密禪教合一學說影響較顯著的
尚有明教契嵩（西元1007～1072年）、大慧宗杲（西元1089～1163年），萬松行秀
（西元1165～1246年）以及天如惟則（西元1354年）等等，可說融合式佛教已成
爲佛教主流。

〔註17〕李世傑，《華嚴哲學要文》（台北：佛教，1990.05），頁178。
〔註18〕邱敏捷，《參禪與念佛》（台北：商鼎，1993.03），頁53。

　　宗密禪教合一學說對後代佛教還有另一重大影響，即禪宗對華嚴方法的運用。會昌法難後，各宗萎靡，禪宗獨盛。禪宗的臨濟、曹洞、潙仰、雲門、法眼五宗都具體運用華嚴的理事方法悟禪。

　　潙仰宗以「理事不二」爲禪法基本理論〔註19〕。曹洞主要禪法「三綱要」、「金鎖玄路法」、「五位君臣」等用的都是華嚴理事方法。「三綱要」中的敲唱俱行法，敲，一齊截斷是理；唱，一并舉出是事；敲唱俱行是理事無礙。「金鎖玄路法」的金鎖代表事中隱理，理中隱事；玄路是表理事圓融無礙。「五位君臣」的君位爲理，臣位爲事，臣向君，表示舍事入理，即華嚴理事圓融的事入理中；君視臣代表背理就事，是理入事中；君臣合道則代表理事圓融。雲門的「涵蓋乾坤」指理；「截斷眾流」指事；「隨波逐浪」指理事無礙〔註20〕，三句皆可用華嚴理事觀來解。臨濟宗的四賓主，也是華嚴理事觀的體現。不過，五家之中，引華嚴入禪最明顯的是法眼宗，前面討論過的文益〈華嚴六相義〉最具代表性。

　　宗密的禪教合一思想，引華嚴教理與禪相合的藉教悟宗，影響後世禪法極深，以上五家禪法全都受宗密的影響，將華嚴慣用的理事方法具體用在禪法的修習上，他們所持的立場仍是禪，不是華嚴。影響所及，《華嚴經》、《圓覺經》這二部宗密最重視的經典，也成爲宋明禪宗重要的經典。

　　宗密禪教合一思想促成了融合式佛教的形成，及禪宗對華嚴方法論的運用，然而最直接的影響是導致華嚴宗與荷澤禪的沒落，但此點卻一直爲人所忽略。

　　宗密禪尊荷澤、教崇華嚴，在他倡行禪教合一之後，荷澤與華嚴二宗皆趨沒落。如將二宗沒落的原因歸於會昌法難的影響，那麼會昌之後禪宗獨盛，爲何荷澤禪法獨不傳？又會昌後教衰禪盛，華嚴宗如因此而衰落，那麼其他教門亦應如是，爲何在華嚴宗無大師出現的狀況下，其他教門仍有大師，會昌爲何獨毀華嚴？筆者以爲華嚴及荷澤的衰微，會昌法難僅是助緣，最主要的因素在於宗密的禪教合一上。以下筆者擬由佛教環境的變遷，及禪教合一的影響二點，探究荷澤禪與華嚴宗沒落的原因。

一、佛教環境的變遷

　　隋唐佛教大盛，禪、教、密、律、淨各宗蓬勃發展，唐代中期佛教發展可說是鼎盛時期。會昌之前，華嚴宗匯集中印佛教之大成，發展實已到了頂點，爾後逐漸走向教禪合流的路途。華嚴宗趨向於與禪宗合流，筆者以爲主要原因有二，其一是

〔註19〕潙仰宗講的「方圓默契」，是以理事的角度來看，圓爲理、方爲事，在一圓中它一方塊字表現出方圓無礙理事不二。
〔註20〕請參閱《人天眼目》，《大正藏》，第四八冊，頁311～313。

時代潮流所趨，其二是五祖宗密大倡禪教合一思想。

（一）時勢所趨

隋到初唐，中國佛教發展以北方爲主，幾乎是以長安爲中心展開的。華嚴、慈恩二宗大盛於長安，雖有天台宗風行於東南，但無法與之抗衡。武后、玄宗時期，轉以北宗禪爲主，但仍以北方爲主要發展地區。直到安史之亂後，南宗禪得政府支持，取代了北宗禪地位，成爲佛教正統。而南宗禪主要以江南爲發展區，故佛教重心由北往南遷移。由於佛教重心的南移，連帶的華嚴宗的發展也向南遷徙，所以促成了華嚴與南禪相融的機會，華嚴宗逐漸趨向南禪。

另一現象是安史亂後，一向由貴族支持的教門佛教式微，佛教轉以平民爲信仰中心，於是著重理論的教門佛教衰落，廣大平民支持的禪宗成爲主流。禪宗大盛，衰微的教門必然依附其下。所以華嚴趨向然禪是必然的。

洪志明曾指出唐代佛教的發展路線，是由本側重教的詮釋轉而側重禪的實踐：

> 前期佛學中心在北方，以法相爲代表，後期佛學中心，以南禪爲代表。
> 由此種興衰轉變，漸漸深入中國文化傳統之蛻化情形。由純粹哲學思辨之趨近印度傳統之法相宗，演成純粹重實踐而已由印度形式中解放中國化之禪宗。此種化繁爲簡，變漸爲頓之重心性講求與生活體之禪，乃是外來佛教經過儒道思想之濡化，從重理論華嚴圓教轉重實踐精神所產生之寧聲兒也。〔註21〕

（二）五祖宗密大倡禪教合一思想

如由華嚴宗本身的發展看，初祖至三祖法藏皆以長安爲中心，於北方弘法；四祖澄觀、五祖宗密則生於江南，弘化地域也有南移傾向，自然在華嚴中滲入了禪宗。本書第三章探討宗密禪教合一思想的源流時，曾說澄觀曾參學牛頭慧忠、道欽，荷澤無名，北宗慧雲等禪師，已啓融會禪、天台、華嚴的先聲。宗密身兼華嚴五祖及荷澤傳人，他承續澄觀融合諸宗的思路，更直接教用華嚴、禪取荷澤，大肆提倡禪教合一。故華嚴宗自澄觀而宗密，一步步更接近於禪宗。尤其宗密一心爲思想核心的提出，以及取《大乘起信論》爲理論根源，說染淨迷悟、世間出世間法皆由一心生，令華嚴法界落實在一心上，而此一心正是禪宗宗旨明心見性的一心。至此，華嚴與禪完全密合。華嚴宗與禪宗的關係達到頂點。由此可知，會昌法難前華嚴宗已漸融入於禪宗。

上文述及，唐中葉佛教發展趨向，已由重理論的教門，轉向重實踐的禪門。而

〔註21〕洪志明，《宗密及其原人論研究》，高師大國研所碩論，（1987.05），頁542～543。

宗密的禪教合一思想也在於將學問性的佛教轉而向實踐性的佛教；將理論性的華嚴融入實踐性的禪宗之中。故宗密深具時代眼光，主張禪教合一思想完全符合潮流所趨。所以筆者以為禪教的合流，教附於禪、華嚴融於禪宗，乃是時代趨勢及宗密禪教合一思想導致的結果。華嚴義理銷鎔於禪門各宗之間，乃至於華嚴宗銷聲匿跡。而會昌法難在這場融合中僅是助緣，非主因。

二、宗密禪教合一思想的影響

宗密之後荷澤與華嚴皆沒落。荷澤宗甚至完全失傳，華嚴宗則邁入漫長的黑暗期，直到宋代才又興起。這期間荷澤與華嚴二宗傳人的資料鮮少，不易探求其思想內涵。筆者擬由有限的傳記及著作等相關資料去察看、推求他們的思想與宗密的相關，進一步找尋此二宗的沒落與宗密禪教合一思想的關係。

宗密身兼荷澤法嗣及華嚴五祖，尤其在他禪教合一思想後，荷澤完全與華嚴合流，荷澤在宗密後完全歸於沈寂，荷澤宗的師資傳承在禪宗史上遂不加記載。一般禪宗史對荷澤宗的師資傳承皆記載到宗密為止。《禪宗師承記》說明原因是：

> 圭峰之嗣在禪宗史上記載不多。實在原因，乃由於華嚴宗四祖清涼澄
> 觀（738年～839年）以圭峰禪師為嫡嗣，而圭峰宗密遂成華嚴宗五祖。
> 宗密始自禪宗而轉入華嚴宗為祖師。〔註22〕

宗密後荷澤宗的傳承，《禪宗師承記》說他的弟子有「圭峰溫、慈恩太泰，興善太錫，萬乘宗，化度仁瑜、瑞聖覺」〔註23〕，這和《景德傳燈錄》、《傳法正宗記》所記相同。

又宗密圓寂於西元841年，此年正是武宗會昌元年。四年後武宗滅佛，從此華嚴宗門式微，直到宋代的長水子璿、晉水淨源，華嚴宗又重復興，元明清三代，續傳其義。《中國佛學大辭典》附表有〈華嚴師資傳承系統表〉，記錄由宗密到晉水淨源的師資傳承：

〔註22〕梁溪居士編，《禪宗師承記》（台北：真善美，1976.07），頁49。

〔註23〕梁溪居士編，《禪宗師承記》（台北：真善美，1976.07），頁53。

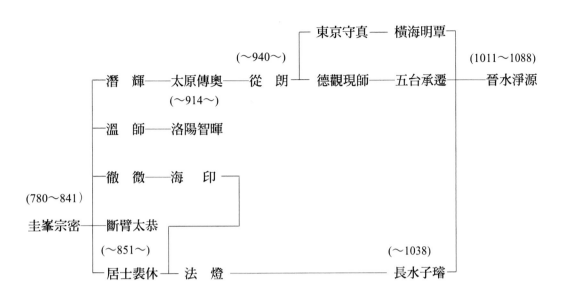

　　從宗密到子璿、淨源這段期間華嚴宗門衰落，可說是華嚴宗的黑暗期；而宗密後的荷澤宗更從此沈寂，乃至不傳。所以探討宗密與華嚴、荷澤二宗沒落的關係極為困難，因為記載不多，資料難以獲得。筆者僅就可尋得的資料加以探討，察看這黑暗時期華嚴宗人的思想與著作，以探討它的衰落原因。

　　宗密弟子中有跡可循的是泰恭、玄珪和智輝。宗密〈遙稟清涼國師書〉記載了泰恭斷臂始末〔註24〕，並因而遣玄珪和智輝向澄觀送信，

　　　　謹差聽徒僧玄珪、智輝，先見申述。〔註25〕

並得澄觀回覆：

　　　　十二月十二日，玄珪、智輝至得汝書。〔註26〕

泰恭、玄珪、智輝三者的記錄僅如上，其他弟子事蹟更不明確。裴休〈圭峰禪師碑銘並序〉：

　　　　　門人達者甚眾，皆明如來知見。而善說法要，或巖穴而息念，或都會

　　　　而傳教，或斷臂以酬德，或白衣以淪跡，其餘一禮而悟道，終身而守護者，

　　　　僧尼因眾數千百人，得其瓦族道行可傳於後世者，紀於別傳。〔註27〕

文中可知宗密弟子眾多，但裴休說要「紀於別傳」，卻未發現他有其他記錄。

　　〈華嚴宗師資傳承系統表〉中宗密的弟子潛輝、溫師、徹微的事跡不明。斷臂

〔註24〕見本書，第二章，第一節。

〔註25〕《大正藏》，第三九冊，頁 577。

〔註26〕〈清涼國師誨答〉，《大正藏》，第三九冊，頁 577。

〔註27〕王昶編，《金石萃編》（台聯國風，1964.07），第一一四冊，頁 46。

太恭即上文的泰恭。裴休未出家且另有師承，此處不討論。綜觀以上，直承宗密的弟子事蹟皆不顯著，且未有著作可探討，正是華嚴與荷澤衰微的現象。

至於宗密的再傳弟子中，太原傳奧著有《起信論隨疏記》、《貫意義鈔》、《義記》、《孟蘭經疏鈔》、《梵網經》二卷及《科》一卷、《華嚴錦冠鈔》等書。這些著作和宗密大有相關。例如：《起信論》是宗密禪教合一思想的理論根據，宗密曾著有《起信論疏》、《起信論疏鈔》、《起信論疏科文》及《起信圖》一面。傳奧除了亦有《起信論隨疏記》，《義記》一書更是宗密《起信論疏》的註釋。而《貫意義鈔》也是和宗密的《金剛般若經疏論纂要》有關的著作。〔註28〕《孟蘭盆經疏鈔》則是爲宗密《孟蘭盆經疏》所作的疏。

宗密的另一再傳弟子洛陽智暉，《宋高僧傳》卷二有他的傳記，說他

> 山中闃然曾無他事，唯鈎索藏教、禪律亘通。日誦百千言，義味隨嚼。〔註29〕

顯然智暉不僅用功經教，且通達禪、律，是位禪教律兼達的禪師。由此看來，頗得宗密禪教融合的意旨。可惜筆者並未發現其著作。至於徹微、泰恭傳下的海印和法燈並無資料可循。

〈華嚴宗師資傳承系統表〉中宗密的三傳弟子只列出從朗一人，由太原傳奧傳下。從朗的資料難以考察，但由《圓宗文類》卷二二的〈法界觀門鈔序〉：

> 唐初有杜順師者，痛其若是乃約《華嚴經》撰《法界觀》，包總眾義列爲三門，其文不過數紙而備盡一經之意。後有圭峰師者，復因觀文而爲之注，今有從朗師者，又憑注文而爲之鈔，然則鈔以釋注，注以解觀，觀以括經皆綱舉領會。言必劈句栦學之者，庶乎識佛之心而復巳之性乎。朗師專業《華嚴》逾二紀矣，傳其法於四方者，不可勝數，餘力通《圓覺》、《起信》及諸部大乘經論。〔註30〕

可知從朗曾著《法界觀門鈔》爲宗密《注華嚴法界觀門》作註釋。又文中說從朗「餘力通《圓覺》、《起信》及諸部大乘經論」且「專業華嚴」。又《義天錄》說他另著有《大華嚴經集要鈔》、《行願品別行疏鈔》六卷、《淨行品別行疏》一卷、《鈔》一卷、《科》一卷〔註31〕。從朗的著作和專長顯然和宗密一致，故鎌田茂雄說：

> 從朗眞是一位通達《法界觀門》而又能充份彰顯宗密教法的華嚴學

〔註28〕鎌田茂雄著，依昱譯，〈宗密之後的華嚴宗〉，《普門學報》（1991.05），頁84。

〔註29〕《大正藏》，第五十冊，頁833。

〔註30〕《續藏經》，第一○三冊，頁847。

〔註31〕《大正藏》，第五五冊，頁1166～1167。

者。〔註32〕

從朗下傳東京守眞和德觀現師。《宋高僧傳》卷二五有守眞的傳記：

> 先謁從朗師學《起信論》，次依性先師傳《法界觀》，後禮演秘闍梨授
> 瑜珈教。並得心要，咸盡指歸。自明達諸法，宣暢妙典。四十年間略無息
> 矣。而賜號曰：昭信焉。講《起信》及《法界觀》共七十餘遍。皆以燈傳
> 燈、用器投器。嗣乎法者二十許人，開灌頂道場五遍，約度僧尼士庶三千
> 餘人。開水陸道場二十遍，常五更輪結文殊五髻教法，至夜二更輪西方無
> 量壽教法，稱阿彌陀尊號，修念佛三昧，期生淨域。〔註33〕

文中說守眞先從從朗學《起信論》，再「依性光師傳《法界觀》」，一生並講此二書七
十餘遍。《起信論》和《法界觀》自宗密下就是華嚴重要的典籍，但守眞講述七十餘
遍，可見其在唐末五代後的重要性，這實是宗密影響所致。文中又說守眞修習密教，
舉行灌頂法會，以及「稱阿彌陀佛尊號，修念佛三昧，期生淨域」，可見守眞教、密、
淨皆修，走的也是宗密倡行的融合性佛教。

　　至於德觀現師，並未有資料可考，但華嚴宗由他下傳五台承遷，承遷再傳晉水
淨源，華嚴一脈幸得保存。

　　承遷著有《註金獅子章》收在《續藏經》冊一○三。

　　長水子璿是法燈一脈的法嗣，他和晉水淨源是宋代僧人中支持宗密最有力的
學者。〔註34〕華嚴宗自宗密以下，至此二人始有復興之勢，他們的著作較豐富，
亦傳承了宗密的學風。《釋門正統》卷八、《佛祖統記》卷二九、《五燈會元》卷一
二、《釋氏稽古略》卷四皆有長水子璿的傳記，華嚴傳承至他資料較完整，一般以
他為華嚴六祖，他著有《大乘起信論筆削記》、《金剛般若經纂要科》以及《首楞
嚴疏注經》及《首楞嚴經科》等書。其中《大乘起信論筆削記》自傳奧《起信論
隨疏記》刪節而來，是闡述宗密《起信論疏》的作品。書中盛讚宗密對《大乘起
信論》所作的疏鈔：

> 是乃學窮內外，道映古今，盛德大業，備所聞見。〔註35〕

宗密《大乘起信論》的四種著作，目前皆已亡佚，然在子璿《筆削記》卻保留了宗
密原著的片段，雖文字簡短，卻道出了宗密思想的原貌，頗具價值。

　　樂人本是一形軀，乍作官人乍作奴。

〔註32〕鎌田茂雄著，依昱譯，〈宗密之後的華嚴宗〉，《普門學報》（1991.05），頁87。
〔註33〕《大正藏》，第五十冊，頁871。
〔註34〕冉雲華，《宗密》（台北：東大，1988.05），頁240。
〔註35〕《大正藏》，第四四冊，頁298。

　　　　名目服章雖改異，始終奴主了無殊。〔註36〕

及

　　　　生法本空，一切唯識。識如幻夢，但是一心。〔註37〕

〈金剛經疏記科會序〉則贊揚宗密的《金剛經纂要》是：

　　　　圭山大師，撮擬精英，黑出逐浮僞，命曰《纂要》。蓋取中庸，復申

　　紀略。〔註38〕

他也著有與宗密《金剛經纂》相關的著作《金剛般若經纂要科》。至於他爲《首楞嚴經》所作的注疏及科，則充滿了融合思想，是宗密的禪教合一思想的延伸。

　　晉水淨源的主要著作有《華嚴原人論發微錄》及《華嚴妄盡還源觀疏鈔補解》一卷〔註39〕。前者是對宗密《原人論》的闡釋，後者是對華嚴三祖法藏《華嚴妄盡還源觀》的解釋，二者皆不出宗密之前華嚴宗思想範疇。

　　筆者從對宗密之後華嚴學者著作的分析發現，由宗密到淨源，華嚴宗人思想並未有出於宗密之外者，尤其是禪教合一思想幾乎已成爲華嚴宗的基調。故筆者以爲會昌法難後，華嚴宗沒落的主因在於，華嚴學者沒有超越宗密成就之外的，沒有大師出現的情況下，華嚴宗漸趨散落，但華嚴思想並未亡失，而是沒入了天台、禪宗之間。

　　至於荷澤宗本身重知解本與禪宗不合，況且與華嚴宗融合後，更傾向於理論，越發不適於禪宗中生存。融合思想倡行後，荷澤禪法一則融入華嚴，一則散入禪門各宗，故宗密禪教合一思想後終於不傳。

　　會昌法難之後，宗密所承的荷澤宗與華嚴宗皆衰沒，其中荷澤一脈完全斷絕，華嚴宗也趨於衰微，直至宋後才又復興。同時宗密的禪教合一思想也因後繼乏人而沈寂。然禪教合一思想並未被佛教洪流淘汰，反沁入佛教中形成一股充沛有勁的伏流，經過日後的整合與疏流，成爲中國佛教主流。

　　唐末之後中國的佛教環境走向義理難興，禪行易流的局面。而宗密的禪教合一引導了華嚴宗，令它從理論走向實踐，於是華嚴滲入了禪宗，日後盛行的禪宗各門皆融入了華嚴義理，華嚴與禪的和會落實在五宗禪中。雖然荷澤一脈斷絕，但宗密的真心思想因與禪宗重心性相合，發展成後代佛教思想的核心，所以上文說宗密禪教合一思想成了後來佛教的主流，這可從宋明佛教看出。

〔註36〕《大乘起信論筆削記》，《大正藏》，第四四冊，頁330。

〔註37〕《大乘起信論筆削記》，《大正藏》，第四四冊，頁358。

〔註38〕《續藏經》，第三九冊，頁363。

〔註39〕此二書皆收於《續藏經》，第一〇三冊。

第七章　結　論

第一節　研究結果概述

一、儒佛禪教、兼修通達

宗密早年由儒入佛，又身任荷澤與華嚴二宗傳人，故有儒佛俱備、禪教兼通的學思背景。學術思想充滿融合色彩，既和會禪教又融通儒道釋三教，學術上的成就向為人所推崇。他學識廣博、著作豐富，對《華嚴法界觀門》的註解，是中晚唐之後華嚴宗的重要典籍。《大乘起信論》、《圓覺經》也經由他的闡述而得佛教界的重視。《禪藏》巨著完整紀錄了早、中時期的禪宗史，雖已亡佚，但《禪源諸詮集都序》及《禪門師資承襲圖》等書仍是研究中期禪宗史的重要資料。

二、禪教合一目標下的禪宗史觀

他以華嚴和荷澤二宗的和會，作為禪教合一的典型，故禪教合一思想的進行首先須確立荷澤為禪門最高。宗密一面在禪史上確立神會七祖的地位，再用頓悟漸修及不變、隨緣二原則斷定荷澤禪最殊勝；一面將各宗禪法判為三宗，而以《圓覺經》的真心理論同判荷澤、洪州為直顯心性宗，然後再論破洪州，突出荷澤。

研究宗密的禪宗史觀，一方面可在他梳理禪宗各門庭的禪理、禪行時了解當時的禪宗現狀，另方面則處處可見他禪教合一的用心。須能掌握他為判宗而對各宗禪法選取的詮釋角度，亦即了解宗密的禪宗史觀是為禪教合一建立的，掌握了他的和會特質，方能不惑於他對各宗禪的分判及禪法的理解。

至於荷澤思想，宗密也站在禪教合一的立場對神會思想做了新的詮釋，故《禪源諸詮集都序》乃至於宗密其他著作，對荷澤思想的陳述，是宗密的思想而非全為荷澤思想的原形。

三、版本眾多、旨趣無異

《禪藏》雖已亡佚，但《禪源諸詮集都序》的流傳甚廣，中國南北有不同的本子，日韓二地亦有多個版本流傳。所幸各本相異不大，唯圖的詳略和所附的敍不同而已，思想內涵並無差別，故宗密思想的傳播並未因地而有異。但因版本眾多，為學術研究的必要，本書對版本問題做了整理，以利後人考察。

四、思想源頭、啟自澄觀

《禪源諸詮集都序》一書主要思想在於禪教合一。而禪教合一思想的形成有其時代因素。宗密順應時代需要，先行整合禪教二流以利佛教生存發展，可稱眼光獨具之先覺。事實上禪教合一的思想久有淵源，遠有慧日，近有澄觀。但宗密將之製成一系統化、組織化且理論、實務兼備的思想體系，方能在佛教中生根發芽，終於成為整個佛教思想的主流。

五、禪宗判教、首開先例

判教在宗密整個禪教合一思想是很重要的一部分。要研究宗密的判教特色宜先對前人的判教有一初步認識，辨明判教思想的演化情形，一則可呈現佛教判教思想的進化軌則，一則辨明宗密判教與其他判教的關聯，突顯宗密判教的特色。

如前所言，宗密判教是以禪教合一為目的，故可說宗密判教目的在對治時弊，促進禪門、教門和會。以判教解決佛教紛爭其來有自，但禪宗直到宗密前發展才完備，故提供了宗密首創禪宗判教的環境，故宗密的判教涵蓋禪、教，創歷來範圍最廣、最完備的新局面。

六、判教內涵即是佛教體系的大融合

宗密立禪與教的共同根源是佛陀本身，落實在理論上即以一心為融通基礎。深入他禪教會通的內涵，會發覺禪教的會通不止在於三教三宗二系統的配對相符上，而是包含了橫向的三宗三教的相會相通及縱向的後一宗（教），既破前一宗（教），又完全收納其於己宗之下的全揀全收。故《禪源諸詮集都序》的整個判教系統包含了禪與教、教與教、禪與禪的會通，也就是整個佛教體系的融合。

七、以華嚴思想為理源

宗密援引華嚴思想入禪，用以教證禪的軌則進行禪教合一。深入《禪源諸詮集都序》，即可發現他禪教合一思想的理論根據取自《圓覺經》的圓覺妙心、《大乘起信論》一心開二門以及華嚴法界觀。

八、頓漸悟修、融合為宗

宗密雖以頓悟漸修為悟修的最佳方法，並以此為準批判各宗。但並未否定他宗

行門的存在價值，反而一再強調皆是對病施藥之方，皆具實用價值。再用從久遠世來看，皆是漸修，將悟修法則全部統一起來。故研究宗密的悟修法則必須掌握他融合的特質，方能了解他實踐哲學的精隨。

九、影響深遠、布達多方

禪教合一思想對佛教內部影響深遠，中國佛教往後的禪淨合一、禪密合一，乃至禪教律淨密的合一都是這股融合力量的延伸。今日整個融合性佛教的風貌正是宗密禪教合一立下的根基。如以法眼文益、永明延壽、明末四大師的思想內涵來分析，宗密對佛教後學最主要的影響在禪教合一、三教合一、性相融合、一心思想及頓悟漸修的修行觀上。而這些皆未離開《禪源諸詮集都序》的和會思想。相較之下，他們論證的系統性、邏輯性、廣博性及整個理論的周密皆不如宗密，故他們雖則承續宗密禪教合一思想來挽救佛教頹勢，但並未超越宗密之外。

禪教合一思想導致華嚴與荷澤二宗的沒落，是本文新開發的觀點。本文跨越會昌法難由華嚴、荷澤傳人的思想、著作上著手，直探二宗萎縮與禪教合一思想的直接關係。雖宗密後華嚴、荷澤學人的資料難覓，進行困難重重，但比對下，證實二宗在無大師出現下趨於沒落。而無大師的原因，一則在於禪教合一，二宗融合風貌日盛，己宗特點漸隱，不利宗門流傳。二則宗密後人思想實難超越宗密禪教合一之外，故二宗沒落實是人為因素大過於時代因素，宗密禪教合一的影響大於會昌法難。而此點一直為學者們所忽略。

分析高麗普照知訥最具代表性的著作《眞心直說》、《修心訣》、《法集別行錄并入私記》，將之比對宗密禪教合一思想，筆者發現知訥對心的闡述全同於宗密的一心論中的圓覺妙心、一心開二門、法界一心，而這正是《禪源諸詮集都序》的理論根據。故知訥對心的理解完全取法於宗密。《法集別行錄并入私記》闡述的禪教合一、引教明宗、頓悟漸修等亦全是《禪源諸詮集都序》的思想。而知訥綜理九山禪門本就是融合性佛教的實踐。

宗密對後世學術的影響集中在禪教合一、三教合一及一心論上。包括宋明理學皆因受一心論的刺激而尋往心性哲學上發展，故有陸王心學的形成。

十、宗密思想的五個成就

宗密《禪源諸詮集都序》揭示的禪教合一思想至少有五個成就：

（一）代表直顯心性宗和顯示直心即性教和會的一乘顯性至宗密成為佛教核心，中止了性、相、空宗的爭論，佛教穩定發展。

（二）隋唐佛教鼎盛，宗密之前佛教論典的思想開發幾臻頂點，印度佛教片段

傳入形成的中國佛教，無法成為一完整體系的問題浮現，宗密建立的一心體系，重新統整了佛教，解決了宗派佛教無法代表整個佛教而產生的危機，避免佛教的分崩離析。

（三）宗密建立的一心體系和禪教合一、三教合一相結合，從此中國佛教擺脫了印度佛教形成一新的中國佛教系統。

（四）禪教合一、三教合一至宗密正式成為一有系統、有組織的思想體系，得以傳之久遠，終成為佛教思想主流。

（五）宗密予以禪宗判教，肯定了禪宗在佛教發展史上的地位，禪宗後來成為中國佛教正統，此已揭先聲。

第二節　本題研究有待開發的部份

筆者從事本文研究時，因時間及篇幅的限制，有二個相關部分未及作研究，一是禪密合一思想的探究，禪密合一亦是宗密之後佛教內部發展的現象之一，探討其與禪教合一倡行的相關性，有其研究價值。另一是日本朗遊教學亦深受宗密教學的影響，對此議題加以研究，可看出宗密禪教合一思想在日本的發展情形。以上兩個議題，盼來日得以深耕。

第三節　《禪源諸詮集都序》中思想的限制

宗密《禪源諸詮集都序》一書思想上的限制，筆者概由判教、禪宗史觀、寂知、其他四方面做簡要記述：

一、判教上的問題

（一）宗密為禪教合一判教三種、禪三宗以進行和會。然他先預設三宗禪與三種教配對相符的立場，再進行判宗判教，這先有結論，再行證成的程序有待商榷。

（二）禪法可分類，但宗派未必可分類。宗密為求判宗將禪門強分三類，忽略了禪宗隨機點撥，應類證成的禪理、禪行多元化的特性，禪宗的分判未必真確。例如宗密將北宗禪判為最下的息心修妄宗，歸於小乘禪，然而北宗禪法亦來自達摩所傳，歸於小乘，宗密未加解釋。又天台實為頓門，宗密將之分派為漸，採用的觀點，不盡客觀。另外，他在息心修妄宗說牛頭、天台「進趣方便，迹亦大同」，而泯絕無寄宗又說「石頭、牛頭，下至徑山，皆示此理」，對於分宗的細則未有明白揭示。

二、禪宗史觀上的問題

宗密以荷澤禪法爲最殊勝，指出他宗的局限，並以荷澤爲中心統諸宗，他的禪學史觀頗受爭議。例如他評洪州禪「以黑爲珠」，有將洪州的方便法視爲究竟法之嫌。評牛頭「一切如夢，眞妄俱無」，也顯得不夠深入牛頭禪法，天童子凝就批判他太過推崇荷澤，而輕視牛頭。

三、寂 知

宗密的寂知說引起最多質疑。一般以爲他奉荷澤上承曹溪南宗，是達摩直下的禪法。但達摩禪法顯然未與寂知相符，故多受批判。黃檗曾針對他的寂知說：

> 我此禪宗，從上相乘以來，不曾教人求知解知。〔註1〕

黃龍也有：

> 知之一字，眾禍之門，要見圭峰、荷澤則易，要見死心則難。〔註2〕

一向支持宗密禪教合一思想的智旭也提出警告：知之一字，是「眾妙之門」，也可能是「眾禍之門」。

四、其 他

《禪源諸詮集都序》中還有一些疑問，例如：宗密空宗、性宗之別，以相宗只說二諦，而性宗卻說三諦，顯示宗密未深入研究七種二諦，五種三諦之理。而同樣是龍樹的著作，《中論》歸於密意破相顯性教，《智度論》卻「潛同後一眞性宗」〔註3〕，宗密未做解釋。

〔註1〕《黃檗斷際禪師傳心法要》，《大正藏》，第四八冊，頁382。
〔註2〕《大慧普覺禪師語錄》，《大正藏》，第四七冊，頁879。
〔註3〕《禪源諸詮集都序》，《大正藏》，第四八冊，頁404。

參考書目

一、宗密著作

1. 《盂蘭盆經疏》，〔唐〕宗密（《大正新脩大正藏》第三九，台北：大藏經刊行會出版；新文豐發行，1987）。

2. 《注華嚴法界觀門》，〔唐〕宗密（《大正藏》第四五冊）。

3. 《華嚴原人論》，〔唐〕宗密（《大正藏》第四五冊）。

4. 《禪源諸詮集都序》，〔唐〕宗密（《大正藏》第四八冊）。

5. 《行願品疏鈔》，〔唐〕宗密（《卍續藏經》第七冊，台北：新文豐出版社據藏經書院版影印，1976）。

6. 《圓覺經大疏》，〔唐〕宗密（《續藏經》第十四冊）。

7. 《圓覺經大疏鈔》，〔唐〕宗密（《續藏經》第十四冊、第十五冊）。

8. 《圓覺經略疏鈔》，〔唐〕宗密（《續藏經》第十五冊）。

9. 《圓覺經略疏鈔》，〔唐〕宗密（《續藏經》第三九冊）。

10. 《禪門師資承襲圖》，〔唐〕宗密（《續藏經》第一一○冊）。

11. 《禪源諸詮集都序》，〔唐〕宗密（明萬曆丁未徽州吳繼勳刊本）。

12. 〈圭峰遙稟清涼國師書〉，〔唐〕宗密（《大正藏》第三九冊）。

二、專　書

（一）佛學專書

1. 《金剛般若波羅蜜經》，〔姚秦〕鳩摩羅什（《大正藏》第八冊）。

2. 《大方廣佛華嚴經》，〔唐〕實叉難陀（《大正藏》第十冊）。

3. 《華嚴懸談會玄記》，普瑞（《大正藏》第十二冊）。

4. 《楞伽經》，〔唐〕實叉難陀（《大正藏》第十六冊）。

5. 《大乘起信論》，〔梁〕眞諦（《大正藏》第三二冊）。

6. 《華嚴經論》，〔唐〕李通玄（《大正藏》第三六冊）。

7. 《觀老莊影響論》，〔明〕德清（《大正藏》第三九冊）。

8. 《大乘起信論筆削記》，〔宋〕子璿（《大正藏》第四四冊）。

9. 《修華嚴奧旨妄盡還源觀》，〔唐〕法藏（《大正藏》第四五冊）。

10. 《華嚴經義海百門》，〔唐〕法藏（《大正藏》第四五冊）。

11. 《華嚴一乘教義分齊章》，〔唐〕法藏（《大正藏》第四五冊）。

12. 《四明尊者教行錄》，〔宋〕宗曉（《大正藏》第四六冊）。

13. 《金陵清涼院文益禪學語錄》，〔宋〕郭凝之（《大正藏》第四七冊）。

14. 《念佛三昧寶王論》，〔唐〕飛錫（《大正藏》第四七冊）。

15. 《黃檗山斷際禪師傳心法要》，〔唐〕裴休（《大正藏》第四八冊）。

16. 《黃檗山斷際禪師宛陵錄》，〔唐〕裴休（《大正藏》第四八冊）。

17. 《人天眼目》，〔宋〕智昭（《大正藏》第四八冊）。

18. 《萬松老人評唱天童覺和尚頌古從容庵錄》，〔元〕行秀（《大正藏》第四八冊）。

19. 《宗鏡錄》，〔宋〕延壽（《大正藏》第四八冊）。

20. 《萬善同歸集》，〔宋〕延壽（《大正藏》第四八冊）。

21. 《永明智覺禪師唯心訣》，〔宋〕延壽（《大正藏》第四八冊）。

22. 《六祖壇經》，〔元〕宗寶（《大正藏》第四八冊）。

23. 《眞心直說》，〔高麗〕知訥（《大正藏》第四八冊）。

24. 《修心訣》，〔高麗〕知訥（《大正藏》第四八冊）。

25. 《佛祖統記》，〔宋〕志磐（《大正藏》第四九冊）。

26. 《佛祖歷代通載》，〔元〕念常（《大正藏》第四九冊）。

27. 《釋氏稽古略》，〔元〕覺岸（《大正藏》第四九冊）。

28. 《宋高僧傳》，〔宋〕贊寧（《大正藏》第五〇冊）。

29. 《景德傳燈錄》，〔宋〕道原（《大正藏》第五一冊）。

30. 《傳法正宗記》，〔宋〕契嵩（《大正藏》第五一冊）。

31. 《義天錄》，〔高麗〕義天（《大正藏》第五五冊）。

32. 《五教章通路記》，〔宋〕凝然（《大正藏》第七三冊）。

33. 《華嚴經普賢行願疏》，〔唐〕澄觀（《續藏經》第七冊）。

34. 《阿彌陀經疏鈔》，〔明〕袾宏（《續藏經》第二二冊）。

35. 《成唯識論證義》，〔明〕王肯堂（《續藏經》第八一冊）。

36. 《圓宗文類》，〔高麗〕義天（《續藏經》第一〇三冊）。

37. 《華嚴原人論發微錄》，〔宋〕子璿（《續藏經》第一〇三冊）。

38. 《華嚴妄盡還源觀疏鈔補解》，〔宋〕子璿（《續藏經》第一〇三冊）。

39. 《註華嚴金師子章》，〔宋〕承遷（《續藏經》第一〇三冊）。

40. 《宗門十規論》，〔唐〕文益（《續藏經》第一一〇冊）。

41. 《慨古論》，〔明〕圓澄（《續藏經》第一一四冊）。

42. 《紫柏尊者全集》，〔明〕真可（《續藏經》第一二六冊、第一二七冊）。

43. 《紫柏尊者別集》，〔明〕真可（《續藏經》第一二七冊）。

44. 《隆興佛教編年通論》，〔宋〕祖琇（《續藏經》第一三〇冊）。

45. 《釋門正統》，〔宋〕宗鑑（《續藏經》第一三〇冊）。

46. 《法界宗五祖略記》，〔清〕續法（《續藏經》第一三四冊）。

47. 《五燈會元》，〔宋〕普濟（《續藏經》第一三八冊）。

48. 《祖堂集》，〔南唐〕靜、筠（新文豐出版社刊行）。

49. 《蓮池大師全集》，〔明〕袾宏（光緒二十五年金陵刻經處）。

50. 《憨山大師夢遊集》，〔明〕德清（臺北：法爾出版社，1987）。

51. 《蕅益大師全集》，〔明〕智旭（佛教出版社，1975、08 初版）。

52. 《法集別行錄節要并入私記》，〔高麗〕知訥（《禪學叢書》之二，柳田聖山主編，京都：中文出版社，1974、02 初版）。

53. 《宋版景德傳燈錄》，〔宋〕道原（京都：中文出版社，1976）。

54. 《靈峰宗論》，蕅益大師（台南：和裕出版社，1993、04）。

55. 〈圓覺經大疏序〉，〔唐〕裴休（《大正藏》第三九冊）。

56. 〈圭峰禪師碑銘並序〉，〔唐〕裴休（《全唐文》第七四三冊）。

57. 〈還觀大師塔銘〉，〔明〕真可（《續藏經》第一二六冊）。

58. 〈金剛經疏記科會序〉，〔宋〕子璿（《續藏經》第三九冊）。

（二）其他專書

1. 《金石萃編》，王昶編（台聯國風，1964、07）。

2. 《全唐詩》，〔清〕康熙敕編（鼎文書局）。

3. 《舊唐書》，〔後晉〕劉昫等（鼎文書局）。

4. 《孝經》，（《四部叢刊初編縮本》）。

5. 《新唐書》，〔宋〕歐陽修（鼎文書局）。

6. 《墨子閒詁》，孫詒讓編（台北：台灣商務印書館，1971、02 一版）。

7. 《二十五史》，（台灣：開明書局，1974 影印）。

8. 《全唐文》，〔清〕仁宗敕編（同文書局）。

9. 《陸九淵集》，陸九淵（北京：中華書局，1980、01）。

10. 《二程集》，程顥、程頤（北京：中華書局，1981、07）。

11. 《朱子語類》，朱熹（北京：中華書局，1990）。

12. 《王陽明全集》，王陽明（上海：上海古籍出版社，1992）。

13. 《四書集注》，朱熹（台北：藝文印書館，1999）。

三、近人著作

（一）中　文

1. 《胡適禪學案》，胡適（台北：正中書局，1975）。

2. 《國立中央圖書館藏敦煌卷子》冊六，潘重規編（台北：石門圖書公司，1976初版）。

3. 《禪宗師承記》，梁溪居士編（台北：眞善美出版社，1976、07初版）。

4. 《神會和尚遺集》，胡適（台北：胡適記念館，1982）。

5. 《中國哲學史》，馮友蘭（台北：台灣商務印書館，1983）。

6. 《華嚴宗哲學》，方東美（台北：黎明文化事業公司，1983）。

7. 《中國佛教發展史》，中村元等著，余萬居譯（台北：天華出版事業公司，1984、05）。

8. 《中國大乘佛學》，方東美（台北：黎明文化事業公司，1984）。

9. 《中國的淨土思想》，石田瑞（台北：幼獅文化公司，1985）。收於《佛教思想（二）——在中國的發展》，玉城康四郎主編，許洋主譯）。

10. 《宋明理學研究》，張立文（北京：中國人民大學出版社，1985）。

11. 《佛學大辭典》，丁福保編（台北：天華出版公司，1986、01三版）。

12. 《禪門修證指要》，釋聖嚴（台北：東初出版社，1987、04）。

13. 《明末佛教之研究》，釋聖嚴著，關世謙譯（台北：學生書局，1988初版）。

14. 《法眼文益禪師之研究》，鄧克銘（台北：東初出版社，1987、10初版）。

15. 《中國佛學思想概論》，呂澂（台北：天華出版公司，1988、02）。

16. 《宗密》，冉雲華（台北：東大出版社，1988、05初版）。

17. 《印度佛教思想史》，印順（臺北：正聞出版社，1989）。

18. 《佛學研究方法論》，吳汝鈞（台北：學生書局，1989）。

19. 《大乘起信論講義》，印順（臺北：正聞出版社，1989）。

20. 《佛學研究入門》，平川彰等著，許明銀譯（台北：法爾出版社，1990）。

21. 《華嚴哲學要義》，李世傑（台北：佛教出版社，1990、05）。

22. 《紫柏大師之研究》，釋東祥（臺北：東初出版社，1990、06三版）。

23. 《禪宗思想的形成與發展》，洪修平（高雄：佛光出版社，1991）。

24. 《中國人的思維方法》，中村元著，徐復觀譯（台北：學生書局，1991）。

25. 《宋明理學》，蔡仁厚（台北：學生書局，1991）。

26. 《滄海文集》上冊，幻生（台北：正聞出版社，1992 修訂一版）。

27. 《法藏》，方立天（台北：東大圖書公司，1991 年）。

28. 《中國禪宗史》，禪印順（上海：上海書店，1992、03）。

29. 《佛學的黃金時代》，吳經熊著，吳怡譯（台北：台灣商務印書館，1992、08 初版）。

30. 《參禪與念佛——晚明袁宏道的佛教思想》，邱敏捷（台北：商鼎文化出版社，1993、03）。

31. 《禪源諸詮集都序》，閻韜釋譯（高雄：佛光出版社，1996 初版）。收於《中國佛教經典寶藏精選白話版》第三三冊）。

32. 《大乘起信論》，蕭蓮父釋譯（高雄：佛光出版社，1996 初版）。收於《中國佛教經典寶藏精選白話版》第六九冊）。

33. 《敦博本禪集錄校》，鄧文寬、榮新江（江蘇：江蘇古籍出版社，1998）。

34. 《中國哲學三百題》，夏乃儒（上海：上海古籍出版社，1998）。

35. 《佛教史》，佛光星雲編著（高雄：佛光出版社，1999 初版）。收於《佛光教科書》第四冊）。

36. 《宗教概說》，佛光星雲編著（高雄：佛光出版社，1999 初版）。收於《佛光教科書》第十冊）。

37. 《永明延壽》，冉雲華（台北：東大圖書公司，1999、06 初版）。

38. 《融合的佛教》，董群（北京：宗教文化出版社，2000、06 第一版）。

39. 《荷澤宗研究》，聶清（成都：巴蜀書社，2003、10）。收於《儒道釋博士論文叢書》）。

（二）外 文

1. 《禪源諸詮集都序》，宇井伯壽（東京都：岩波書店，昭和十八年）。

2. 《中國華嚴思想史之研究》，鎌田茂雄（東京大學出版會，1965）。

3. 《禪思想史研究》第三，宇井伯壽（東京都：岩波書店，1968）。

4. 《禪之語錄 9：禪源諸詮集都序》，鎌田茂雄（東京：筑摩書房，1973）。

5. 《宗密教學之思想史研究》，鎌田茂雄（東京大學出版會，1975）。

6. Sungpeng Hsu. A Buddhist Leader in Ming China: The Life and Thought of Han-san Tech'ing Univerity parkThe Pennsylvania U.P.1979）。

四、期刊論文

（一）學位論文

1. 《宗密教禪一致思想之形成與影響》，胡順萍（輔大哲研所博論，1996、06）。

2. 《象山與宗密「存有根源」思想之比較研究——以「心即理」與「一心法界」為例》，趙明淑（輔大哲研所博論，1997、06）。

3. 《宗密及其原人論研究》，洪志明（高師大國研所碩論，1987、05）。

4. 《儒道佛三教調和論之研究——以憨山德清的會通思想為例》，陳星運（央大哲研所碩論，1991）。

5. 《宗密禪教一致與和會儒道之研究》，黃連忠（淡大中研所碩論，1994、05）。

6. 《宗密思想初探》，趙明淑（輔大哲研所碩論，1994、06）。

7. 《神會思想研究》，許民憲（政大哲研所碩論，2002、05）。

8. 《宗密判宗說研究》，裴勇（北大哲研所碩論，1995）。收於《中國佛教學術論典》第一八冊，佛光山文教基金會出版，2001，初版）。

（二）一般期刊論文

1. 〈《禪源諸詮集都序》最早印本的發現和證實〉，冉雲華（《東方雜誌》，1976，頁 37～40）。

2. 〈宗密禪教一致思想之形成論——《禪源諸詮集都序》〉，幻生（《內明》，1976、07）。

3. 〈宗密禪教一致思想之形成〉，幻生（《內明》，1976、11）。

4. 〈談宗密《原人論》〉，錢穆（《書目季刊》，1976、12，頁 3～11）。

5. 〈宗密荷澤法統辨〉，幻生（《內明》，1977、01，頁 3～6）。

6. 〈宗密之禪宗史〉，幻生（《內明》，1977、03，頁 3～10）。

7. 〈評鎌田茂雄《宗密教學之思想研究》〉，冉雲華評，依聞譯（《佛光學報》，1978、08）。

8. 〈勘會或比較研究——宗密思想的主要觀點〉，冉雲華著，依聞譯（《佛光學報》，1978、08，頁 93～106）。

9. 〈華嚴原人圖說——《原人論》：唐沙門宗密述〉，林英儀（《香港佛教》，1979、12，頁 7～10）。

10. 〈宗密著《道俗酬答文集》的研究〉，冉雲華（《華岡佛學學報》，1980、10）。

11. 〈宗密的禪教合一說〉，成一（《海潮音》，1981、12，頁 5～8）。

12. 〈談宗密對南北二宗的調和論〉，智銘（《內明》，1982、02，頁 15～17）。

13. 〈宗密大師學風研究〉，楊政河（《華岡佛學學報》第六期 1983、03，頁 227～276）。

14. 〈宗密傳法世系的再檢討〉，冉雲華（《中華佛學學報》第一期，台北：中華佛學研究所，1987、03，頁 43～57）。

15. 〈宗密的創見及時代背景（上）〉，王岱菱（《獅子吼》，1987、07）。

16. 〈宗密的創見及時代背景（下）〉，王岱菱（《獅子吼》，1987、08，頁 12～17）。

17. 〈宗密、法藏判教之比較〉，施忠賢（《鵝湖學誌》，1988、05，頁 159～171）。

18. 〈宗密大師《原人論》之研究〉，釋惠敏（《中華佛學研究所論叢》（一）（台北：東初出版社，1989、05）。

19. 〈宗密大師的禪教一致論〉，蔡惠明（《內明》，1989、08，頁 24～26）。

20. 〈華嚴五祖─圭峰宗密的三教歸一思想初探〉，王祥齡（《鵝湖月刊》，1990、03，頁 27～34）。

21. 〈評冉雲華《宗密》〉，王煜（《漢學研究》，1990、12，頁 441～442）。

22. 〈蕅益智旭大師修學心路歷程之探索（上）〉，陳英善（《獅子吼》第三三卷，第一期，1994、01，頁 8～14）。

23. 〈蕅益大師修學心路歷程之探索（下）〉，陳英善（《獅子吼》第三三卷第二期，1994、02，頁 14～20）。

24. 〈從《佛說盂蘭盆經》論宗密融會儒佛二教孝道思想拔濟鬼道業苦的文化意義與現代啟示（上）〉，黃連忠（《菩提樹》，1994、03）。

25. 〈從《佛說盂蘭盆經》論宗密融會儒佛二教孝道思想拔濟鬼道業苦的文化意義與現代啟示（下）〉，黃連忠（《菩提樹》第四九七期，1994、04，頁 22～30）。

26. 〈從宗密《註華嚴法界觀門》論華嚴真空觀思想之正義〉，黃連忠（《內明》第二六四期，1994、03，頁 3～16）。

27. 〈宗密禪宗史觀初探─兼論馬祖道一的禪學思想〉，伍先林（《諦觀》，1994、10，頁 39～46）。

28. 〈宗密禪學思想的歷史地位淺析〉，董群（《世界宗教研究》，1995、01，頁 81～90）。

29. 〈宗密的佛學思想〉，伍先林（《宗教學研究》，1995、03）。

30. 〈宗密的三教觀──以《原人論》為中心〉，鎌田茂雄著，楊曾文譯（《世界宗教研究》，1996 年第二期，頁 6～10）。

31. 〈禪宗頓漸之統一──圭峰宗密的一個觀點〉，董群（《安徽大學學報》，1996、04，頁 7～10）。

32. 〈中國佛教教義時代的殿軍─圭峰宗密述評〉，向世山（《中華文化論壇》1996、04，頁 92～99）。

33. 〈宗密及佛教中國化〉，釋見暐（《新史學》第八卷第二期，1997、06，頁 257～264）。

34. 〈宗密《原人論》對儒道之批判及其會通之道〉，何國銓（《台中商專學報》，1997、06）。

35. 〈宗密《原人論》三教和會思想初探〉，林文彬（《國立中興大學台中夜間部學報》，1997、11，頁 51～70）。

36. 〈宗密所述北宗及洪州宗教說的探討〉，黃繹勳（《法光學壇》，1998，頁 75～92）。

37. 〈以憨山爲例探究晚明佛教之「復興」內涵〉，釋見曄（《中華佛學研究》第二期，中華佛教研究所，1998，頁231～249）。

38. 〈論宗密的方法論模式〉，向世山（《中華文化論壇》1998、04，頁98～102）。

39. 〈憨山大師的念佛禪思想〉，黃國清（《國立中央大學文學研究所論文集刊》，1998、05，頁43～60）。

40. 〈宗密和會禪宗與會通三教之方法的比較〉，黃國清（《圓光佛學學報》，1999、02）。

41. 〈紫柏眞可禪學思想之研究〉，范佳玲（《中華佛學研究》第三期，1999、03，頁305～333）。

42. 〈以蕅益智旭爲例探究晚明佛教之「復興」內涵〉，釋見曄（《中華佛學研究》第三期，中華佛教研究所，1999、03，頁207～250）。

43. 〈宗密之三教會通思想於中國佛教思想史上的意義〉，黃國清（《中華佛學研究》第三期，1999、03，頁271～303）。

44. 〈宗密是禪教一致的弘法先驅〉，徐湘靈（《五臺山研究》1999、04）。

45. 〈憨山德清儒佛會通思想述評－兼論其對《大學》《中庸》之詮釋〉，王開府（《國文學報》第二八期，1999、06，頁73～102）。

46. 〈唐代宗密及其禪教會通論〉，楊曾文（《中華佛學報》第一二期，1999、07，頁219～235）。

47. 〈論中國佛教核心思想的建立〉，冉雲華（《中國佛學學報》第十三期，2000，頁419～429）。

48. 〈夫一心者，萬法之總也－唐宗密禪師調和三教思想略析〉，唐大潮（《社會科學研究》，2000、02，頁76～78）。

49. 〈論華嚴禪在佛學和理學之間的中介作用〉，董群（《中國哲學史》，2000年第二期，頁35～43）。

50. 〈宗密與神會〉，聶清（《中國哲學史》，2000、03，頁111～117）。

51. 〈法眼文益的禪教思想〉，蔣義斌（《中華佛學學報》第十三期，2000、05，頁431～456）。

52. 〈蕅益智旭溝通儒佛的方法論探究〉，杜保瑞（《哲學與文化》第三十卷第六期，2000、06，頁1～17）。

53. 〈近代人間佛教的思想先驅〉，王仲堯（《中華文化月刊》第二四四期，2000、07，頁30～50）。

54. 〈論明代佛教的三教歸一說〉，李霞（《安徽大學學報》第二四卷第五期，2000、09，頁54～62）。

55. 〈宗密之後的華嚴宗〉，鐮田茂雄著，依昱譯（《普門學報》，2001、05，頁69～101）。

56. 〈《起信論裂網疏》思想探微——論智旭《起信論》眞心系思想的改造〉，單正

齊（《佛教研究》第一期，2001，頁 41～49）。

57. 〈宗密與鈴木大拙──由兩篇論文比較其核心思想〉，尤昭良（《東吳哲學學報》2001、04，頁 151～179）。

58. 〈宗密對儒道兩家思想之批判與肯定〉，高瑋謙（《鵝湖月刊》第二六卷第八期，2001、04，頁 17～31）。

59. 〈釋德清《觀老莊影響論》初探〉，林文彬（《文史學報》，2001、06）。

60. 〈憨山大師的禪淨調和論與念佛禪法門〉，黃國清（《慈光禪學學報》，2001、12，頁 43～59）。

61. 〈智旭對《周易‧大過掛》的佛學解讀〉，陳堅（《周易研究》，2002 第二期，頁 56～62）。

62. 〈明代佛教諸宗歸淨思潮〉，何松（《佛教研究》，2002 第一期，頁 52～55）。

63. 〈宗密《原人論》三教會通評議〉，王開府（《佛學研究中心學報》第七期，2002、07，頁 149～183）。

64. 〈紫柏真可的淨土思想〉，范佳玲（《東方人文學誌》第二卷第一期，2003、03，頁 65～79）。

65. 〈略論朱熹「人性本善」說與佛教中國化中之「佛性」的關聯──以朱熹《四書集注》與圭峰宗密華嚴《原人論》為例〉，劉振維（《哲學與文化》，2003、06，頁 43～61）。

66. 〈宗密難儒道元氣論探析──以《原人論》為討論中心〉，鄭倩琳（《中國學術年刊》第二四期，2003、06，頁 203～224）。